„Wir, die Völker (...)" – Strukturwandel in der Weltorganisation – Konferenzband

Dresdner Schriften zu Recht und Politik der Vereinten Nationen
Dresden Papers on Law and Policy of the United Nations

Herausgegeben von/edited by
Sabine von Schorlemer

Zentrum für Internationale Studien/
School of International Studies,
Technische Universität Dresden/
University of Dresden

Band 1

PETER LANG
Frankfurt am Main · Berlin · Bern · Bruxelles · New York · Oxford · Wien

Sabine von Schorlemer (Hrsg.)

„Wir, die Völker (...)" – Strukturwandel in der Weltorganisation

Konferenzband aus Anlass des 60-jährigen Bestehens der Vereinten Nationen vom 27.–29. Oktober 2005 in Dresden

In Kooperation mit dem Zentrum für Internationale Studien (ZIS) und der Deutschen Gesellschaft für die Vereinten Nationen (DGVN)

PETER LANG
Europäischer Verlag der Wissenschaften

Bibliografische Information Der Deutschen Bibliothek
Die Deutsche Bibliothek verzeichnet diese Publikation in der Deutschen Nationalbibliografie; detaillierte bibliografische Daten sind im Internet über <http://dnb.ddb.de> abrufbar.

ISSN 1862-443X
ISBN 3-631-55318-8

www.peterlang.de

PROF. DR. KURT H. BIEDENKOPF

60 Jahre Vereinte Nationen

Die Nachricht von der Gründung der Vereinten Nationen erreichte ein erschöpftes und zerstörtes Europa. Der Völkerbund war gescheitert und mit ihm die Idee eines friedlichen Europa. Die USA hatten sich nicht beteiligt, die europäischen Mächte waren zu sehr in ihren Interessen und ihrer eigenen Geschichte verstrickt, als dass es ihnen gelingen konnte, die in Deutschland heranwachsende Gefahr zu bannen. Krieg, Zerstörung und ein unvorstellbares Morden nahmen ihren Lauf. Am Ende war Europa nicht mehr das Zentrum der westlichen Welt. Die neue Friedensorganisation nahm ihren Sitz in den Vereinigten Staaten. Sie übernahm fortan die Verantwortung für Frieden in Europa.

Die Vereinten Nationen konnten neue Kriege nicht verhindern. Aber sie konnten den Frieden in der Welt gleichwohl bewahren helfen. In all ihren ausgreifenden Tätigkeiten sind sie zum Forum der heutigen Welt und zu einer Institution herangewachsen, welche die Völker der Erde verbindet und trotz aller Krisen und Rückschläge ein unverzichtbarer Bestandteil unserer globalen Ordnung geworden ist. Die Vereinten Nationen sind eine Erfolgsgeschichte.

Neue Aufgaben werden sie herausfordern: im Zuge der fortschreitenden Globalisierung der Wirtschaft, angesichts einer weiter wachsenden Weltbevölkerung und vielfältiger sozialer und politischer Spannungen, die sich aus all dem ergeben. Neben der Friedensordnung braucht die Welt eine Ordnung des Rechts, die wirtschaftlicher Macht Grenzen setzen und den Grundbedürfnissen aller Menschen Geltung verschaffen kann. Die Vereinten Nationen werden auch dafür gebraucht. Sie bleiben für uns alle eine unendliche Geschichte.

Dresden, im Oktober 2005

Vorwort

„Wir, die Völker (...)" – Strukturwandel in der Weltorganisation, so lautete der Titel der vom Zentrum für Internationale Studien (ZIS) der Technischen Universität Dresden in Zusammenarbeit mit der Deutschen Gesellschaft für die Vereinten Nationen (DGVN), Berlin, aus Anlass des 60-jährigen Bestehens der Vereinten Nationen in Dresden vom 27. bis 29. Oktober 2005 abgehaltenen Konferenz, zu der weit über 100 Gäste angereist waren, darunter Botschafter, Politiker, Angehörige von Ministerien, Professoren, aber auch Hochschulmitarbeiter und natürlich Studierende aus aller Welt.

Die Wahl fiel auf Dresden als Konferenzort, nicht nur, weil an dem im Jahre 2003 gegründeten Zentrum für Internationale Studien, dem Träger des interdisziplinären Studiengangs „Internationale Beziehungen", ein eigener UN-Schwerpunkt in Lehre und Forschung existiert, sondern auch, weil Dresden, wie kaum eine andere deutsche Stadt, ein Mahnmal gegen den Krieg und für den Frieden ist. Am Wochenende der Konferenz wurde die neu errichtete Frauenkirche geweiht, die als ein Symbol der Versöhnung und des Friedens weit über den regionalen Rahmen hinaus auch international wirkt. Die Geschichte Dresdens ist nicht losgelöst von derjenigen der Vereinten Nationen zu sehen. Der Gründungsakt der Vereinten Nationen zeigt, dass diese bewusst als ein Mahnmal gegen den Krieg gegründet wurden. Wie Prof. Dr. Kurt H. Biedenkopf, Ministerpräsident a.D., in seinem Grußwort zur Konferenz formuliert hat, erreichte „(d)ie Nachricht von der Gründung der Vereinten Nationen (...) ein erschöpftes und zerstörtes Europa." So formulierten die Urheber der UN-Charta in der Präambel:

> „WIR, DIE VÖLKER DER VEREINTEN NATIONEN – FEST ENTSCHLOSSEN, künftige Geschlechter vor der Geißel des Krieges zu bewahren, die zweimal zu unseren Lebzeiten unsagbares Leid über die Menschheit gebracht hat (...) UND FÜR DIESE ZWECKE Duldsamkeit zu üben und als gute Nachbarn in Frieden miteinander zu leben, unsere Kräfte zu vereinen, um den Weltfrieden und die internationale Sicherheit zu wahren (...)".

Welcher Ort in Deutschland symbolisiert mehr als das zerstörte und wiedererrichtete Dresden „Duldsamkeit" und Friedensbereitschaft?

Das Thema der Konferenz stellte über aktuelle Reformfragen hinausgreifend den „Strukturwandel" in der Weltorganisation in den Vordergrund. Es sollte eine Veranstaltung sein, die reflektiert, dass es sinnvoll, ja notwendig ist, losgelöst vom politischen Tagesgeschäft und der aktuellen Reformdebatte einmal innezuhalten, Ruhe zu finden und zu fragen: Welches Antlitz besitzen die Vereinten Nationen, die nunmehr ihr 60-jähriges Jubiläum begehen? Ist es noch die intergouvernementale Organisation der Gründungszeit, deren Geschicke (ausschließlich) von den Regierungen gelenkt werden? Hat durch die seit Anfang der 1990er Jahre zu beobachtende Hinwendung der Vereinten Nationen zu NGOs, privaten Unternehmen und jüngst auch parlamentarischen Organisationen nicht schon ein Wandel stattgefunden, der die Struktur der Vereinten Nationen tiefgreifend verändert hat und immer noch im Begriff steht, sie zu verändern?

Seit Beginn ihrer Existenz im Jahre 1945 haben die Vereinten Nationen mehrfach erfolgreiche Wandlungs- und Reformprozesse durchlaufen. Viele von ihnen waren informeller Natur und bedurften keiner Charta-Änderung. So haben die Vereinten Nationen im Zuge der Entkolonialisierung ihre Mitgliedschaft von ursprünglich 51 auf heute 191 Mitgliedstaaten nahezu vervierfacht und im Gefolge dieser universellen Ausrichtung eine Hinwendung zu Entwicklungsthemen vollzogen. Neue Instrumentarien wurden eingeführt, wie etwa das Peacekeeping der sogenannten Blauhelme, für die die Vereinten Nationen 1988 den Friedensnobelpreis erhalten haben. Die Vereinten Nationen, schrieb *Biedenkopf* in seinem Grußwort, „konnten neue Kriege nicht verhindern. Aber sie konnten den Frieden in der Welt gleichwohl bewahren helfen." Dies gilt auch für die friedlichen Transformationsprozesse der Staaten des ehemaligen Ostblocks zu Beginn der 1990er Jahre, welche die Politik der Vereinten Nationen verändert haben und zu einem neuen, erweiterten Sicherheitsverständnis führten.

Die seit Jahrzehnten zu beobachtende Fähigkeit der Vereinten Nationen, sich fortlaufend neuen Herausforderungen zu stellen, ist, darin ließ Botschafter *Michael Steiner,* Ständiger Vertreter der Bundesrepublik Deutschland bei dem Büro der Vereinten Nationen und bei den anderen Internationalen Organisationen, Genf, in seinem **Festvortrag am Eröffnungsabend** keinen Zweifel, eine der Stärken des UN-Systems. In anschaulicher und den Teilnehmern des Festaktes am Eröffnungsabend der Konferenz sichtlich Vergnügen bereitender Weise ließ *Steiner* zentrale Ereignisse der UN-Geschichte Revue passieren. Er schilderte, wie sich die Vereinten Nationen von der bipolaren Welt der 1950er Jahre unter den beiden UN-Generalsekretären *Trygve Lie* und *Dag Hammarskjöld* über die im Zeichen der sich formierenden Dritten Welt stehenden 1960er Jahre unter der Ägide des UN-Generalsekretärs *Sithu U Thant* zu den die Aufnahme der beiden deutschen Staaten bringenden 1970er Jahren entwickelten. Die 1980er Jahre, unter der Ägide von UN-Generalsekretär *Javier Perez de Cuellar*, brachten die Endphase der Nachkriegsordnung und damit eine neue Handlungsfähigkeit des UN-Sicherheitsrates, die sich, wie der Festredner aus eigener Erfahrung in New York zu berichten wusste, auch in der Resolutionspraxis niederschlug. Die 1990er Jahre, eine Epoche, die im Zeichen der Auflösung der Sowjetunion und von Transformationsprozessen in Osteuropa stand – *Steiner* sprach von der untergehenden Zweiten Welt und dem Entstehen der „Neuen Welt" – führte, wie er weiter darstellte, zum außenpolitischen Erwachsenwerden Deutschlands. Dieser Prozess fand seine Fortsetzung in dem Streben nach einem ständigen Sitz Deutschlands im UN-Sicherheitsrat und sollte, so das eindringliche Plädoyer *Steiners*, künftig in eine Politik münden, die darauf zielt, „im Sicherheitsrat mit einer europäischen Stimme zu sprechen (...)". Resümierend hielt er fest, und sprach damit etlichen Zuhörern aus dem Herzen: „Man mag sagen, die UNO ist schlechter als ihr Anspruch. Aber sie ist besser als ihr Ruf (...)", ein prägnanter Satz, der nicht nur bei den Festaktteilnehmern, sondern auch in der Presse zur Konferenz seinen Nachhall fand.

Bevor im weiteren Konferenzverlauf Fragen des Strukturwandels in diversen Themenblöcken vertieft wurden, formulierte Prof. Dr. *Thomas Bruha*, stellvertretender Vorsitzender der DGVN, in seinem **Einführungsvortrag** die zentralen Herausforderungen der Vereinten Nationen im 21. Jahrhundert. Ausgehend von der UN-Charta als Verfassungsdokument der Völkerrechtsgemeinschaft betonte er die grundlegende Rolle, welche die Vereinten Nationen als Gestalterin und Garantin des Völkerrechts innehaben. Zugleich hob er hervor, dass die derzeitige Krise der Vereinten Nationen als eine Krise des Völkerrechts, speziell des Gewaltverbots (Art. 2 Ziff. 4 UN-Charta) und des Grundsatzes der souveränen Gleichheit (Art. 2 Ziff. 1 UN-Charta) zu sehen sei – und umgekehrt. Den Ausgangspunkt dieser Entwicklung sah *Bruha* vor allem in der mit dem „Sündenfall" Kosovo eingeleiteten Übergehung des UN-Sicherheitsrates durch die USA und ihrer Verbündeten, aber auch in der zu beobachtenden weiten („präemptiven") Auslegung des Rechts auf Selbstverteidigung. Er plädierte dafür, einerseits den berechtigten Sicherheitsinteressen einzelner Staaten, wie denen der USA, gegenüber Terrorismus, organisierter Kriminalität und der Verbreitung von Massenvernichtungswaffen Rechnung zu tragen, lehnte aber in Übereinstimmung mit dem Bericht der Hochrangigen Gruppe für Bedrohungen, Herausforderungen und Wandel (2004) und den Ergebnissen des Weltgipfels vom September 2005 eine Änderung der UN-Charta ab. Einen Strukturwandel müsste die Weltorganisation hingegen hinsichtlich einer stärker demokratischen Legitimierung von UN-Entscheidungsprozessen vollziehen, forderte *Bruha*. Auch gelte es, den Prozess der Konstitutionalisierung und der Demokratisierung der Vereinten Nationen und des Völkerrechts konsequent fortzusetzen. Eben dieses Gebot komme in den Chartaworten: „Wir, die Völker der Vereinten Nationen (...)" zum Ausdruck, betonte *Bruha* abschließend.

In dem darauffolgenden Themenblock widmeten sich insgesamt drei UN-Experten der Frage des **Verhältnisses von den Vereinten Nationen zu nichtstaatlichen Organisationen**. Den Beginn machte Dr. habil. *Wolfgang S. Heinz*, wissenschaftlicher Mitarbeiter am Deutschen Institut für Menschenrechte, Berlin, der unter Zugrundelegung neuester Forschungsergebnisse den Einfluss von NGOs auf Berichtsprüfungs- und Individualbeschwerdeverfahren im Menschenrechtsbereich analysierte. *Heinz* wies darauf hin, dass NGOs bereits bei der Ausarbeitung von UN-Menschenrechtsverträgen eine wichtige Rolle gespielt haben. Ohne eine umfassende Beteiligung von NGOs beim Staatenberichtsverfahren, wie sie die speziellen Verfahrensordnungen der jeweiligen Vertragsorgane (Sozialpakt, Zivilpakt, Rassendiskriminierung, Folter, Frauendiskriminierung, Kinderrechte und Wanderarbeitnehmer/innen) vorsehen, so seine Schlussfolgerung, wäre „eine seriöse Überprüfung der Staatenberichte (...) kaum denkbar (...)“. Es lasse sich nachweisen, dass die sogenannten Schatten- oder Alternativberichte, in denen die NGOs ihre Sicht der Menschenrechte in den jeweiligen Staaten erläutern, einen „gewissen Einfluss“ auf die Abschließenden Bemerkungen (concluding observations) der Berichtsprüfungsorgane hätten. Auch im Individualbeschwerdeverfahren, so *Heinz*, übernähmen NGOs einige wichtige Funktionen, nicht hingegen bei der Unterstützung von Beschwerdeführern/innen im Rahmen von Individualbeschwerdeverfahren oder bei Frühwarn- und Eilverfahren der Vertragsorgane. Da nach Jahren der Kooperation mit den Vereinten Nationen noch keine formalen Regeln zur Kooperation von NGOs mit den Vereinten Nationen im Menschenrechtsbereich entwickelt worden seien, sollten sich NGOs stärker für eine verfahrensrechtliche Absicherung ihres Status einsetzen. Dies gelte, so hob *Heinz* hervor, auch mit Blick auf den neu gegründeten UN-Menschenrechtsrat, wo es von Wichtigkeit sei, „die Mitwirkungsmöglichkeiten von NGOs, aber auch von nationalen Menschenrechtsinstitutionen klar festzuschreiben,“ so dass diese auch in Zukunft weiterhin ihr Fachwissen und ihre Informationen einbringen können.

Dem Einfluss von NGOs auf den internationalen Schutz der Umwelt und ihrem Verhältnis zu den Vereinten Nationen spürte Prof. emerit. Dr. *Franz Nuscheler,* Gründungsdirektor des Instituts für Entwicklung und Frieden (INEF), Gerhard-Mercator-Universität Duisburg, nach, der über jahrelange Erfahrungen auf dem Gebiet der Umweltverhandlungen verfügt. In keinem anderen Bereich sei seitens der Vereinten Nationen so sehr eine Einbindung von NGOs in UN-Verhandlungen zu beobachten wie im Bereich der Umweltpolitik, ja, die „NGOisierung der Weltpolitik“ nehme gewissermaßen ihren Ausgangspunkt in der internationalen Umweltpolitik. *Nuscheler* wies auf die gegenseitigen Interessen hin: Die NGOs hätten die Vereinten Nationen benötigt, um überhaupt an Umweltverhandlungen teilzunehmen, und die Vereinten Nationen hätten die NGOs als „internationale Unterstützungsgruppen mit Verankerung in der Gesellschaft“ gebraucht. Bei der Initiierung und Implementierung von Umweltregelwerken könnten die Vereinten Nationen eine gute Leistungsbilanz vorweisen, wenngleich „(d)ie Untergewichtung des Umweltproblems im internationalen

Prioritätenkatalog", auch dem der UN-Millenniumsentwicklungsziele, zu kritisieren sei. Der konkrete Einfluss von NGOs auf internationale Verhandlungen sei schwer zu messen, jedoch sei unzweifelhaft, dass NGOs in vielen Fällen einen „erheblichen Verhandlungs- und Rechtfertigungsdruck auf die Regierungsdelegationen" ausübten und aufgrund der von ihnen geförderten Transparenz und Information inzwischen zu „watchdogs" der Globalisierung geworden seien. Einen völkerrechtlichen Strukturwandel vermag *Nuscheler* in den gesteigerten Partizipationsmöglichkeiten von NGOs offenbar genauso wenig zu erkennen wie sein Vorredner. *Nuscheler* jedenfalls ließ keinen Zweifel daran, dass der Einfluss der NGOs niemals so weit gehen könne, dass sie – wie zum Teil fälschlich in der Literatur angenommen werde – berechtigt seien, an verbindlichen internationalen Entscheidungen mitzuwirken. Das Recht zur Völkerrechtssetzung stehe auch weiterhin ausschließlich den Staaten als den zuständigen Völkerrechtssubjekten zu.

Den Zukunftsperspektiven der Mitwirkung der über 2.600 formell beim ECOSOC akkreditierten NGOs in den Vereinten Nationen nach den Ereignissen des Weltgipfels im September 2005 ist der Beitrag von *Jens Martens*, Direktor des Europabüros des Global Policy Forum, Bonn, gewidmet, der in den 1990er Jahren NGO-Arbeit zu den Vereinten Nationen geleistet hat. *Martens* zeigte auf, dass die Beteiligungsmöglichkeiten von NGOs seit Anfang der 1990er Jahre zunächst erheblich ausgeweitet wurden, dass inzwischen jedoch eine Art gegenläufige Bewegung eingesetzt hat. So spielten die Reformvorschläge des von *Kofi A. Annan*, Generalsekretär der Vereinten Nationen, eingesetzten *Cardoso*-Panels in den Reformdebatten keine Rolle und selbst die NGO-Mitwirkung am Weltgipfel 2005 wurde auf ein Minimum reduziert. Auch die Bemühungen von *Annan*, die Beziehungen zwischen den Vereinten Nationen und den NGOs weiterzuentwickeln (u.a. durch die Einrichtung eines Treuhandfonds zugunsten der Teilnahme von NGOs aus den Entwicklungsländern, die Vereinheitlichung des Akkreditierungsverfahrens, regelmäßige Hearings von NGOs vor UN-Großveranstaltungen sowie die Ansiedelung des UN Liaison Office für NGOs im UN-Sekretariat) waren nicht von Erfolg gekrönt. Lediglich *Annans* Vorschlag, die UN-Generalversammlung für die Beteiligung von NGOs zu öffnen, spielte in der Reformdebatte des Jahres 2005 eine Rolle, war aber ebenfalls nicht mehrheitsfähig. Insgesamt, so konstatierte *Martens,* hätten die Beziehungen zwischen den Vereinten Nationen und der Zivilgesellschaft einen „Tiefpunkt" erreicht. Angesichts der Ergebnisse des Weltgipfels 2005 bestehe sogar „die Gefahr, dass (...) bereits erreichte Beteiligungsrechte für NGOs, insbesondere im Menschenrechtsbereich, wieder zurückgeschraubt werden." Damit machte *Martens* deutlich, dass die seit den 1990er Jahren stattfindende Ausweitung der Beteiligungsrechte von NGOs keinesfalls unumkehrbar ist. Im Gegenteil: Die Beziehungen zwischen den Vereinten Nationen befänden sich derzeit bereits in einer kritischen Phase, die durch „Exklusivität“ und „Selektivität“ gekennzeichnet sei. Käme es nicht zu grundlegenden Reformen, so warnte *Martens* eindringlich, sei nicht auszuschließen, dass die Vereinten Nationen, wie bereits zuvor WTO, IWF und Weltbank, in das Visier der globalisierungsfeindlichen Bewegung geraten und dadurch geschwächt würden.

Der nächste Themenblock behandelte das **Verhältnis der Vereinten Nationen zu privaten Unternehmen**. Obwohl schon seit Beginn des Bestehens der Vereinten Nationen Beziehungen zwischen den Vereinten Nationen und der Privatwirtschaft existieren – darauf wies Dr. *Brigitte Hamm*, wissenschaftliche Mitarbeiterin am Institut für Entwicklung und Frieden (INEF), Gerhard-Mercator-Universität Duisburg, hin –, lässt sich hier wohl tatsächlich ein Wandelungsprozess auf UN-Ebene beobachten, der zu einer Annäherung der Staaten- an die Wirtschaftswelt geführt hat. UN-Generalsekretär *Kofi A. Annan* hatte auf dem Weltwirtschaftsforum in Davos im Jahre 1999 Unternehmen eingeladen, sich im Rahmen des Global Compact Seite an Seite mit den Vereinten Nationen für die zentralen UN-Ziele im Bereich Arbeits-, Menschenrechts- und Umweltschutz zu engagieren, was etliche Unternehmen, unter ihnen auch mehrere deutsche, aufgegriffen haben. Parallel zu diesem Ansatz gibt es Bemühungen auf UN-Ebene, die Tätigkeit privater Akteure stärker zu reglementieren, da man eine völkerrechtlich abgesicherte Kontrolle der wirtschaftsmächtigen Akteure über das Partnerschaftskonzept des Global Compact hinausgehend als notwendig ansieht.

Einleitend referierte Prof. Dr. *Ulrich Fastenrath*, Pro-Direktor des Zentrums für Internationale Studien (ZIS) und Inhaber des Lehrstuhls für Öffentliches Recht, Europarecht und Völkerrecht, Technische Universität Dresden, zur Verantwortlichkeit transnationaler Unternehmen und anderer Wirtschaftsunternehmen im Hinblick auf die Menschenrechte. Hinsichtlich der völkerrechtlichen Stellung der im August 2003 von der Unterkommission der UN-Menschenrechtskommission verabschiedeten „UN-Normen über die Verantwortlichkeit transnationaler Unternehmen und anderer Wirtschaftsunternehmen im Hinblick auf die Menschenrechte“ gelte es, die politische Diskussion in der UN-Menschenrechtskommission bzw. ihrer Nachfolgeorganisation, dem UN-Menschenrechtsrat, und die weitere Behandlung in der UN-Generalversammlung abzuwarten. Bislang jedenfalls seien die UN-Norms „ohne rechtliche Bedeutung“, jedenfalls, soweit sie nicht bereits geltendes Völlerrecht wiedergäben und damit für die Staaten verbindlich seien. Die Regelungsbedürftigkeit der Rechtsverhältnisse von transnationalen Konzernen stehe angesichts der Machtasymmetrie zwischen Unternehmen und Gastland grundsätzlich außer Frage. Auch sei es „theoretisch problemlos möglich, TNCs völkerrechtliche Verpflichtungen aufzulegen (...)“; im letztgenannten Fall wäre es denkbar, dass die Konzerne bei internationalen Rechtsverstößen selbst kraft Völkerrecht haften müssten. Dennoch zeigte sich

Fastenrath skeptisch: Es sei unwahrscheinlich, dass die UN-Norms jemals zu einem völkerrechtlichen Vertrag fortentwickelt würden, zumal sie bislang auch „bei weitem nicht ausgereift" seien.

Im Anschluss daran analysierte *Hamm* die neueren Entwicklungen des 1999 von UN-Generalsekretär *Kofi A. Annan* angeregten Global Compact der Vereinten Nationen mit dem Privatsektor. *Hamm* sah in dem Global Compact eine besonders wichtige Public-Private-Partnership, zweifelte hingegen angesichts der unterschiedlichen Aufnahmekriterien und des zahlenmäßigen Ungleichgewichts zwischen Unternehmen und NGOs daran, dass es sich um eine echte Multi-Stakeholder-Initiative handelte, wie häufig behauptet. *Hamm* hob hervor, dass mit dem Auftritt von *Annan* vor dem Global Compact Leaders Summit am 24. Juni 2004 in New York eine Phase der Neuausrichtung eingeleitet worden sei („The Global Compact's Next Phase"), die sich schwerpunktmäßig auf eine Reform der Governance-Struktur des Global Compact und eine Überarbeitung der Berichterstattung sowie der Beschwerdemöglichkeiten konzentriere. Dies zeige, „dass der Global Compact noch immer nicht wirklich etabliert ist (...)", reflektiere aber auch, dass die Vereinten Nationen nicht bereit seien, einen billigen Reputationsgewinn der Unternehmen (blue washing, green washing) zuzulassen, und deswegen an einer Verbesserung der Global Compact-Strukturen interessiert seien. Der zivilgesellschaftliche Druck habe gleichfalls eine Rolle für die jüngste Reform der Global Compact-Architektur gespielt, so *Hamm* weiter. Mit Blick auf die bereits von *Fastenrath* behandelten UN-Norms, die auf eine Regulierung und ggf. Sanktionierung von Unternehmensaktivitäten setzen, kritisierte *Hamm,* dass diese auf die lange Bank geschoben würden, während man seitens der Vereinten Nationen, der Privatwirtschaft und zahlreicher Staaten viel Energie in den Ausbau des auf Selbstregulierung setzenden Global Compact investiere. Dies sei insbesondere angesichts der niedrigen Beteiligungsrate von Unternehmen am Global Compact (von geschätzten 63.000 transnationalen Konzernen weltweit nehmen gerade einmal knapp über 2.300 am Global Compact teil) ein zweifelhaftes Vorgehen. Daher plädierte *Hamm* im Ergebnis für eine „Komplementarität unterschiedlicher Instrumente", also eine eigenständige Entwicklung der UN-Norms neben der auf Freiwilligkeit basierenden Global Compact-Initiative.

Die angesichts des kritikwürdigen Verhaltens einiger Konzerne in krisengeschüttelten Regionen der Welt zentrale Frage des Umgangs der Vereinten Nationen mit Unternehmen in bewaffneten Konflikten behandelte *Christian Much*, Leiter des Arbeitsstabes Globale Fragen im Auswärtigen Amt, Berlin. Er wies auf die Bedeutung der unter deutscher UN-Sicherheitsrats-Präsidentschaft im April 2004 zustandegekommenen, erstmaligen Befassung des UN-Sicherheitsrates mit der Rolle von Unternehmen bei der Prävention, Beilegung und Nachsorge von Konflikten hin. Damit habe, so *Much*, der UN-Sicherheitsrat zum ersten Mal die Rolle, welche die Privatwirtschaft für die Bewahrung bzw. Wiederherstellung des öffentlichen Gutes „Frieden" spiele, gewürdigt. Dass die Beachtung, die der UN-Sicherheitsrat neuerdings Unternehmen in bewaffneten Konflikten schenkte, bedauerlicherweise nicht Hand in Hand ginge mit einer konsequenten Sanktionierung von Unternehmen, die an der teilweise skrupellosen Plünderung von Rohstoffen eines Landes beteiligt sind, machte *Much* am Beispiel der Demokratischen Republik Kongo deutlich. So war seine Einschätzung verhalten optimistisch: Zwar habe der UN-Sicherheitsrat die Rolle des Privatsektors bei der Verhütung und Bewältigung von Konflikten anerkannt, doch sei mit Blick auf die Zukunft nicht zu erkennen, dass der UN-Sicherheitsrat bereit sei, sich erneut mit dem Thema Unternehmensverantwortung in Konflikt- bzw. Post-Konfliktsituationen zu beschäftigen. Auch die Chancen für eine neue deutsche UN-Sicherheitsrats-Initiative in diese Richtung – für die es in jedem Fall einer starken Unterstützung von NGOs und anderer Staaten bedürfe – beurteilte *Much* eher skeptisch. In jedem Fall gelte es abzuwarten, wie sich die Arbeit der auf dem Reformgipfel im September 2005 beschlossenen Kommission für Friedenskonsolidierung auf das Konzept der Unternehmensverantwortlichkeit auswirke.

In seinem Kommentar unterstrich schließlich Botschafter *Hans-Heinrich Wrede*, Ständiger Vertreter der Bundesrepublik Deutschland bei der UNESCO, Paris, dass die UNESCO, als die für Bildung, Wissenschaft, Kultur und neuerdings auch Kommunikation zuständige, in Paris ansässige Sonderorganisation der Vereinten Nationen, bereits heute in vielen Bereichen mit Partnern aus dem privaten Sektor und der Zivilgesellschaft kooperiert. Auch in Bezug auf die Erfüllung der Millennium Development Goals (MDGs) stehe die UNESCO „mit an der Spitze im UN-System (...)", sei aber auch hier auf Zusammenarbeit mit anderen globalen Akteuren, den privaten Sektor eingeschlossen, angewiesen. In diesem Zusammenhang beschrieb *Wrede* auch die in seiner Amtszeit als erster deutscher Präsident des UNESCO-Exekutivrates stattgefundene Kooperation der UNESCO mit Microsoft.

Im dritten, stärker reformorientiert angelegten Themenblock zu den **Perspektiven einer repräsentativen Gestaltung der Weltpolitik in den Vereinten Nationen** liegen Beiträge von vier UN-Experten vor. In seinen grundlegenden Ausführungen untersuchte Prof. *Volker Rittberger*, Ph.D., Mitglied im Präsidium der DGVN, den „Wandel im internationalen System und die Tendenz zu inklusiveren Vereinten Nationen". Die Konferenzthematik des Strukturwandels in der Weltorganisation aufgreifend stellte *Rittberger* fest, dass, bedingt durch fortschreitende Globalisierungsprozesse und das Aufkommen neuer „transsouveräner Probleme" (grenzüberschreitende Umweltprobleme, Verbreitung von Massenvernichtungswaffen, Terrorismus und organisierte Kriminalität), die zunehmend zu einem Verlust an Steuerung seitens der staatlichen/zwischenstaatlichen Institutionen geführt hätten, Probleme heute weder einzelstaatlich noch zwischenstaatlich effektiv bearbeitet werden könnten. Die Handlungs- und Gestaltungsmöglichkeiten der Vereinten Nationen hätten sich in Abkehr vom „Exekutiv-Multilateralismus“ der Vereinten Nationen bereits „nachhaltig verändert“. Diese Strukturveränderungen sah *Rittberger* u.a. in einer neuen Triade von Akteuren auf globaler Ebene (Staaten und zwischenstaatliche Organisationen, NGOs, privatwirtschaftliche Akteure) und, damit verbunden, einer „neuen Herrschaftssynthese zwischen Staaten- und Gesellschaftswelt“. Der tiefgreifende Strukturwandel habe jedoch zu Lücken im Bereich des Weltregierens in und durch die Vereinten Nationen geführt – sowohl im Bereich der Effektivität als auch im Bereich der Legitimität –, welche nur durch „inklusive Institutionen“ geschlossen werden könnten. Darunter versteht *Rittberger* UN-Einrichtungen, die, wie etwa das HIV/Aids-Programm, der Global Compact sowie der Globale Fonds zur Bekämpfung von Aids, Tuberkulose und Malaria, die Einbeziehung von gesellschaftlichen und wirtschaftlichen Akteuren institutionalisieren. In ihnen sieht *Rittberger* „neue, innovative Steuerungs- und Regelungsmechanismen“, die zur effektiven Bearbeitung drängender globaler Probleme einen wirksamen Beitrag leisten könnten. Auch eine „Parlamentarisierung der Vereinten Nationen“, ggf. in Form einer Art beratenden Parlamentarischen Versammlung als Unterorgan der UN-Generalversammlung, böte die Chance zur Entwicklung neuer gesellschaftlicher Legitimationsstrukturen. Mit klaren Worten forderte *Rittberger* abschließend, dass „der bislang zaghafte Trend zu inklusiveren Vereinten Nationen“ entschieden fortgesetzt werden müsse.

Daran anknüpfend untersuchte Dr. *Christoph Zöpel*, Staatsminister beim Bundesminister des Auswärtigen a.D., Vorsitzender der DGVN, Formen der Gewaltenteilung im politischen System der Weltgesellschaft. Auf der Grundlage des Wortlauts der UN-Charta und unter Rückgriff auf die verschiedenen theoretischen Stränge zur Weltpolitik und -gesellschaft reflektierte *Zöpel* die Entwicklung der zukünftigen Perspektiven der Weltorganisation. Die UN-Charta selbst gebe der Weltgesellschaft die „konkretisierbare Orientierung“, zum einen mit dem Glauben an die Grundrechte des Menschen, an Würde und Wert der menschlichen Persönlichkeit, zum anderen mit den Zielen des Weltfriedens und der internationalen Sicherheit. *Zöpel* ließ keinen Zweifel daran, dass Staaten, die unilaterale Sanktionsmechanismen zugunsten ihrer eigenen Gesellschaft in Anspruch nähmen, wie derzeit die USA, die Weltgesellschaft behinderten, „ein integratives politisches System auszubilden.“ Kritik übte *Zöpel* auch daran, dass in die UN-Charta weder horizontale (Legislative, Exekutive, Judikative) noch vertikale Gewaltenteilungsprinzipien (Föderalismus) aufgenommen worden seien. Stattdessen fänden sich „Gewaltprivilegien“, vor allem zugunsten der ständigen

Mitglieder des UN-Sicherheitsrates. Die Debatte über die Teilhabe von NGOs und dem privaten Sektor, wie sie in den ersten beiden Themenblöcken der Konferenz behandelt wurden, hat ihren Ursprung laut *Zöpel* ebenfalls in der „mangelnden politischen Verfasstheit der Weltgesellschaft". Im Hinblick auf mögliche Reformen erwog *Zöpel* einen Umbau des UN-Sicherheitsrates in föderal integrierte Weltregionen. Damit erhielte die EU künftig einen von ca. zehn Regionen zustehenden Sitzen im UN-Sicherheitsrat. Des Weiteren plädierte *Zöpel* für eine Stärkung der Exekutive im UN-System (integrative Koordinierung auch der Befugnisse von Weltbank, IWF und WTO) ebenso wie für eine Systematisierung der Judikative („verbundenes System globaler Gerichtsbarkeit") sowie für die Einführung einer parlamentarischen Dimension. Letztere sieht *Zöpel* allerdings nicht in einer bloßen Versammlung von Parlamentariern gegeben. Entscheidend sei vielmehr, ob es ein Informationserzwingungsrecht einer neuen „parlamentarischen Versammlung" gegenüber dem UN-Generalsekretär, den Generaldirektoren der UN-Sonderorganisationen sowie dem UN-Sicherheitsrat gebe. Künftige Vereinbarungen der Vereinten Nationen mit der Interparlamentarischen Union (IPU) sieht Zöpel unter Hinweis auf den Beitrag von Dr. *Claudia Kissling* als mögliche Ansätze für die Entwicklung einer parlamentarischen Dimension der Vereinten Nationen an.

Nach diesen Ausführungen zu Fragen einer repräsentativeren Gestaltung der Weltgesellschaft übernahm es Dr. *Thomas Fues*, wissenschaftlicher Mitarbeiter am Deutschen Institut für Entwicklungspolitik (DIE), Bonn, die jüngere Praxis der Vereinten Nationen, speziell die Reformergebnisse des Weltgipfels vom September 2005, am Gebot der repräsentativen Gestaltung der Weltpolitik und dem Aufbau einer „inklusiven Global Governance-Architektur" zu messen. In den Ergebnissen des Weltgipfels vom September 2005 sieht *Fues* einige positive Entwicklungen (z.B. Durchbrechung des staatenzentrierten Souveränitätsverständnisses durch das neue Prinzip der „Verantwortung zum Schutz", Schaffung einer Kommission für Friedenskonsolidierung, Gründung eines UN-Menschenrechtsrates in Ablösung der UN-Menschenrechtskommission, Bekräftigung der MDGs und Fokussierung auf entwicklungspolitische Reformen), aber auch Schattenseiten (z.B. Fragmentarisierung durch neue Fonds). Damit die Vereinten Nationen eine größere Rolle in der „multilateralen Architektur" spielten, sei eine Reform des UN-Entwicklungssystems essentiell, betonte *Fues*. Dies gelte umso mehr, als in der Fachwelt Befürchtungen vor einem weiteren Vordringen der finanzstarken Weltbank in traditionelle Arbeitsfelder der Vereinten Nationen bestünden. In der im Gefolge der UN-Millenniumsentwicklungsziele zu erkennenden Ausrichtung von Weltbank und IWF an dem Zielsystem der Vereinten Nationen sieht *Fues* folglich ebenso eine positive Entwicklung wie in der Verantwortung des ECOSOC für die Überprüfung der Umsetzung der MDGs. Darüber hinausgreifend forderte *Fues* zur Schließung institutioneller Lücken im internationalen System eine Neuordnung der globalen Institutionen der Wirtschafts-, Finanz-, Währungs- und Sozialpolitik (ECOSOC, IWF, Weltbank, WTO) sowie eine repräsentative Erweiterung der G7/8.

Im Schlussvortrag der Konferenz untersuchte Dr. *Claudia Kissling*, wissenschaftliche Mitarbeiterin im Sonderforschungsbereich „Staatlichkeit im Wandel", Universität Bremen, die Möglichkeiten, welche die Interparlamentarische Union (IPU) zu einer parlamentarisch-repräsentativen Gestaltung der Weltpolitik durch die Vereinten Nationen bietet. Den Strukturwandel intergouvernementaler Organisationen wie der Vereinten Nationen sieht sie dabei als eine sich aus den globalen Anforderungen „unweigerlich" ergebende Folge an, wobei ihrer Ansicht nach der institutionelle Reformwandel auch „zivilgesellschaftliche und/oder parlamentarisch-repräsentativ geprägte Reformen" umfasse. *Kissling* zeigte auf, dass die 1889 gegründete IPU zwar in der Vergangenheit eine bedeutsame Rolle als Organisation einzelner Parlamentarier spielte, dass sie jedoch erst zu Beginn der 1970er Jahre eine Kongruenz zu den Zielen der Vereinten Nationen herstellte, zunehmend in Konkurrenz zu anderen Parlamentarierorganisationen geriet und ihre Meinungsführerschaft weitgehend verspielte. Heute ist die IPU durch das Erfordernis einer repräsentativen Mitgliedschaft der Parlamente nach Ansicht von *Kissling* der „Prototyp" einer internationalen parlamentarischen Organisation, die überdies durch ihre Satzungsänderungen in den Jahren 2001/03 deutlich gemacht habe, dass ihre Ambitionen über die einer NGO hinausgingen. Die besondere, von NGOs abweichende Rechtsnatur der IPU sei zwischenzeitlich auch durch ein völkerrechtliches Gutachten sowie die Einräumung eines Beobachterstatus bei der UN-Generalversammlung bestätigt worden. Im Hinblick auf die Frage, ob die IPU die zum Ausbau der parlamentarischen Dimension in den Vereinten Nationen geeignete Organisation sei, stellte *Kissling* fest, dass dies trotz einiger Vorbehalte der Fall sei, da die IPU nicht nur über einen großen Erfahrungsschatz, sondern auch über eine „einzigartige Position als alleinige internationale parlamentarische Organisation" verfüge. Es sei durchaus vorstellbar, so *Kissling*, dass sich die IPU auf der Grundlage eines Kooperationsvertrages „als eine Art Sondereinrichtung im UN-System" etabliere. Anders als *Rittberger* sieht *Kissling* allerdings keine Möglichkeit für eine Aufnahme der IPU in die Vereinten Nationen als Nebenorgan der UN-Generalversammlung (Art. 22 UN-Charta).

Wie ist es also im Rückblick auf die Dresdner Konferenz zum 60-jährigen Jubiläum der Vereinten Nationen um den Strukturwandel in der Weltorganisation bestellt? Welches Ausmaß hat dieser erreicht, wo liegen seine Grenzen, wo die politischen Herausforderungen?

Ein völkerrechtlicher Strukturwandel etwa derart, dass in Gestalt von NGOs und/oder Unternehmen neue Völkerrechtssubjekte auf Augenhöhe mit den UN-Mitgliedstaaten stehen und mit diesen zusammen die Geschicke der Weltorganisation bestimmen, ist nicht zu erkennen. Zwar ist ein solcher Strukturwandel grundsätzlich möglich, etwa im Hinblick auf Unternehmen, die dann künftig auch Träger völkerrechtlicher Pflichten sein könnten (*Fastenrath*); auch die veränderte Rechtsstellung des Individuums im Völkerrecht macht deutlich, dass sich die Völkerrechtssubjektivität grundsätzlich dynamisch zu entwickeln vermag. Doch wird eine neue Volkerrechtssubjektivität von nichtstaatlichen Akteuren, wie NGOs und Unternehmen, bislang ganz überwiegend mit Skepsis beurteilt bzw. abgelehnt.
Hingegen lässt sich, dies zog sich wie ein roter Faden durch die gesamte Konferenz, eine Art informeller Strukturwandel beobachten. Dieser ist weniger völkerrechtlich – im Sinne einer partiellen Völkerrechtssubjektivität neuer Akteure – als rechtspolitisch im Sinne einer Erweiterung von Handlungs- und Gestaltungsoptionen innerhalb des intergouvernementalen Systems zu begreifen. Auf Effizienz- und Legitimitätserwägungen begründet, erwächst eine Reihe von neuen, „weicheren" Gestaltungselementen, die das zwischenstaatliche Rechts- und Institutionensystem abrunden und zum Teil komplettieren. Dabei lässt sich durchaus konstatieren, dass die nichtstaatlichen Akteure die Völkerrechtsentwicklung auf mehreren Ebenen beeinflussen, wenngleich der konkrete Einfluss variiert, wie die einzelnen Themenblöcke deutlich machten.
So ließen Experten mit Blick auf eine gestiegene **NGO-Partizipation** erkennen, dass es hier, zumindest in Teilgebieten, einen in Richtung „NGOisierung der Weltpolitik" weisenden Wandel in den Vereinten Nationen gebe; dieser umfasst allerdings nicht „harte" Politikbereiche wie Sicherheits-, Finanz- und Handelspolitik, wo es nach wie vor nur begrenzte Mitwirkungsmöglichkeiten für NGOs gibt (*Nuscheler*). Doch auch hier übernimmt der zivile Sektor immer mehr Verantwortung (*Rittberger*). Selbst in Politikfeldern, in denen, wie im Menschenrechtsbereich, in der Praxis bereits eine intensive Kooperation mit den NGOs existiert, fehlt es jedoch an förmlichen Kooperationsregeln (*Heinz*). Eben diese wären aber erforderlich, damit die Partizipationsformen nichtstaatlicher Akteure sich weiter rechtlich verfestigen könnten. Mit Blick auf die fehlenden förmlichen Beteiligungsrechte von NGOs wurde deswegen zu Recht auch auf das Risiko einer Reversibilität des eingeleiteten Wandlungsprozesses (*Martens*) aufmerksam gemacht und zugleich auf die Grenzen eines Strukturwandels *ipso facto* hingewiesen: Selbst die derzeit gewährten Beteiligungsrechte der NGOs vermögen nichts an der exklusiven Rechtssetzungsbefugnis der Staaten zu ändern (*Nuscheler*). Mit anderen Worten: Ein autonomer Einfluss von NGOs auf die staatliche und intergouvernementale Entscheidungsfindung und damit die Völkerrechtsentwicklung steht nach Ansicht der Experten auch in Zukunft nicht zu erwarten.

Mit Blick auf das Verhältnis der Vereinten Nationen zur **Unternehmenswelt** unterstrichen mehrere Expertinnen und Experten die Grenzen der normativen Bemühungen um eine rechtliche Regelung des Verhaltens von Unternehmen durch die Vereinten Nationen (*Fastenrath*, *Hamm*, *Much*). Ausdrücklich wurde auch darauf hingewiesen, dass der UN-Sicherheitsrat hinter seinen Möglichkeiten zurückbleibt, der Rolle von Unternehmen in bewaffneten Konflikten größere Aufmerksamkeit zu schenken (*Much*). Hingegen wurde von den Experten nicht in Frage gestellt, dass sich die Vereinten Nationen unter Generalsekretär *Kofi A. Annan* in bisher noch nie da gewesener Weise für die Kooperation wirtschaftsmächtiger privatwirtschaftlicher Akteure mit dem Kreis der UN-Mitgliedstaaten geöffnet haben. Divergenzen wurden allerdings sichtbar, wie künftig das Verhältnis der Vereinten Nationen zur Wirtschaftswelt ausgestaltet werden soll. Während einige in dem auf Freiwilligkeit und Selbstregulierung basierenden Global Compact das grundsätzlich geeignete Instrument sahen (*Fastenrath*, *Much*), plädierte *Hamm* für eine stärkere Berücksichtigung auch der UN-Normen über die Verantwortlichkeiten transnationaler Unternehmen und anderer Wirtschaftsunternehmen. Im letztgenannten Fall bestünden, so mag man schlussfolgern, größere Chancen auf einen nachhaltigen Wandlungsprozess, als wenn es bei der Global Compact-Initiative bliebe.

Keiner der Konferenzteilnehmer/innen, dies gilt auch für die Expertinnen und Experten des dritten Themenschwerpunktes zu der Frage einer repräsentativeren Gestaltung der Weltpolitik, stellte in Frage, dass die Vereinten Nationen seit dem Ende des Kalten Krieges bedeutsame Schritte vollzogen haben, Legitimität durch mehr „Inklusivität" anzustreben (vgl. erweiterte Beteiligungsrechte für NGOs, öffentlich-private Partnerschaften, eine stärkere Einbeziehung von privatwirtschaftlichen Unternehmen). Darin kann bereits heute eine nachhaltige Veränderung der Rahmenbedingungen kollektiven Handelns in und durch die Vereinten Nationen gesehen werden, da sich kollektives Handeln auf Weltebene nicht mehr exklusiv auf staatliche Akteure bezieht, sondern auch auf Akteure der Wirtschafts- und Gesellschaftswelt (*Rittberger*). Allerdings machte die Mehrzahl der Beiträge deutlich, dass die Tendenzen zur stärkeren „Inklusivität" keinesfalls gesichert oder gar erfolgreich abgeschlossen sind. Nach den Terroranschlägen vom 11. September 2001 sei das Pendel der Beteiligung nichtstaatlicher Kräfte „in die andere Richtung geschwungen" (*Fues*). Als besonders steinig, so wurde weiter deutlich, erweist sich der Weg zu mehr „Inklusivität" im Hinblick auf eine größere parlamentarische Beteiligung: Hier stehen die Vereinten Nationen – anders als auf dem Gebiet der in der UN-Charta bereits angelegten Konsultationsarrangements mit NGOs (Art. 71 UN-Charta) und anders als mit der 1999 erfolgreich eingeleiteten Öffnung der Vereinten Nationen für Unternehmen – noch am Anfang. Interessanterweise sahen alle Experten eine Intensivierung der Kooperation zwischen den Vereinten Nationen und der IPU als sinnvoll bzw. grundsätzlich möglich an (*Rittberger*, *Zöpel*, *Kissling*), doch bestand Uneinigkeit über das konkrete Vorgehen. Dies zeigt die über die Konferenz hinausgehende Notwendigkeit einer Vertiefung des wissenschaftlichen Diskurses in der Frage der parlamentarischen Dimension der Vereinten Nationen.

Im Verlauf der Konferenz kamen noch zwei weitere, komplexe Bereiche zur Sprache, in denen ein Strukturwandel noch aussteht bzw. erst zaghaft Formen angenommen hat. Dazu gehört zum einen die Koordinierung der Politiken von IWF, WTO und Weltbank durch die Vereinten Nationen (*Zöpel*, *Fues*) und zum anderen eine Reform des UN-Sicherheitsrates. Mit Blick auf den letztgenannten Aspekt fiel auf, dass verschiedene Teilnehmer im Kontrast zu den bisher in New York vorgelegten Reformmodellen und in Ablösung streng nationalstaatlichen Denkens für eine Sitzzuteilung an die Europäische Union plädierten (*Steiner, Zöpel*), wobei hier unterschiedliche Vorschläge unterbreitet wurden (Europäisierung der Sitze von EU-Staaten; Sitz für die EU als einer von mehreren Regionen). Ob sich diese Vorschläge als wegweisend darstellen, muss abgewartet werden.
Dass die Einzelheiten einer UN-Sicherheitsrats-Reform auf dieser Konferenz nicht weitervertieft wurden, war der akteursorientierten Themenauswahl geschuldet, die die Organisatoren – DGVN und ZIS – getroffen hatten. Zum Zeitpunkt der Dresdner Konferenz, also einen Monat nach den Ergebnissen des Weltgipfels vom September 2005, zeichnete sich außerdem ab, dass die Reform des UN-Sicherheitsrates vorübergehend in eine Sackgasse geraten ist. So wurde das von *Bruha* eingangs formulierte Wort während der gesamten Konferenz beherzigt: Eine organisatorische Reform der Vereinten Nationen hat, so machte dieser in seinem Einführungsvortrag deutlich, über die „hierzulande überbewertete Sitzfrage" im UN-Sicherheitsrat weit hinauszugehen.

Alles in allem bescheinigten die Experten den Vereinten Nationen – trotz nur teilweise erfolgreich durchgeführter Reformen –, eine zukunftsfähige Organisation zu sein. *Biedenkopf* hatte bereits in seinem Grußwort hervorgehoben, dass die Vereinten Nationen „für uns alle eine unendliche Geschichte" bleiben werden, da die Welt neben der Friedensordnung auch „eine Ordnung des Rechts (braucht), die wirtschaftlicher Macht Grenzen setzen und den Grundbedürfnissen aller Menschen Geltung verschaffen kann." So ließen auch die Teilnehmer der Dresdner Konferenz keinen Zweifel daran, dass die Welt im 21. Jahrhundert einer Weltorganisation bedarf, die über „Inklusivität" verfügt, und effizient sowie glaubwürdig zu handeln in der Lage ist, und dass diese Organisation die Vereinten Nationen sein werden...

*****

An dieser Stelle sei all denjenigen gedankt, die durch ihre aktive Mitwirkung die Dresdner Konferenz mitgestaltet und zu einem Erfolg gemacht haben. Herzlich gedankt sei insbesondere Prof. Dr. *Kurt H. Biedenkopf*, Ministerpräsident a.D., für sein einprägsames und treffendes Grußwort zum 60-jährigen Jubiläum der Vereinten Nationen sowie Prof. Dr. *Monika Medick-Krakau,* Pro-Rektorin für Bildung, und Prof. Dr. *Martin Schulte,* Dekan der Juristischen Fakultät der Technischen Universität Dresden, für ihre freundlichen Begrüßungsworte am Abend des Festaktes.

Gedankt sei auch den Moderatoren der verschiedenen Themenblöcke, *Andreas Zumach,* UN-Korrespondent, Genf, *Friederike Bauer*, Journalistin, Frankfurt/Main, sowie Prof. Dr. *Klaus Hüfner*, der als Vorsitzender des UN-Forschungsrates der DGVN zusammen mit der Herausgeberin dieser Publikation die Konzeption für die Konferenz erarbeitete.

Auch diejenigen, die als Kommentatoren bei den jeweiligen Panels mitwirkten, Botschafter *Hans-Heinrich Wrede* und Dr. *Roland Bernecker*, Generalsekretär der Deutschen UNESCO-Kommission, sei herzlich gedankt. Ein Glanzlicht der Dresdner Konferenz war neben den exzellenten Vorträgen der insgesamt 12 Experten, die in diesem Konferenzband gesammelt vorliegen, gewiss der Konferenzauftakt in Form des Festvortrages von Botschafter *Michael Steiner*. Auch ihm sei an dieser Stelle ausdrücklich Dank gesagt.

Die Dresdner Konferenz zum 60-jährigen Jubiläum der Vereinten Nationen hätte nicht stattfinden können ohne die großzügige finanzielle Unterstützung der Hochschulleitung der Technischen Universität Dresden, *Alfred Post* († 18. Oktober 2005), Kanzler, und Prof. *Hermann Kokenge,* Rektor, sowie der Gesellschaft von Freunden und Förderern der TU Dresden. Ihnen sei ebenso für Ihre Unterstützung gedankt, wie der Deutschen Gesellschaft für die Vereinten Nationen (DGVN).

Mein Dank gilt gleichfalls Dr. *Thomas Bürger*, Generaldirektor der Sächsischen Landes-, Staats- und Universitätsbibliothek, für die dreitägige Gastfreundschaft in seinem Haus und Dr. *Beate Wagner*, Generalsekretärin der DGVN, für die stets angenehme Zusammenarbeit.

Mein besonderer Dank, sowohl für ihren unermüdlichen Einsatz vor und während der Konferenz als auch für die stets zuverlässig und selbständig durchgeführten redaktionellen Arbeiten am vorliegenden Konferenzband, gilt Ass. iur. *Jana Hertwig*, LL.M., wissenschaftliche Mitarbeiterin und Doktorandin am Lehrstuhl für Völkerrecht, Recht der EU und Internationale Beziehungen.

Herzlich gedankt sei schließlich auch den über 20 Helferinnen und Helfern des interdisziplinären Studiengangs „Internationale Beziehungen“ (IB-04/05), die, anstatt für eigene Prüfungen zu lernen, sich auf der Grundlage eines „generalstabsmäßig“ einstudierten Ablaufplans (Garderobe, Kaffeepausen, Buffet, Technik etc.) mehrere Tage und Abende bereithielten, um die freundliche Betreuung der Gäste sowie einen geordneten Konferenzablauf zu ermöglichen.

Den Leserinnen und Lesern des vorliegenden Konferenzbandes, welcher der erste seiner Art in der 2006 neu gegründeten Reihe der „Dresdner Schriften zu Recht und Politik der Vereinten Nationen“ ist, wünscht die Herausgeberin eine interessante Lektüre!

Dresden, den 25. April 2006

Sabine von Schorlemer

Inhaltsverzeichnis

3. Themenblock: Vereinte Nationen und private Unternehmen

4. Themenblock: Perspektiven einer repräsentativen Gestaltung der Weltpolitik in den Vereinten Nationen

Abkürzungsverzeichnis

AAPP	Association of Asian Parliaments for Peace (Vereinigung Asiatischer Parlamentarier für den Frieden)
ACCP	Assembly of Caribbean Community Parliamentarians (Versammlung der Parlamentarier der Karibischen Gemeinschaft)
ACP-EU	Africa Caribbean Pacific-European Union Joint Parliamentary Assembly (JPA) (Afrika Karibik Pazifik-Europäische Union Paritätische Parlamentarische Versammlung)
AIDS	Acquired Immune Deficiency Syndrome
AIPO	ASEAN Inter-Parliamentary Organization (ASEAN Interparlamentarische Organisation; vgl. ASEAN)
AIPU	Arab Inter-Parliamentary Union (Arabische Interparlamentarische Union)
AJIL	American Journal of International Law
APF	Assemblée parlementaire de la Francophonie (Parlamentarische Versammlung der Französisch sprechenden Welt)
APPF	Asia Pacific Parliamentary Forum (Asiatisch-Pazifisches Parlamentarisches Forum)
APPU	Asian-Pacific Parliamentarians' Union (Union Asiatisch-Pazifischer Parlamentarier)
APU	African Parliamentary Union (Afrikanische Parlamentarische Union)
APuZ	Aus Politik und Zeitgeschichte
ARIS	Anti-Racism Information Service (Informationsdienst zur Beseitigung jeder Form von rassischer Diskriminierung)
ASAMA	Association des Sénats et Secondes chambres d'Afrique et du Monde arabe (Vereinigung der Senate und zweiten Kammern Afrikas und der Arabischen Welt)
ASE	Association des Sénats d'Europe (Vereinigung der Senate Europas)
ASEAN	Association of South-East Asian Nations (Vereinigung südostasiatischer Staaten)
ASEP	Asia-Europe Parliamentary Partnership Meeting (Parlamentarisches Partnerschaftstreffen Asien-Europa)
ASGP	Association of Secretaries General of Parliaments (Vereinigung der Generalsekretäre der Parlamente)
ASIL	Amerian Society of International Law
ATCA	Alien Tort Claims Act (in etwa: Gesetz zur Regelung ausländischer Ansprüche)

AU	African Union (Afrikanische Union)
AVR	Archiv des Völkerrechts
AWEPA	European Parliamentarians for Africa (Europäische Parlamentarier für Afrika)
BA	Baltic Assembly (Baltische Versammlung)
BAKS	Bundesakademie für Sicherheitspolitik
BerDGVR	Berichte der Deutschen Gesellschaft für Völkerrecht
BGBl.	Bundesgesetzblatt
BMWT	Bundesministerium für Wirtschaft und Technologie
bpb	Bundeszentrale für politische Bildung
BSPC	Baltic Sea Parliamentary Conference (Ostseeparlamentarierkonferenz)
BT-Drs.	Bundestagsdrucksache(n)
BVerfG	Bundesverfassungsgericht
BVerfGE	Sammlungen der Entscheidungen des Bundesverfassungsgerichts
CAT	Committee Against Torture (Ausschuss gegen Folter)
CBD	Convention on Biological Diversity (Biodiversitätskonvention)
CCEO	Conference of Parliamentary Committees for Equal Opportunities for Women and Men in the European Union Member States and in the European Parliament (Konferenz der Parlamentsausschüsse für die Gleichstellung von Frauen und Männern in den Mitgliedstaaten der Europäischen Union und im Europäischen Parlament)
CEJIL	Center for Justice and International Law (Zentrum für Justiz und Internationales Recht)
CEMAC	Communauté Economique et Monétaire d'Afrique Centrale (Zentralafrikanische Wirtschafts- und Währungsgemeinschaft)
CEO(s)	Chief Executive Officer(s) (Vorstandsvorsitzende(r))
CERD	Committee on the Elimination of Racial Discrimination (Ausschuss für die Beseitigung der Rassendiskriminierung)
CESCR	Committee on Economic, Social and Cultural Rights (Ausschuss für wirtschaftliche, soziale und kulturelle Rechte)
CEDAW	Committee on the Elimination of Discrimination Against Women (Ausschuss für die Beseitigung der Diskriminierung der Frau)

CIEE	Conférence Interparlementaire Européenne sur l'Espace (Europäische Interparlamentarische Konferenz zur Luft- und Raumfahrt)
CLIMA	Comisión Latinoamericana Interparlamentaria de Medio Ambiente (Lateinamerikanische Interparlamentarische Umweltkommission)
CMW	Committee on the Protection of the Rights of all Migrant Workers and Members of their Families (Ausschuss zum Schutze der Rechte aller Wanderarbeitnehmer/innen und ihrer Familienangehörigen)
COPA	Confederación Parlamentaria de las Américas (Parlamentarische Konföderation der Amerikas)
COP(s)	Communication(s) on Progress
COSAC	Conférence des Organes Spécialisés dans les Affaires Communautaires et Européennes des Parlements de l'Union européenne (Konferenz der Ausschüsse für Gemeinschafts- und Europaangelegenheiten der Parlamente der Europäischen Union)
CPA	Commonwealth Parliamentary Association (Parlamentarische Vereinigung des Commonwealth)
CPC	Comisión Parlamentaria Conjunta del Mercado Común del Sur (MERCOSUR) (Gemeinsame Parlamentarische Kommission des MERCOSUR)
CPI	Conseil Parlementaire Interrégional (Interregionaler Parlamentarier-Rat)
CPLP	Parliamentary Forum of the Community of Portuguese Speaking Countries (Parlamentarisches Forum der Gemeinschaft Portugiesisch sprechender Länder)
CRC	Committee on the Rights of the Child (Ausschuss für die Rechte des Kindes)

DAC	Development Assistance Committee (Entwicklungsausschuss)
dbb	Deutscher Beamtenbund
DGB	Deutscher Gewerkschaftsbund
DGVN	Deutsche Gesellschaft für die Vereinten Nationen
DIE	Deutsches Institut für Entwicklungspolitik
Doc.	Document (Dokument)
DSF	Deutsche Stiftung Friedensforschung

EAC	East African Community (Ostafrikanische Gemeinschaft)
ECCAS	Economic Community of Central African States (Wirtschaftsgemeinschaft Zentralafrikanischer Staaten)
ECHR	European Court of Human Rights (Europäischer Gerichtshof für Menschenrechte; vgl. EuGMR)
ECOSOC	United Nations Economic and Social Council (Wirtschafts- und Sozialrat der Vereinten Nationen)
ECOWAS	Economic Community of West African States (Wirtschaftsgemeinschaft Westafrikanischer Staaten)
EEA	European Economic Area (Europäischer Wirtschaftsraum)
EFTA	European Free Trade Association (Europäische Freihandelsassoziation)
EG	Europäische Gemeinschaft
EIAO	European Inter-Parliamentary Assembly on Orthodoxy (Europäische Interparlamentarische Orthodoxie-Versammlung)
EITI	Extractive Industry Transparency Initiative (Initiative für Transparenz in der Rohstoffwirtschaft)
EJIL	European Journal of International Law
EKD	Evangelische Kirche in Deutschland
EMRK	(Europäische) Konvention zum Schutze der Menschenrechte und Grundfreiheiten (kurz: Europäische Menschenrechtskonvention)
EP	Europäisches Parlament
e-Parliament	E-Parlament (elektronisches Parlament, das Abgeordnete aus allen demokratischen Ländern auf einer Internet-Plattform zusammenarbeiten lässt)
EU	European Union (Europäische Union)
EuG	Gericht erster Instanz der Europäischen Gemeinschaften
EuGH	Europäischer Gerichtshof
EuGMR	Europäischer Gerichtshof für Menschenrechte (vgl. ECHR)
EuGRZ	Europäische Grundrechte-Zeitschrift
EurAsEC	Eurasian Economic Community (Eurasische Wirtschaftsgemeinschaft)
EUREKA	Europäisches Netzwerk für anwendungsorientierte und grenzüberschreitende Forschung
Euromed-PV	Parlamentarische Versammlung Europa-Mittelmeer

FHI	forum historiae iuris
FIAN	FoodFirst Informations- & Aktions Netzwerk
FIPA	Foro Interparlamentario de las Américas (Interparlamentarisches Forum der Amerikas)

FOPREL	Foro de Presidentes de Poderes Legislativos de Centro América (Forum der Präsidenten der Legislativen Gewalten Mittelamerikas)
FU	Freie Universität
FW	Die Friedens-Warte
G7	Group of Seven (Gruppe der sieben führenden Industrieländer der Welt)
G8	Group of Eight (Gruppe der acht führenden Industrieländer der Welt; eigentlich: G7+1)
G20	Group of 20 (Gruppe der 20 wichtigsten Industrie-, Transformations- und Schwellenländer, vertreten durch ihre Finanzminister und Notenbankgouverneure sowie der EU, IWF, Weltbank und den Entwicklungsausschüssen von IWF und Weltbank)
G77	Group of 77 (Gruppe der ursprünglich 77 Entwicklungsländer zur effektiven Interessensvertretung der Dritten Welt; heute: 132 Länder)
GCB	Global Compact Board (Global Compact Ausschuss)
GCO	Global Compact Office (Global Compact Büro)
GCPPD	Global Committee of Parliamentarians on Population and Development (Globales Komitee von Parlamentariern zu Bevölkerungs- und Entwicklungsfragen)
GFATM	Global Fund to Fight AIDS, Tuberculosis and Malaria (Globaler Fonds zur Bekämpfung von Aids, Tuberkulose und Malaria)
GKKE	Gemeinsame Konferenz Kirche und Entwicklung
GLJ	German Law Journal
GEO	Global Environmental Organization (Vorschlag einer Weltumweltorganisation)
GLOBE	Global Legislators Organization for a Balanced Environment (Globale Organisation von Gesetzgebern für eine ausgeglichene Umwelt)
GO	Geschäftsordnung
GOPAC	Global Organization of Parliamentarians Against Corruption (Globale Organisation von Parlamentariern gegen Korruption)
GRINGOs	Interparlamentarische Government Run/Inspired NGOs (informelle Parlamentarierorganisationen)
GS	Generalsekretär der Vereinten Nationen

GUAM	Sicherheitsallianz von Georgien, Ukraine, Aserbaidschan und Moldawien (bis zum Ausscheiden Usbekistans: GUUAM)
GYIL	German Yearbook of International Law
HCHR	siehe UNHCHR
HICLR	Hastings International and Comparative Law Review
HIV	Human Immunodeficiency Virus
HRC	Human Rights Committee (Menschenrechtsausschuss)
HRQ	Human Rights Quarterly
HSFK	Hessische Stiftung Friedens- und Konfliktforschung
IAEA	International Atomic Energy Agency (Internationale Atomenergie-Organisation)
ICC	International Criminal Court (Internationaler Strafgerichtshof)
ICC	International Chamber of Commerce (Internationale Handelskammer)
ICCSR	International Centre for Corporate Social Responsibility (Internationales Zentrum für unternehmerische soziale Verantwortlichkeit)
ICFTU	International Confederation of Free Trade Unions (Internationaler Bund der Freien Gewerkschaften)
ICJ	International Court of Justice (Internationaler Gerichtshof)
ICSID	International Centre for Settlement of Investment Disputes (Internationales Zentrum zur Beilegung von Investitionsstreitigkeiten)
ICTR	International Criminal Tribunal for Rwanda (Internationaler Strafgerichtshof für Ruanda)
ICTY	International Criminal Tribunal for the Former Yugoslavia (Internationaler Strafgerichtshof für das ehemalige Jugoslawien)
IGAD	Intergovernmental Authority on Development (regionale Organisation zur Unterstützung der Mitgliedstaaten in ihrer Entwicklung (bis 1996: IGADD (Intergovernmental Authority on Drought and Development))
IGO	International Governmental Organisation (internationale Regierungsorganisation)
IKRK	Internationales Komitee des Roten Kreuzes
ILM	International Legal Materials

ILO	International Labour Organization (Internationale Arbeitsorganisation)
IMF	International Monetary Fund (Internationaler Währungsfonds; siehe IWF)
IMPO	International Medical Parliamentarians Organization (Internationale Medizinische Parlamentarierorganisation)
INEF	Institut für Entwicklung und Frieden
INGOs	International Non-governmental Organisations (internationale Nichtregierungsorganisationen)
IPA	Inter-Parliamentary Assembly of Member Nations of the Commonwealth of Independent States (Interparlamentarische Versammlung der Mitgliedsnationen der Gemeinschaft Unabhängiger Staaten)
IPAAF	International Parliamentarians' Association for Agriculture and Fisheries (Internationale Vereinigung von Parlamentariern für Landwirtschaft und Fischerei)
IPCC	Intergovernmental Panel on Climate Change (Zwischenstaatliche Sachverständigengruppe über Klimaänderungen)
IPN	International Parliamentary Network (Internationales Parlamentarisches Netzwerk)
IPU	Inter-Parliamentary Union (Interparlamentarische Union)
IPUSS	International Parliamentarians' Union for Social Services (Internationale Parlamentarierunion für soziale Dienste)
IRK/IRN	Irak/Iran
IT	Information Technology (Informationstechnologie)
ITLOS	International Tribunal for the Law of the Sea (Internationaler Seegerichtshof)
IWF	Internationaler Währungsfonds (siehe IMF)
IWRAW	International Women's Rights Action Watch
JCPS	Journal of Constitutional and Parliamentary Studies
JPA	Joint Parliamentary Assembly (Paritätische Parlamentarische Versammlung; vgl. ACP-EU)
JZ	Juristenzeitung
KSZE	Konferenz über Sicherheit und Zusammenarbeit in Europa
KSZM	Konferenz über Sicherheit und Zusammenarbeit im Mittelmeerraum

L20+	Idee der Emporhebung der bestehenden G20 (der Finanzminister und der Notenbankgouverneure) auf die Ebene der Staats- und Regierungschefs als repräsentatives Gipfelgremium (leaders)
LDCs	Least Developed Countries (Gruppe der am wenigsten entwickelten Länder)
LJIL	Leiden Journal of International Law
MDG(s)	United Nations Millennium Development Goal(s) (Millenniumsentwicklungsziel(e) der Vereinten Nationen)
MERCOSUR	Mercado Común del Sur (Gemeinsamer Markt des Südens)
MJIL	Michigan Journal of International Law
MNE(s)	Multinational Enterprise(s) (multinationale(s) Unternehmen)
MRK	Menschenrechtskommission (siehe UNCHR)
NATO	North Atlantic Treaty Organization (Nordatlantikvertrags-Organisation)
NATO PA	Parliamentary Assembly of the North Atlantic Treaty Organization (Parlamentarische Versammlung der NATO)
NEPAD	The New Partnership for Africa's Development (Neue Partnerschaft für die Entwicklung Afrikas)
NGLS	siehe UNNGLS
NGO(s)	Non-governmental Organisation(s) (Nichtregierungsorganisation(en))
NILR	Netherlands International Law Review
ODS	United Nations Official Documents System (elektronisches Dokumentenarchiv der Vereinten Nationen)
OECD	Organisation for Economic Co-operation and Development (Organisation für wirtschaftliche Zusammenarbeit und Entwicklung)
OHCHR	siehe UNOHCHR
OSCE	Organization for Security and Co-operation in Europe (Organisation für Sicherheit und Zusammenarbeit in Europa, OSZE)
OSZE	siehe OSCE
OXFAM	Oxford Committee for Famine Relief (Oxforder Komitee zur Linderung der Hungersnot)

P5	Permanent Five (ständige Mitglieder des Sicherheitsrates der Vereinten Nationen)
PABSEC	Parliamentary Assembly of the Black Sea Economic Cooperation (Parlamentarische Versammlung der Schwarzmeer-Wirtschaftskooperation)
PACE	Parliamentary Assembly of the Council of Europe (Parlamentarische Versammlung des Europarates)
PAEAC	Parliamentary Association for Euro-Arab Cooperation (Parlamentarische Vereinigung für Euro-Arabische Zusammenarbeit)
PGA	Parliamentarians for Global Action (Parlamentarier für globale Aktion)
PIA	Parlamento Indígena de America (Indigenes Parlament Amerikas)
PNND	Parliamentary Network for Nuclear Disarmament (Netzwerk von Abgeordneten für nukleare Abrüstung)
PNoUNCCD	Parliamentary Network on the United Nations Convention to Combat Desertification (Parlamentarisches Netzwerk zum Übereinkommen der Vereinten Nationen zur Bekämpfung der Wüstenbildung)
PNoWB	Parliamentary Network on the World Bank (Parlamentarisches Netzwerk zu Weltbankfragen)
PPK(s)	Parlamentspräsidentenkonferenz(en)
PPPs	Public Private Partnerships
PRSPs	Poverty Reduction Strategy Papers
PUOICM	Parliamentary Union of the Organisation of the Islamic Conference Members (Parlamentarische Union der Mitglieder der Organisation der Islamischen Konferenz)
PVS	Politische Vierteljahreszeitschrift
QUANGOs	Quasi Non-governmental Organisations
RdC	Recueil des Cours
REPAC	Network of Parliamentarians of the Economic Community of Central African States (Parlamentariernetzwerk der Wirtschaftsgemeinschaft Zentralafrikanischer Staaten)
Res.	Resolution
RICR	Revue internationale de la Croix-Rouge
Rs.	Rechtssache

SAARC	South Asian Association for Regional Cooperation (Südasiatische Vereinigung für regionale Zusammenarbeit)
SADC	Southern African Development Community (Südliche Afrikanische Entwicklungsgemeinschaft)
SDILJ	San Diego International Law Journal
SEF	Stiftung Entwicklung und Frieden
SLLF	State Legislative Leaders Foundation (Stiftung Bundesstaatlicher Legislativer Führungspersönlichkeiten)
SOS	SOS Torture (in etwa: internationales Netzwerk von Organisationen zur Ergreifung von Sofortmaßnahmen gegen Folter)
SR	Sicherheitsrat der Vereinten Nationen
TI	Transparency International
TNC(s)	Transnational Corporation(s) (transnationale(s) Unternehmen)
UdSSR	Union der ehemaligen Sozialistischen Sowjetrepubliken
UEMOA	Union Economique et Monétaire Ouest Africaine (Westafrikanische Wirtschafts- und Währungsunion)
UIP	L'Union interparlementaire (Interparlamentarische Union)
UMA	Union du Maghreb Arabe (Union der Arabischen Maghreb-Staaten)
UN/U.N.	United Nations (Vereinte Nationen)
UNAIDS	Joint United Nations Programme on HIV/Aids (Programm zur Bekämpfung von HIV/Aids)
UNCCD	UN Convention to Combat Desertification (Übereinkommen zur Bekämpfung der Wüstenbildung (in den von Dürre und/oder Wüstenbildung schwer betroffenen Ländern, insbesondere in Afrika))
UNCHR	UN Commission on Human Rights (Menschenrechtskommission; siehe MRK)
UNCSD	UN Commission on Sustainable Development (Kommission für nachhaltige Entwicklung)
UNCTAD	UN Conference on Trade and Development (Konferenz für Handel und Entwicklung)
UNCTC	UN Centre on Transnational Corporations (Zentrum für transnationale Unternehmen)
UNDP	UN Development Programme (Entwicklungsprogramm)

UNEF (I)	UN Emergency Force (1. Friedensmission der Vereinten Nationen)
UNEP	UN Environment Programme (Umweltprogramm)
UNESCO	UN Educational, Scientific and Cultural Organization (Organisation für Bildung, Wissenschaft und Kultur)
UNFPA	UN Population Fund (Bevölkerungsfonds)
UNHCHR	UN High Commissioner on Human Rights (Hoher Kommissar für Menschenrechte)
UNHRC	UN Human Rights Council (Menschenrechtsrat)
UNICEF	UN International Children's Emergency Fund (seit 1954: UN Children's Fund; Kinderhilfswerk)
UNIDO	UN Industrial Development Organization (Organisation für industrielle Entwicklung)
UNITAR	UN Institute for Training & Research (Ausbildungs- und Forschungsinstitut)
UNNGLS	UN Non-Governmental Liaison Service (Verbindungsdienst zu den nichtstaatlichen Organisationen)
UNO	United Nations Organization (Organisation der Vereinten Nationen)
UNOHCHR	Office of the UN High Commissioner for Human Rights (Amt des Hohen Kommissars für Menschenrechte)
UNPA	UN Parliamentary Assembly (Vorschlag einer Parlamentarischen Versammlung)
UNPBC	UN Peacebuilding Commission (Kommission für Friedenskonsolidierung)
UNRISD	UN Research Institute for Social Development (Forschungsinstitut für soziale Entwicklung)
UNYB	Yearbook of the United Nations
VirgJIL	Virginia Journal of International Law
VN	Vereinte Nationen; Zeitschrift für die Vereinten Nationen und ihre Sonderorganisationen
WBGU	Wissenschaftlicher Beirat der Bundesregierung Globale Umweltveränderungen
WEED	World Economy, Ecology & Development (Weltwirtschaft, Ökologie und Entwicklung)
WEU	Westeuropäische Union
WFM	World Federalist Movement (Weltföderalistische Bewegung)

WFP	World Food Programme (Welternährungsprogramm)
WHO	World Health Organization (Weltgesundheitsorganisation)
WSPU	World Scout Parliamentary Union (Weltparlamentarische Union der Pfadfinderbewegung)
WTO	World Trade Organization (Welthandelsorganisation)
WWPP	World Women Parliamentarians for Peace (Weltparlamentarierinnen für den Frieden)
WZB	Wissenschaftszentrum Berlin für Sozialforschung
YIO	Yearbook of International Organizations
YLJ	Yale Law Journal
ZaöRV	Zeitschrift für ausländisches öffentliches Recht und Völkerrecht
ZIS	Zentrum für Internationale Studien

60 Jahre UNO

Sechs Jahrzehnte Vereinte Nationen und drei Jahrzehnte deutsche Mitgliedschaft – Versuch einer Bilanz

Botschafter Michael Steiner
Dresden, 27. Oktober 2005

Liebe Frau Professor von Schorlemer,
lieber Herr Dr. Zöpel,
meine Damen und Herren

„Die Deutschen stehen in der schwersten Periode ihrer Geschichte, die in mancher Hinsicht peinvoller und hoffnungsloser ist, als nach dem Dreißigjährigen Kriege“. Das konstatierte heute vor genau 60 Jahren, am 27. Oktober 1945, Kurt Schumacher in einer düsteren Rede an der Uni Kiel.

Drei Tage vorher, am 24. Oktober 1945, war die Charta der Vereinten Nationen in Kraft getreten, in deren erstem Satz das Ziel beschworen wird, „künftige Geschlechter von der Geißel des Krieges zu bewahren, die zweimal zu unseren Lebzeiten unsagbares Leid über die Menschheit gebracht hat.“

Und nicht einmal drei Monate zuvor hatte die Zündung der beiden berüchtigtsten Bomben der Geschichte diese unwiederbringlich verändert – nur war dies sehr vielen Zeitgenossen damals noch nicht wirklich bewusst.

Das war die Welt, das war Deutschland vor 60 Jahren. „Nie wieder!“ war die Parole. Das war die Welt, in die hinein die UNO gegründet wurde – übrigens, wie Sie wissen, maßgeblich auf Initiative der USA.

Was sind heute die Themen der Welt?

Unsere soziale, wirtschaftliche und kulturelle Realität hat den herkömmlichen nationalen Rahmen längst transzendiert, wir sprechen von der sozialen Dimension der Globalisierung, der globalen Interdependenz, dem zunehmenden Verlust an Gestaltungsfreiheit der einstmals allmächtigen Nationalstaaten – Detroit entscheidet über Rüsselsheim; die Vogelgrippe in Asien alarmiert Wal-Mart Stores in den USA, das größte Unternehmen der Welt, weil über 50 Prozent seiner Zulieferungen aus Übersee kommen.

Was ist in der Zwischenzeit seit 45 in der UNO passiert, die ersten drei Jahrzehnte ohne Deutschland, die zweiten zunächst mit zwei Deutschlands, dann einem? Ist es eine gute Bilanz? Und wie soll es weitergehen? Kann es einfach so weitergehen?

Oder muß nicht die Organisation, die sich zurecht als organisatorisches Hauptforum der Welt, als Weltforum, versteht, deren Veränderungen aufnehmen und widerspiegeln, um relevant zu bleiben?

Um mich dem Vorwurf einer Verfehlung des vorgegebenen Themas zu entziehen, möchte ich zunächst mit Ihrer Erlaubnis etwas aphoristisch durch die 50-, 60-, 70-, 80- und 90er – zuweilen als Zaungast - bis zur Gegenwart eilen, um mich dann an einen Bilanzierungsversuch zu wagen und mir am heiklen Reformthema die Finger zu verbrennen.

1. Der Beginn und die Fünfziger: Eine bipolare Welt

Trygve Lie, 1. VN-GS, 1946-52,
Dag Hammarskjöld, 2. VN-GS, 1953-61

Bei ihrer Gründung am 24. Oktober 1945 hatte die UNO 51 Mitglieder. Auf der Welt lebten 2,3 Milliarden Menschen. Heute, 60 Jahre später, hat die UNO 191 Mitglieder. Auf der Welt leben 6,5 Milliarden Menschen.

1945 war das Wort Hunger nicht mit Afrika, sondern mit Europa verbunden. Hier gab es die Flüchtlingsströme, die Vertriebenen. Hierhin floss bis in die 50er Jahre hinein die Wirtschaftshilfe. Die Welt war eine Nachkriegswelt in einer Nachkriegsordnung. Und die UNO war eine Nachkriegsorganisation.

Großartige Dokumente wurden geschaffen: Die Allgemeine Erklärung der Menschenrechte vom 10.12.1948, die mit ihren in Stein gemeißelten, asketischen 30 Artikeln so vielen Grundrechtskatalogen Pate stand. Ferner die Völkermordkonvention aus demselben Jahr, die den Genozid zum internationalen Verbrechen erklärt, sowie unzählige andere Vertragstexte, die inzwischen zu einem imposanten internationalen Vertragskorpus mit weitem, bis dahin unbekanntem Regelungsbereich geführt haben.

Allerdings teilte der Kalte Krieg unsere eine Welt in zwei Hälften. Der VN-Sicherheitsrat war durch das Veto gelähmt und sollte es viele Jahre bleiben - wobei das Veto zunächst vor allem von der Sowjetunion, gegen Ende des Jahrhunderts vor allem von den USA eingelegt wurde.

Von Anfang an war der Nahe Osten ein ständiger Begleiter der Organisation, des Sicherheitsrats, der Generalversammlung und des Generalsekretärs. Später kam Südafrika als Konstante hinzu – bis Mandela am anderen Ende der Nachkriegszeit, am 11. Februar 1990 schließlich Robben Island im Triumpf und als zukünftiger Präsident von Südafrika verließ.

Andere Konflikte kamen und gingen. Für all diese Konflikte, auch für die anscheinend ewigen, wie den Nahost-Konflikt, galt, daß sie zunächst fast ausschließlich durch die Optik des Kalten Krieges betrachtet wurden und alle Lösungsversuche seinen – kalten oder heißen – Frontlinien folgten.

1950 der Korea-Krieg mit einer von Ex-Präsident Truman noch 1955 als epochal gefeierten Innovation in den VN, der „Uniting for Peace“-Resolution. De facto ein Verfassungsputsch, eine Machtverschiebung vom Sicherheitsrat auf die Generalversammlung, von der die Initiatoren angesichts radikal veränderter Mehrheitsverhältnisse heute sicherlich nichts mehr wissen wollen.

Der 17. Juni 1953 fand dagegen in den Vereinten Nationen nicht statt.

Im „Kolonialkrieg“ um Suez 1956 wandten die USA das Uniting for Peace-Instrument gegen die Verbündeten Frankreich und Großbritannien, pikanterweise diesmal mit Zustimmung der Sowjetunion, gegen die es ursprünglich erfunden wurde.

Es war der fünf Jahre später im Einsatz für den Frieden umgekommene, vielleicht bedeutendste Generalsekretär der Organisation, Dag Hammarskjöld, der zur Beilegung der Krise ein ursprünglich in der Charta gar nicht vorgesehenes Instrument schuf: Blauhelmtruppen. Am 3. Dezember 1956 trafen die ersten UNEF-Truppen in Port Said ein, die in kurzer Zeit auf über 6000 Mann aufwuchsen.

2. Die Sechziger: Neben der Ersten und Zweiten formiert sich die Dritte Welt

U Thant, 3. VN-GS, 1961-71

Wir erreichen die 60er. Man dachte in Blöcken. Mein Vater, sicherlich kein Kommunist, hatte in diesen Jahren einen großen Kunstbildband der UdSSR auf dem Nierentisch im Wohnzimmer, was mir damals als fast frivol erschien und ein unangenehmes Gefühl bereitete.

So war die Zeit. Nikita Chruschtschow schlug 1960 mit dem Schuh auf den Delegationstisch in der Generalversammlung – so jedenfalls die wunderbare Fama. Fotografisch belegt ist immerhin ein Schuh auf seinem Tisch.

Der Mauerbau am 13. August 1961 schlug sich zwar in der Welt, aber in den VN formal kaum nieder.

Die Kuba-Krise, die uns an den Rand eines Atomkriegs brachte, sorgte auch im Sicherheitsrat für historische Szenen. So US-Botschafter Adlai Stevenson mit den Aufklärungsfotos der Raketensilos auf Kuba in der Hand an seinen sowjetischen Kollegen, ob er immer noch leugne, „yes or no"?

Gut vierzig Jahre später gab es, wie wir alle wissen, wieder Aufklärungsphotos im Sicherheitsrat, allerdings mit einem anderen Nachhall in der internationalen Gemeinschaft.

Am 15. Juni 1964 wurde die G 77 im Zuge einer UNCTAD-Konferenz gegründet, eine Zwei-Drittel-Mehrheit der mehr oder weniger blockfreien Dritten Welt, die mit der Forderung nach einer Neuen Weltwirtschaftsordnung an die Öffentlichkeit trat. In der UNCTAD in Genf beschäftigen wir uns noch heute mit den

Nachklängen und die G 77 ist im Zuge der Dekolonisierung auf inzwischen 132 Mitglieder angewachsen.

Der Begriff „Dritte Welt“ stammt übrigens von dem französischen Demographen Alfred Sauvy, der 1952 den Ausdruck dem innerstaatlichen, unteren Dritten Stand, französisch „tiers-état“ entlehnte und auf die globale Ebene als „ tiers-monde“ wendete.

Am 22. November 1967, nach dem Sechs-Tage-Krieg, verabschiedete der Sicherheitsrat im Konsens Resolution 242, ein Nahost-Urgestein mit kleinem Schönheitsfehler, einer unscheinbaren aber weit reichenden Abweichung der Sprachfassungen. Ob man sich – in englisch – von „besetzten Gebieten“ zurückzuziehen hat, oder von den besetzten Gebieten – eine Lesart, die die französische Fassung erlaubt – ist konfliktentscheidend.

1968. Prager Frühling. Am 21. August besetzten die Truppen von fünf sozialistischen Bruderstaaten die Tschechoslowakai. Drei Tage später verlangte ihr Außenminister Jiri Hajek in einer unerschrockenen Rede im Sicherheitsrat den sofortigen Rückzug der Besatzungstruppen. Die Unterstützung blieb rhetorisch, die Tschechoslowakei allein. Es sollte bis 1989 dauern, bis sich die demokratischen Kräfte in der Samtenen Revolution durchsetzen konnten.

Der zehnjährige Vietnamkrieg, der eine ganze Generation internationalisierte, fand im wesentlichen außerhalb der Vereinten Nationen statt.

3. Die Siebziger: Man richtet sich ein

Kurt Waldheim, 4. VN-GS, 1972-81

Die 70er. Aus dem vorherigen Jahrzehnt hatte man zunächst noch einen ungebrochenen Glauben an die Wachstumsideologie, an die fiskalische Regulierbarkeit der Wirtschaft, an die Effizienz klassischer Entwicklungshilfe sowie an eine unbeschwerte, von den Kräften des Atoms praktisch zum Nulltarif gespeiste Zukunft mitgebracht.

Diesem etwas schlichten Zukunftsglauben nahm 1972 der Club of Rome mit seinem Bericht „Das Ende des Wachstums“ die Unschuld. Autofreie Sonntage nach dem Ölschock im Oktober 1973 machten den Mangel ohne zu fahren erfahrbar.

Kurz zuvor, am 18. September 1973 beschließt die Generalversammlung in bürokratisch-schnörkelloser Form die gleichzeitige Aufnahme der DDR und des Bundesrepublik Deutschland in die UNO. Damit fand eine gewisse Formalisierung der durch die Ostpolitik Brandts eingeleiteten Normalisierung statt. Die deutsche Zweisamkeit in den VN sollte auf den Monat genau 17 Jahre dauern.

Voll souverän war Deutschland damit noch nicht. Die DDR blieb Teil des Ostblocks, die Bundesrepublik bewegte sich im westlichen main stream. Konstruktiv, aber nicht exponiert – möglichst ohne „querelles allemandes".

Jeder deutsche Diplomat hatte das Wissen um das aus der Vergangenheit herrührende Mißtrauen der Anderen im Ranzen. Wir versuchten, Mr. Nice Guy zu sein. Die Feindstaatenklausel des Art. 107 erklärten wir für obsolet. Eine Beteiligung an peace-keeping schien für die Bundesrepublik undenkbar.

Durch unspektakuläre Zuverlässigkeit, Berechenbarkeit, Solidität, aber auch durch einen erheblichen Finanzbeitrag wollten wir schrittweise das Ansehen Deutschlands in der Völkergemeinschaft wiedergewinnen, das wir mit den Nazis verspielt hatten.

Und falsch war diese Politik ja wohl sicher nicht.

4. Die Achtziger: Endphase der Nachkriegsordnung

Perez de Cuellar, 5. VN-GS, 1982-91

Die 80er. Der Vatikan hatte als erster die Chance der zukünftigen Veränderungen ergriffen.

Als 1980 die Gewerkschaftsbewegung Solidarnosč gegründet wurde, der wir die Initiierung der Demokratisierung Mittel- und Osteuropas verdanken, war wundersamerweise gerade völlig überraschend erstmals ein Pole Papst geworden, Johannes Paul II., der der Bewegung im Verlauf des Jahrzehnts den entscheidenden politisch-moralischen Rückhalt geben sollte. Ohne diesen Papst wäre die Geschichte anders verlaufen. In den VN schlug es sich nur indirekt nieder.

Die Bundesrepublik war 1987-88 zum zweiten Mal Mitglied im Sicherheitsrat. Dort ahnten wir bei zwei Themen, daß sich etwas im Kreml bewegte: Afghanistan und Irak/Iran, der 1. Golfkrieg – IRK/IRN, wie das Aktenzeichen im Auswärtigen Amt hieß.

Hatte es seit dem sowjetischen Einmarsch in Afghanistan noch jahrelang unversöhnliche Resolutionsschlachten in der Generalversammlung gegeben, fand die sowjetische Besetzung 1988 ein einvernehmliches Ende im Sicherheitsrat. Der zunächst mißtrauisch beobachtete Gorbatschow hatte denen Recht gegeben, die, wie Genscher, auf ihn gesetzt hatten.

Bereits zuvor hatte Russland bei den eng abgeschirmten P 5-Beratungen in New York, die am 20. Juli 1987 zu Resolution 598 führten, erstaunliche Flexibilität gezeigt.

598 beendete den 1. Golfkrieg. Uns war es etwas peinlich, ausgerechnet in der Gruppe der ehemaligen „Achsenmächte", Japan, Italien, Deutschland, als Nichtständige beharrlich den damals allzu Saddam Hussein-freundlichen Kurs der USA, Großbritanniens und Frankreichs auszubalancieren. Aber das delikate Geschäft im Sicherheitsrat in New York war interessant.

Meine schönste Erinnerung ist, daß es gelang, am 9. Mai 1988 gegen den Widerstand westlicher ständiger SR-Mitglieder Resolution 612 im Konsens durch den Sicherheitsrat zu bringen, die erste SR-Resolution gegen den Einsatz von Chemiewaffen.

Auslöser der deutschen Initiative zu dieser Resolution war der Bericht des Generalsekretärs über Giftgaseinsätze u.a. in Halabdscha, bei dem 5000 Kurden umgekommen waren. Ein finsteres Thema, das heute im Prozeß gegen Saddam Hussein wieder Aktualität gewinnt.

Und dann 1989 die Wende. Ich erlebte sie in Prag, als die Deutsche Botschaft zeitweise 8000 Zufluchtsuchende beherbergte. Von wo kam Außenminister Genscher am 30. September 1989, als er den Zufluchtsuchenden abends um halb neun vom Balkon des Lobkowitz-Palais unter tobendem Applaus zurief, daß sie ausreisen können? Er kam direkt von intensiven bilateralen Verhandlungen am Rande der Generalversammlung in New York mit seinen Amtskollegen Shultz, Schewardnadse und dem DDR-Außenminister Fischer.

Das neu erworbene Vertrauen in Deutschland begann sich auszuzahlen.

5. Die Neunziger bis heute: Die Zweite Welt geht unter, eine Neue Welt entsteht

Boutros Boutros-Ghali, 6. VN-GS, 1992-96,
seit 1997 Kofi Annan

1990 ist die Nachkriegszeit beendet, der Kalte Krieg vorbei. Die UNO erlebt eine Aufbruchstimmung, die Bremsen scheinen gelöst.

Der amerikanische Politikwissenschaftler Francis Fukujama verkündet vorschnell „Das Ende der Geschichte". Deutschland wird eins und erlangt volle Souveränität. Das Namensschild in der UNO heißt seit 3. Oktober 1990: „Germany".

Einer Beteiligung am zweiten, von der UNO autorisierten, Golfkrieg 1991 entzieht sich Deutschland mit hoher Scheckbuchdiplomatie. Allerdings war dies auch Ausdruck der Tatsache – und das wußte Kanzler Kohl -, daß die Deutschen ein erfreulich pazifistisches Volk geworden sind. Und das darf man, wenn hier in Dresden in drei Tagen die Frauenkirche wieder geweiht wird, durchaus auch einmal sagen.

Außenpolitisch gleichsam erwachsen wurden sowohl Deutschland als auch die EU an den Kriegen im ehemaligen Jugoslawien. Hier hatten zunächst alle Institutionen, die EU, damals noch EG, die OSZE, die UNO und die Nato erheblich an Glaubwürdigkeit verloren, bis schließlich die Bereitschaft heranreifte, sich des Themas Bosnien, später auch Kosovo, ernsthaft anzunehmen.

Ich bin insofern Kleinmöbel der Geschichte des außenpolitischen Freischwimmens Deutschlands, als die Bundesregierung noch 1997 durchaus rational begründete Bauchschmerzen bei der Vorstellung hatte, daß ich als Deutscher in der Nachfolge von Carl Bildt Hoher Repräsentant in Bosnien werden sollte. 2002 hingegen, bei dem mit erheblich weiterreichenden Befugnissen ausgestatteten Amt des VN-Sondergesandten für Kosovo gab es keinerlei Bedenken mehr, im Gegenteil.

Der 11. September 2001. Jeder weiß noch, was er an diesem Tag gemacht hat.

Geschehen ist es in New York, am Sitz des Hauptquartiers der UNO, keine vier Meilen entfernt. Einen Tag später tritt der Sicherheitsrat unter dem Vorsitz des ehemaligen außenpolitischen Beraters von Präsident Chirac und guten Kollegen, Jean-David Levitte, zusammen. In einer unheimlichen Szene nahmen die 15 Ratsmitglieder Resolution 1368 nicht wie üblich durch Handheben, sondern dadurch an, daß sich alle schweigend von ihren Sitzen erhoben.

Diese unter französischem Vorsitz zustande gekommene Resolution ist außerordentlich weitreichend: Sie verurteilt unter Verweis auf das Selbstverteidigungsrecht der Charta die Terrorakte gegen das World Trade Center als „Bedrohung des internationalen Friedens", also unter Verwendung von Kapitel 7-Sprache. In der Nato wird sogar zum erstenmal der Bündnisfall nach Artikel 5 des Nordatlantikvertrags ausgerufen. Und formal besteht dieser noch heute.

Dann Afghanistan in einer großen Allianz, mit dem Gütesiegel einer VN-Legitimation. Und schließlich der 3. Golfkrieg, ohne die Legitimierung des Sicherheitsrats und mit allen bitteren Auseinandersetzungen und Folgen, die wir kennen. Eine davon wird der Anstoß zur Reform der VN sein, auf die ich gleich kommen werde.

Wo stehen wir heute? Wir sind in einer neuen Welt.

Die Zweite Welt ist untergegangen, die verbliebene Supermacht ist militärisch fast so stark wie der gesamte Rest der Welt zusammen genommen.

Dieses außerordentliche Gewicht der Vereinigten Staaten ist objektiv vorhanden und wird auch in der Arbeit der VN täglich spürbar. Aber was nutzt alle militärische Macht gegen Katrina, gegen Wilma, Alpha, gegen Tsunamis und Erdbeben wie in Pakistan?

Professor Schwab, der Präsident des Weltwirtschaftsforums, erzählte mir von einem Abendessen im August (!) mit einigen Dutzend CEOs der größten Unternehmen der Welt. Welches globale Thema beschäftigte dabei diese Wirtschaftsführer am meisten? Die Finanzmärkte? Die WTO? Nein, es waren die ökonomischen Auswirkungen der Vogelgrippe, die sofort weltweit durchschlagen können, selbst wenn „nur“ Asien betroffen bliebe. Der Computer-Hersteller Dell bezieht für 15 Mrd US-Dollar Zulieferungen aus Asien. Das kann man nicht kurzfristig ersetzen.

Die Globalisierung birgt ohne Zweifel immense Chancen für die Menschheit. Sie hat aber auch eine Schattenseite. Der internationale Terrorismus profitiert von ihr, Viren – seien es Computer- oder biologische Viren – haben dies getan und werden dies tun. Und den Nationalstaaten mit ihren gewählten Führungen entgleitet die Regelungsherrschaft zugunsten anonymer globaler Wirkungsmechanismen. Jedenfalls den kleineren Nationalstaaten. Die USA, China, Indien, die EU, Japan, vielleicht Russland werden in einigen Jahren global eine gestaltende Rolle spielen – andere bei vielem nur noch nuisance value haben.

Hinzu kommt altes Denken. Wir denken z.B. immer noch, daß unsere starke außenwirtschaftliche Verflechtung und Abhängigkeit von der Weltkonjunktur vor allem damit zusammenhängt, daß wir Weltexportmeister sind. Das stimmt so nicht mehr. Es gibt ganz andere Übertragungskanäle:

Laut IWF ist der Umsatz der Auslandstöchter der börsennotierten deutschen Unternehmen inzwischen so hoch wie ihr gesamter Inlandumsatz. Der Umsatz deutscher Auslandstöchter ist doppelt so hoch wie der gesamte deutsche Export an Waren und Dienstleistungen. Der Umsatz aus deutschen Beteiligungen in den USA ist rund fünfmal so hoch wie der deutsche Export dorthin.

Damit wirkt sich eine Veränderung der Lage im Ausland noch viel unmittelbarer und stärker auf die Unternehmen in Deutschland aus als über den Export.

Zudem zeigen jüngste Untersuchungen des IWF, daß sich Stimmungsveränderungen etwa beim amerikanischen Konsumenten direkt auf das Zukunftsvertrauen der europäischen Konsumenten auswirken. Branchenkonjunkturen – denken Sie an IT-Aktien! – treten an die Stelle regionaler Konjunkturen.

Warum erwähne ich das alles? Weil es hierauf für uns keine nationalen Antworten mehr gibt. Wir sind einfach eine zu kleine Steuerungsgröße.

Wir müssen bereits national europäische Politik denken. Es ist unser nationales Interesse, den Akteur EU zu stärken.

Das gilt auch außenpolitisch. Und es gilt auch in den Vereinten Nationen, was ich unter dem Stichwort Reform erläutern möchte.

6. Die Reform

Nach der Zerreißprobe über den 3. Golfkrieg stellte Kofi Annan im September 2003 vor der Generalversammlung fest: "We have come to a fork in the road. This may be a moment no less decisive than 1945 itself, when the United Nations was founded. .... Now we must decide whether it is possible to continue on the basis agreed then, or whether radical changes are needed."

Sind die 150 Staats- und Regierungschefs auf dem UNO-Weltgipfel vor sechs Wochen diesem Anspruch gerecht geworden? Hatten sie die Kraft, die Weltorganisation an die soeben skizzierte völlig veränderte Welt anzupassen?

Das Gipfeldokument stellt nicht die von manchen befürchtete Reformkatastrophe dar. Die acht Milleniumsziele von 2000 wurden bekräftigt; zur Entwicklung gibt es wichtige Aussagen; ebenso zur Gewaltanwendung; es wurde eine peace building commission geschaffen und ein Menschenrechtsrat in Auftrag gegeben, wenn auch die entscheidenden Details leider offenblieben.

Aber es war kein großer Wurf. Die Staats- und Regierungschefs schwiegen zur Abrüstung. Und zum Kern der VN-Reform, der des Sicherheitsrats, reichte es nur zu einem Prüfauftrag an die Generalversammlung.

Wer einmal als nichtständiges Mitglied in den Sicherheitsrat kam und ihn nach zwei Jahren wieder verließ, weiß, daß die UNO in New York eine Dreiklassengesellschaft ist: Der fünf Ständigen, der zehn Nichtständigen und des Rests der UNO-Mitglieder. Als er UNO-Botschafter in New York war, sagte Dick Holbrooke einmal, er verwende 90 % seiner Arbeitskraft nur auf den Sicherheitsrat.

Jedermann weiß auch, daß die Zusammensetzung des Rats inzwischen einen legitimationsgefährdenden Anachronismus darstellt. Es gab daher durchaus legitime Gründe dafür, daß Deutschland auf den von Kofi Annan gefahrenen Zug der Sicherheitsratserweiterung aufsprang.

In der amorphen WTO ist es 2003 mit der Schaffung der G 20 gelungen, die realen Kräfte der heutigen Welt zu repräsentieren. China, Indien, Brasilien, Südafrika hatten sich eine Plattform neben den LDCs, den USA und der EU geschaffen.

Was in der Genfer WTO gelang, scheiterte zunächst in New York am noch nicht ausreichenden kollektiven Leidensdruck für eine durchgreifende Reform, an den zu unterschiedlichen Prioritäten der Staaten der Welt, an der immens hohen rechtlichen Änderungshürde und daran, daß nicht nur ein oder zwei Ständige SR-Mitglieder mit dem status quo eigentlich ganz gut leben können.

Deutschland ist also vorerst nicht in den erlauchten Kreis der P 5 gestoßen. Aber ist das das eigentliche Thema?

Mit guten Gründen ist Deutschland seit vielen Jahren dem Ziel einer gemeinsamen europäischen Außen- und Sicherheitspolitik verpflichtet. Wir wollen die nationale Außenpolitik europäisieren, weil wir wissen, daß wir als Einzelstaat schlicht zu schwach sind, um auf der Weltbühne wirklich mitzugestalten.

Dies entspricht der neuen globalen Realität, die ich eben skizziert habe. Dies liegt in der Logik der europäischen Integration. Und dies wird auch von den Bürgern der EU unterstützt.

Die Europäische Union ist in der Krise und hat sich eine Reflexionsphase verordnet. Auch der Stand der Sicherheitsratsreform gibt uns jetzt die Chance des Nachdenkens. Stünde es uns in dieser Lage nicht gut an, zusammen mit unseren EU-Partnern über weitere Europäisierungsschritte dort nachzudenken, wo sie auch von den Bürgern verstanden und unterstützt werden? Nämlich bei der schrittweisen Europäisierung der SR-Politik der EU? Haben wir hier wirklich schon alles ausgelotet?

Stimmt die Behauptung, daß Frankreich und Großbritannien gegenwärtig nicht bereit sind, ihre Privilegien im SR mit den EU-Partnern zu teilen? Ja, sie stimmt.

Stimmt die Behauptung, daß die Charta nur Staaten als Mitglieder zuläßt, nicht die EU? Ja, sie stimmt.

Aber stimmt das Argument? Ist eine Charta-Änderung von vorneherein notwendig oder kann nicht schon jetzt jeder der i. d. R. vier im SR vertretenen EU-Staaten seinen nationalen Sitz als Plattform für EU-Positionen zur Verfügung stellen? Hatte Deutschland nicht selbst einen Vorschlag in diese Richtung gemacht? Ist dies trotz der restriktiven Formulierung von Nizza recht gesehen nicht sogar eine politische Pflicht, wenn man es mit der Gemeinsamen Außenpolitik ernst meint?

Ich weiß natürlich um den Widerstand derjenigen, die Privilegien von 1945 hüten wollen. Aber das ist kurzsichtig. 92 Prozent der EU-Staaten sehen dies schon jetzt anders. Eine Art brainstorming in der Union würde zwar nicht sofortigen Erfolg erzielen. Aber schrittweise, innerhalb der nächsten zehn Jahre, schon.

Kein Mitglied der EU wird sich auf Dauer der Logik der Gemeinsamen Außenpolitik entziehen können.

Und was den Einwand der mangelnden Praktikabilität angeht, wonach europäische Abstimmung zu schwerfällig für den SR sei, kann ich nur sagen: Umgekehrt wird ein Schuh draus. Dies wäre, wie beim Euro, ein heilsamer Einigungszwang. Daß dies geht, erfahre ich laufend auf der Genfer Bühne, wo die EU durch geschlossene, oft auch sehr kurzfristige operative Positionen zur wichtigsten politischen Größe neben den USA geworden ist. Und daß es immer einmal wieder interne Abstimmungsprobleme gibt, ist wohl wahr. Aber wer kennt nicht die amerikanischen Positionsverzögerungen in VN-Gremien aufgrund des langwierigen Washingtoner inter agency-Prozesses?

Bitte verstehen Sie mich nicht falsch. Ich habe nichts gegen einen deutschen Sitz im Sicherheitsrat. Aber dies kann nicht das einzige und letzte Ziel sein und war es ja erklärtermaßen auch nie.

Das strategische Ziel muß sein, im Sicherheitsrat mit einer europäischen Stimme zu sprechen; das taktische, dem in konkreten Schritten näherzukommen.

Ich weiß, daß diese schrittweise Europäisierung der Sitze von EU-Mitgliedstaaten ein steiniger und im Detail schwieriger Weg ist. Aber es ist eine machbare Vision, die den Vorteil hat, daß sie sowohl im Einklang mit unseren eigenen Interessen steht als auch die Unterstützung vieler, auch kleinerer EU-Mitglieder finden dürfte. Es ist nur eine Frage des politischen Willens.

7. Die Bilanz

60 Jahre. Sieben Generalsekretäre. Eine Welt, die Dritte, mehr – eine, die Zweite, weniger.
Immer noch ungeheurer Reichtum, ungeheure Armut. Immer noch viel gemeinsames Palaver, wenig gemeinsame Aktion.

Terrorakte gegen VN-Personal wie 2003 gegen Sergio de Mello mit 21 weiteren Mitarbeitern. Unverzeihliche Fehler wie Ruanda 1994, Srebrenica 1995.

Auf den ersten Blick ist die Bilanz der VN nicht beeindruckend, durchwachsen. Neben viel Licht auch durchaus dunkle Schatten. Im Blick auf den Genfer Vorgänger ist die Bilanz aber gar nicht so schlecht. Zwar hat die UNO bei weitem nicht alle Kriege verhindern können, sie ging aber vorerst nicht in einem Weltkrieg unter, wie der nicht einmal halb so alt gewordene Völkerbund.

Die an sich notwendige grundlegende Reform ist ihr noch nicht gelungen. Angesichts der völlig veränderten Welt eine langfristige Gefahr für die Relevanz der Organisation. Wer zu spät kommt, den bestraft das Leben.

Aber wer verändert sich schon gerne mit 60? Und hat sich die UNO nicht auch als erstaunlich adaptive Organisation erwiesen? Vom Organ des bloßen Worts und der Worte zu trotz allem relativ erfolgreichen peace making-Missionen; vom internationalen Strafrecht zum Internationalen Strafgerichtshof; vom Nichteinmischungsgebot zur duty to protect.

Stünde die Welt ohne UNO besser dar? Sicher nicht. Noch gestern habe ich in Genf an einer kurzfristig einberufenen internationalen pledging conference für die Erdbebenopfer in Pakistan unter Vorsitz von Kofi Annan teilgenommen, an der sich 95 UNO-Staaten und die praktischen UN-Organisationen wie UNDP, WFP, UNICEF usw. beteiligten. Dabei wurden Hilfsversprechen von insgesamt immerhin 580 Millionen Dollar gemacht. Ohne UN-Familie wäre dies so nicht denkbar.

Oder wo soll die Prävention globaler Pandemien wie der möglichen aufgrund der Vogelgrippe stattfinden, wenn nicht in der Genfer WHO? Und ist nicht die Hartnäckigkeit, mit der die Debatte um die Reform des Sicherheitsrats geführt wird, ein Beleg für seine Notwendigkeit und Attraktivität?

Man mag sagen, die UNO ist schlechter als ihr Anspruch. Aber sie ist besser als ihr Ruf.

Und die Bilanz Deutschlands in den VN?

Vergessen wir nicht, woher wir kommen. Um mit Rudi Dutschke zu sprechen: Deutschland hat einen langen Marsch durch die internationalen Institutionen hinter sich.

Die Weltorganisation war 1945 gegen Deutschland und andere Feindstaaten gegründet worden. Kurt Schumacher hatte die damalige Lage Deutschlands mit der nach dem Dreißigjährigen Krieg verglichen. Inzwischen ist Deutschland ein geachtetes Mitglied der VN, wurde viermal in ihr wichtigstes Organ gewählt, ist drittgrößter Beitragszahler und wurde von vielen Mitgliedstaaten als natürlicher Kandidat einer SR-Erweiterung angesehen.

Hätten wir uns das vor drei Jahrzehnten träumen lassen?

60 Jahre Vereinte Nationen, drei Jahrzehnte Deutschland in den VN. Wie geht es weiter? Ich habe einen Titel für den nächsten Festvortrag: 75 Jahre VN, 15 Jahre EU in den VN.

Ich danke Ihnen.

Die Vereinten Nationen im Lichte der Herausforderungen des 21. Jahrhunderts

Thomas Bruha*

I. Einleitung

Sechzig Jahre nach ihrer Gründung befinden sich die Vereinten Nationen in der vielleicht schwersten Krise ihrer Geschichte. Sie ist als die zurzeit unmittelbarste Herausforderung der Weltorganisation zu verstehen. Nur wenn es gelingt, die Gegenwartskrise der Vereinten Nationen zu bewältigen, sind diese überhaupt in der Lage, sich den Herausforderungen des neuen Jahrhunderts zu stellen. Dabei muss man sich bewusst machen, dass die Krise der Vereinten Nationen zugleich eine Krise des Völkerrechts ist, und umgekehrt. Die Vereinten Nationen und das Völkerrecht sind vielfältig aufeinander bezogen:

- die Vereinten Nationen sind erstens eine Kreation des Völkerrechts, weil sie auf einem völkerrechtlichen Vertrag beruhen;
- die Vereinten Nationen sind zweitens Gestalterin des Völkerrechts, weil sie dieses in vielen Bereichen maßgeblich fortentwickelt haben (Seerecht, Recht der völkerrechtlichen Verträge, Umweltrecht usw.);
- die Vereinten Nationen sind schließlich drittens Garantin des Völkerrechts, weil sie mit dem Internationalen Gerichtshof (ICJ) und dem UN-Sicherheitsrat – um nur die wichtigsten Institutionen zu nennen – zur Durchsetzung des Völkerrechts beitragen.

Die Vereinten Nationen bedürfen des Völkerrechts als eines internationalen Ordnungssystems; das Ordnungssystem Völkerrecht seinerseits wird durch die Vereinten Nationen in vielfacher Hinsicht geprägt. Schließlich sind die Vereinten Nationen spätestens nach ihrer mittlerweile erreichten Universalität als die zentrale Einrichtung der verfassten Völkerrechtsgemeinschaft der Staaten der

---

* Prof. Dr. Thomas Bruha unterrichtet seit 1993 Öffentliches Recht, insbesondere Völker- und Europarecht an der Universität Hamburg. Er ist Direktor des Instituts für Internationale Angelegenheiten der Universität Hamburg und des Instituts für Integrationsforschung des Europa-Kollegs Hamburg. Die wissenschaftliche Arbeit von Thomas Bruha konzentriert sich u.a. auf Fragen des Allgemeinen Völkerrechts, des EU-Verfassungsrechts und des Rechts der Vereinten Nationen. Seit 1999 ist Professor Bruha stellvertretender Vorsitzender der Deutschen Gesellschaft für die Vereinten Nationen (DGVN).

Welt anzusehen. Die Charta der Vereinten Nationen ist als das grundlegende Verfassungsdokument dieser Gemeinschaft zu verstehen.[1]

II. Dimensionen der Krise des Völkerrechts und der Vereinten Nationen

Die Krise des Völkerrechts, die zugleich eine Krise der Vereinten Nationen ist, hat im Wesentlichen zwei Dimensionen oder Teilaspekte, die miteinander zusammenhängen: Erstens, eine Krise des Gewaltverbots[2] und zweitens, eine Krise der souveränen Gleichheit der Staaten.[3]

Daneben ist jüngst auch eine Krise des Völkerrechts als Staatenordnung geltend gemacht worden.[4] Neue nichtstaatliche Akteure würden die Staaten als Monopolisten der Internationalen Beziehungen zunehmend verdrängen bzw. deren Interaktionen maßgeblich determinieren (Globalisierung, Global Governance). Das ist sicherlich richtig, doch muss darin keine Krise gesehen werden. Allenfalls die Teilerscheinung der Privatisierung von Gewalt (Terrorismus) kann als Krise oder besser Gefahr gedeutet werden. Im Übrigen kehrt das Völkerrecht mit der Abkehr von der Staatszentriertheit des 20. Jahrhunderts gewissermaßen zu seinen Anfängen zurück. Die Völkerrechtlerin und Generalanwältin beim Europäischen Gerichtshof (EuGH), *Juliane Kokott,* hat zu Recht darauf hingewiesen, dass in der „Bibel“ des Völkerrechts, *Hugo Grotius „De iure belli ac pacis“* aus dem Jahre 1625, das Wort „Staat“ im Register überhaupt nicht vorkommt. Auch den Begriff der „Souveränität“ suche man in *„De iure belli ac pacis“* vergeblich. Dagegen finden wir bei *Grotius* Begriffe wie „Ehe“, „Ehefrau“, „Ehebruch“, „Frauenmangel“, „Kinder“, „Greise“, denen jeweils längere Ausführungen gewidmet sind.[5]

Im Zusammenhang mit der Gegenwartskrise des Gewaltverbots und der souveränen Gleichheit der Staaten richtet sich der Blick zunächst auf das Gewaltverbot. Das vor sechzig Jahren in Art. 2 Ziff. 4 der UN-Charta niedergelegte Gewaltverbot ist die Grundnorm des Konzepts „Frieden durch Recht“.[6] Vom Inter-

---

1 Siehe auch T. Bruha/C.J. Tams, Die Vereinten Nationen und das Völkerrecht, in: APuZ 22 (2005), S. 32 ff.

2 B. Fassbender, Die Gegenwartskrise des völkerrechtlichen Gewaltverbots vor dem Hintergrund der geschichtlichen Entwicklung, in: EuGRZ 31 (2004), S. 241 ff.

3 B. Fassbender, Die souveräne Gleichheit aller Staaten – ein angefochtenes Grundprinzip des Völkerrechts, in: APuZ 43 (2004), S. 7 ff.

4 G. Nolte, Zu Wachstum und Krisen des Völkerrechts in sechzig Jahren Vereinten Nationen, in: VN 53 (2005), S. 193.

5 J. Kokott, Einführung, Kolloquium zu Ehren von Prof. Dr. Dr. h.c. Karl Doehring anlässlich seines 85. Geburtstags am 17. März 2004, in: ZaöRV 64 (2004), S. 516.

6 J. Delbrück, Die Konstitution des Friedens als Rechtsordnung (1996).

nationalen Gerichtshof als Bestandteil des Völkergewohnheitsrechts und sogar des zwingenden Völkerrechts anerkannt,[7] ist das Gewaltverbot eine der großen zivilisatorischen Errungenschaften des modernen Völkerrechts, gewissermaßen seine „anthropozentrische Wende".[8]

Wie auch innerhalb der Staaten verkörpert das Gewaltverbot den evolutiven Höhepunkt einer zunehmenden Verrechtlichung der Friedenssicherung. Frieden und Recht sind aufeinander bezogen (peace through law). Wie innerhalb der Staaten ist Frieden auch zwischenstaatlich als Rechtsbegriff zu verstehen.[9] Zugleich ist der Krieg als Rechtsinstitut des *ius ad bellum* – das jetzt besser *ius contra bellum* heißt – abgeschafft worden. Ein *ius ad bellum*, d.h. ein „Recht zum Krieg" gibt es nicht mehr, nur noch verbotene und erlaubte Gewalt nach den in der Charta der Vereinten Nationen niedergelegten und völkergewohnheitsrechtlich anerkannten Prinzipien und Regelungen.[10]

Das in Art. 2 Ziff. 1 der UN-Charta niedergelegte Prinzip der souveränen Gleichheit gehört ebenfalls zu den rechtlichen Grundbedingungen der 1945 konstituierten multilateralen internationalen Ordnung. Multilateralismus setzt die Existenz einer größeren Zahl unabhängiger Akteure in den internationalen Beziehungen voraus. Mit einer – rechtlich anerkannten – Vorherrschaft einzelner Staaten über andere ist ein multilaterales System unvereinbar.[11] Etymologisch bedeutet Souveränität zwar Überlegenheit („super", „superus", „superanus")[12] und wurde staatsphilosophisch auch ursprünglich so verstanden (Verhältnis zwischen Monarch und Untertanen). Für das Völkerrecht ist der Souveränitätsbegriff jedoch mit dem Gleichheitssatz verbunden worden.

> „No State is sovereign in relation to another. Sovereignty is a relationship between rulers and ruled, not between members of a community who are on a footing of equality one towards another."[13]

---

7 S. Kadelbach, Zwingendes Völkerrecht (1992), S. 226 ff.

8 Vgl. die markante Formulierung von M. Kotzur, Theorieelemente des internationalen Menschenrechtsschutzes (2001), S. 143.

9 H. Steiger, Friede in der Rechtsgeschichte, in: W. Augustyn (Hrsg.), PAX. Beiträge zur Idee und Darstellung des Friedens (2003), S. 11 ff.

10 T. Bruha, Ein Recht zum Krieg gibt es nicht mehr, in: D.S. Lutz/H.J. Gießmann (Hrsg.), Die Stärke des Rechts gegen das Recht des Stärkeren. Politische und rechtliche Einwände gegen eine Rückkehr des Faustrechts in die internationalen Beziehungen (2003), S. 289 ff.

11 B. Fassbender (Fn. 3), S. 7.

12 J. Kokott, Souveräne Gleichheit und Demokratie im Völkerrecht, in: ZaöRV 64 (2004), S. 518.

13 J.F. Williams, Some Aspects of the Covenant of the League of Nations (1934), S. 48, zitiert bei J. Kokott (Fn. 5).

Eben an diesem Punkt erfasst die Gegenwartskrise des Völkerrechts die Grundsätze des Gewaltverbots und der souveränen Gleichheit zur selben Zeit. Nach den Schockereignissen des 11. September 2001 geriert sich die verbliebene Supermacht USA ungeschminkt hegemonial. „More equal than the rest"[14] nimmt sie eine sehr weite Auslegung des Rechts auf Selbstverteidigung („*Bush*-Doktrin") für sich in Anspruch, in deren Zuge auch andere Staaten, nicht nur Terroristen, potenzielle Adressaten präemptiver Selbstverteidigung sind.[15] Der Sache nach der bislang schwerwiegendste Fall war der völkerrechtlich nicht zu legitimierende, da vom UN-Sicherheitsrat nicht autorisierte Krieg gegen den Irak im Frühjahr 2003. Der „Sündenfall" des Kosovokriegs 1999 dürfte mit dazu beigetragen haben, dass nicht nur die USA, sondern eine Reihe weiterer „willing nations" in der Übergehung des UN-Sicherheitsrates offensichtlich kein größeres Problem sahen.[16] Neuauflagen präemptiver Selbstverteidigung gegenüber als Sicherheitsrisiko eingestuften Staaten stehen zwar gegenwärtig nicht ernsthaft zur Diskussion. Immerhin wird aber mit ihnen gedroht (Beispiel Iran), was ebenfalls gegen das Gewaltverbot und den von ihm geschützten Grundsatz souveräner Gleichheit der Staaten verstößt.

III. Reaktionen der Weltorganisation

Für die Vereinten Nationen ergibt sich angesichts dieser Entwicklungen eine dilemmatische Situation. Eine offene Konfrontation mit der verbliebenen Super- und Hegemonialmacht USA riskiert die Marginalisierung der Weltorganisation, ein zu großes Entgegenkommen gegenüber den Forderungen der Weltmacht ihre Instrumentalisierung.[17] Ansätze sind in beiden Richtungen zu erkennen: Nicht nur in der politischen, auch in der völkerrechtlichen Debatte wird teilweise offen erklärt, dass das auf dem Gewaltverbot der UN-Charta basierende System „tot" sei.[18]

---

[14] N. Krisch, More Equal Than the Rest? Hierarchy, Equality and U.S. Predominance in International Law, in: M. Byers/G. Nolte (Hrsg.), United States Hegemony and the Foundations of International Law (2003), S. 135 ff.; siehe jüngst auch D.F. Vagts, American International Law: A Sonderweg?, in: K. Dicke/S. Hobe/K.U. Meyn *et al.* (Hrsg.), Weltinnenrecht. Liber Amicorum Jost Delbrück (2005), S. 835 ff.

[15] Siehe etwa M.E. O'Connell, The Myth of Preemptive Self-Defense, in: ASIL (2002), S. 19 ff.; C. Greenwood, International Law and the Pre-emptive Use of Force. Afghanistan, Al-Quaida, and Iraq, in: SDILJ 4 (2003), S. 7 ff.

[16] B. Simma, Die NATO Bomben sind eine lässliche Sünde, in: D.S. Lutz (Hrsg.), Der Kosovo-Krieg: rechtliche und rechtsethische Aspekte (2000), S. 289f.

[17] T. Bruha/C. Tams (Fn. 1), S. 35 ff., 37 ff.

[18] M.J. Glennon, Why the Security Council Failed, in: Foreign Affairs 83 (2003), S. 16 ff.

Den Vereinten Nationen wird schlicht die Fähigkeit abgesprochen, den neuen Sicherheitsrisiken effektiv zu begegnen. Dabei wird teilweise das gesamte Friedensvölkerrecht der UN-Charta und des Völkergewohnheitsrechts für obsolet erklärt: „'Lawful' and 'unlawful' have ceased to be meaningful terms as applied to the use of force." So propagiert etwa der amerikanische Völkerrechtler *Glennon.*[19] Andere, wie *Goldsmith* und *Posner*, äußern sich differenzierter, deuten aber schon im Titel ihres jüngst erschienen Buches „The Limits of International Law" an, „wohin der Hase läuft."[20] Aber auch Ansätze der Instrumentalisierung lassen sich unschwer erkennen: So kommen die Nachkriegsresolutionen des UN-Sicherheitsrates für den Irak einer Verbeugung vor der Macht gefährlich nah.[21] Ob der mit ihnen eingeschlagene Weg richtig war, wird sich erst erweisen, wenn es zum Lackmustest des Abzugs fremder Truppen aus dem besetzten Land kommt.

Den richtigen Weg zwischen der drohenden Marginalisierung der Vereinten Nationen und ihrer Instrumentalisierung zu finden, tangiert die klassische Frage des Verhältnisses von Recht und Macht.[22] Beide müssen miteinander verschränkt sein. Recht ohne Macht kann seine Ordnungsfunktion nicht entfalten; Macht ohne Recht ist illegitim und mit dem Keim des Zerfalls behaftet. Das lehrt die Geschichte. Wie aber sollen „hegemoniale Interessen" und eine „rechtlich geregelte Weltordnung" miteinander versöhnt werden?[23] Dies ist die zentrale Frage der nächsten Jahre, auf die eine Antwort gefunden werden muss. Gelingen kann dies nur, wenn gleichermaßen den berechtigten Sicherheitsinteressen der USA sowie der anderen Staaten der Welt wie auch den unaufgebbaren Grundprinzipien der UN-Charta Rechnung getragen wird.

Zunächst zu den Sicherheitsinteressen: Bei aller berechtigter Kritik an den Völkerrechtsanmaßungen der gegenwärtigen US-Administration wird man einräumen müssen, dass ihr Grundanliegen berechtigt ist, den neuen Gefahren in prä-

---

[19] M.J. Glennon (Fn. 18), S. 16.

[20] J.L. Goldsmith/E.A. Posner, The Limits of International Law (2005); dazu K. Gelinsky, Ein ständiger Machtkampf. Amerikanische Völkerrechtsprofessoren relativieren die Tragweite des Völkerrechts, in: FAZ vom 11.04.2005, S. 10.

[21] T. Bruha, Irak-Krieg und Vereinte Nationen, in: AVR 41 (2003), S. 295 ff., 309 ff.; zur zweifelhaften Tragfähigkeit der Irak-Resolutionen des UN-Sicherheitsrates nach Beendigung der „wesentlichen Militäroperationen" (Präsident Bush) am 1.05.2003 als Rechtsgrundlage des Nation Building im „Nachkriegs-Irak" eingehend R. Wolfrum, Iraq – From Belligerent Occupation to Iraqi Exercise of Sovereignty: Foreign Power Versus International Community Interference, in: Max Planck UNYB 9 (2005), S. 1 ff.

[22] Siehe dazu U.K. Preuß, Krieg, Verbrechen, Blasphemie. Zum Wandel bewaffneter Gewalt (2002).

[23] S. Tönnies, Cosmopolis Now. Auf dem Weg zum Weltstaat (2002).

ventiver Weise entgegenzutreten.[24] Es ist in der Tat verfehlt, auf die von unsichtbaren und nicht zu lokalisierenden Feinden ausgehenden Gefahren mit den für zwischenstaatliche Kriege entwickelten Instrumenten herkömmlicher Abschreckung und militärischer Defensivmaßnahmen zu reagieren. Zwischen der Globalisierung von Gewalt in Form von Terrorismus und transnationalen bewaffneten Konflikten auf der einen Seite und der Verkündung der *Bush*-Doktrin „präemptiver Selbstverteidigung“ bestehen unmittelbare Zusammenhänge. Die neuen Gefahren bedürfen in der Tat der präventiven Bekämpfung. Dies hat der Bericht der Hochrangigen Gruppe für Bedrohungen, Herausforderungen und Wandel völlig richtig erkannt.[25] Allerdings hat er an den in der Charta der Vereinten Nationen niedergelegten Prinzipien und Regeln festgehalten, welche ein präventives Vorgehen im Wege der Selbstverteidigung untersagen. Das Selbstverteidigungsrecht darf nicht unter Berufung auf die neue Qualität der von Terrorismus, organisierter Kriminalität und der Weiterverbreitung von Massenvernichtungswaffen ausgehenden Gefahren von seiner defensiven Funktion gelöst und in eine offensive Selbsthilfestrategie umgedeutet werden.[26] Entsprechenden Forderungen ist eine klare Absage erteilt worden. Die Chartaregeln bedürften insofern keiner Änderung.[27]

Allerdings – und dem wird man prinzipiell zustimmen müssen – seien eventuell erforderlich werdende Schritte der militärischen Prävention eine Aufgabe, welche dem Sicherheitsrat der Vereinten Nationen zustünden und die er gegebenenfalls auch wahrnehmen müsse.[28] Die hierfür an die Hand gegebenen Kriterien lesen sich wie eine zeitgemäße Neuauflage der *bellum iustum*-Lehre, also der vornehmlich von den Kirchenvätern geprägten katholischen Lehre vom gerechten Krieg. Während diese für viele überraschend klaren Aussagen im Bericht der Hochrangigen Gruppe im hierauf gestützten Bericht von UN-Generalsekretär *Kofi A. Annan* („In größerer Freiheit“) voll unterstrichen wurden,[29] finden sie im Abschlussdokument des Weltgipfels 2005 kaum noch eine prägnante Erwägung.

---

[24] Einprägsam aufgezeigt in der „Nationalen Sicherheitsstrategie“, The White House, G.W. Bush, The National Security Strategy of the United States of America, 17.09.2002, http://www.whitehouse.gov/nsc/nss.pdf (20.04.06), bekräftigt in der „Nationalen Sicherheitsstrategie“ vom 16.03.2006, http://www.whitehouse.gov/nsc/nss/2006 (20.04.06).

[25] Eine sicherere Welt: Unsere gemeinsame Verantwortung. Bericht der Hochrangigen Gruppe für Bedrohungen, Herausforderungen und Wandel, UN Doc. A/59/565 vom 2.12.2004.

[26] T. Bruha, Kampf gegen den Terrorismus als neue Rechtfertigungsfigur für die Anwendung militärischer Gewalt, in: T. Bruha/S. Heselhaus/T. Marauhn (Hrsg.), Legalität, Legitimität und Moral – Können Gerechtigkeitspostulate Kriege rechtfertigen? (im Erscheinen: 2006).

[27] UN Doc. A/59/565 (Fn. 25), Ziff. 188-192.

[28] UN Doc. A/59/565 (Fn. 25), Ziff. 193-198 sowie 204-209.

[29] In größerer Freiheit: Auf dem Weg zu Entwicklung, Sicherheit und Menschenrechten für alle, Bericht des Generalsekretärs der Vereinten Nationen, UN Doc. A/59/2005 vom 21.03.2005, Ziff. 122-126.

Der unter dem Gesichtspunkt des Menschenrechtsschutzes begrüßenswerte Vorschlag, die Pflicht der Staaten zum Schutze der ihnen überantworteten Menschen sicherzustellen – und bei Nichtbeachtung seitens der Weltgemeinschaft gegebenenfalls auch militärisch zu intervenieren, wurde dagegen aufgenommen.[30] Ein Verstoß gegen den Grundsatz souveräner Gleichheit und das Gewaltverbot ist hierin nicht zu sehen, da die Maßnahmen vom UN-Sicherheitsrat zu autorisieren sind und nicht an ihm vorbei getroffen werden dürfen.

IV. Legitimität der Beschlussfassung und Zusammensetzung der Vereinten Nationen

Ein weiterer Punkt betrifft die, insbesondere in Deutschland mit besonderer Aufmerksamkeit verfolgten Fragen einer organisatorischen Reform der Vereinten Nationen, welche jedoch über die hierzulande überbewertete „Sitzfrage" im UN-Sicherheitsrat weit hinausgehen. Hierzu ist lediglich zu sagen, dass die gegenwärtige Zusammensetzung des UN-Sicherheitsrates in der Tat anachronistisch ist, weil er die wirtschaftlichen und politischen Machtverhältnisse 60 Jahre nach Gründung der Vereinten Nationen in keiner Weise mehr widerspiegelt. Dabei darf jedoch das Kind nicht mit dem Bade ausgeschüttet werden. An dem Privileg der gegenwärtigen fünf ständigen Vetomächte im Rat ist zurzeit kein Vorbeikommen.[31] Damit ist zugleich gesagt, dass jegliche Erweiterung des Kreises der Ratsmitglieder nicht zu einem fundamentalen Wandel führt, jedenfalls nicht unmittelbar.[32]

Entscheidender und wichtiger sind dagegen grundsätzlichere Fragen der Legitimität und Effektivität der Weltorganisation und ihres institutionellen Gefüges. Sie kreisen um die Forderung einer stärkeren Demokratisierung und Transparenz der Vereinten Nationen. Diese Aufgabe ist unabweisbar und stellt sich verstärkt mit der Ausweitung der Aufgaben und Tätigkeiten der Weltorganisation im Zuge der Globalisierung. Je mehr die Vereinten Nationen in die Rolle eines

---

[30] Ergebnis des Weltgipfels 2005, UN Doc. A/RES/60/1 vom 24.10.2005 (Sitzung am 16.09.2005), Ziff. 138-140; siehe zu entsprechenden Vorüberlegungen und Vorarbeiten G.J. Evans/M. Sahnoun, The Responsibility to Protect, in: Foreign Affairs 81 (2002), S. 99 ff.; J.I. Lewitt, The Responsibility to Protect: A Beaver Without a Dam, in: MJIL 25 (2003), S. 133 ff.; zur bisherigen Praxis des UN-Sicherheitsrates G. Nolte, Practice of the UN Security Council With Respect to Humanitarian Law, in: K. Dicke/S. Hobe/K.U. Meyn *et al.* (Hrsg.) (Fn. 14), S. 487 ff.

[31] Grundlegend dazu B. Fassbender, The UN Security Council Reform and the Right of Veto. Constitutional Perspective (1998).

[32] Zu den verschiedenen Vorschlägen M. Fröhlich/K. Hüfner/A. Märker, Reform des UN-Sicherheitsrats: Modelle, Kriterien und Kennziffern, in: Deutsche Gesellschaft für die Vereinten Nationen (DGVN) (Hrsg.), BLAUE REIHE Nr. 94 (2005).

globalen Normsetzers hineinwachsen, der nationale wie internationale Rechtssetzungsaktivitäten determiniert, desto mehr ist auf die demokratische Legitimierung der UN-Entscheidungsprozesse im Sinne eines modernen, nicht einem formalen Demokratiekonzept behafteten Demokratieverständnisses zu bestehen. Zwei wesentliche Hauptrichtungen der notwendigen Diskussion sind zu unterscheiden:

- zum einen die Frage, wie die neue, auf Kapitel VII der UN-Charta gestützte Quasi-Legislativtätigkeit des UN-Sicherheitsrates im Bereich der Bekämpfung von Terrorismus und der Proliferation von Massenvernichtungswaffen[33] zu beurteilen ist, die ganz erheblich in Rechtspositionen Einzelner eingreifen kann;[34] nur in diesen Bereichen dürfte gerade noch eine hinreichende Verbindung zur Kompetenz des UN-Sicherheitsrates bestehen, verbindliche Maßnahmen mit Blick auf einzelne konkrete Gefahren zu treffen; die Grenze zwischen abstrakter und konkreter Gefahr ist hier naturgemäß unscharf;[35]
- zum anderen geht es um die Frage, wie die primär zwischenstaatlichen Strukturen und Entscheidungsprozesse der Vereinten Nationen im Sinne moderner pluralistischer und partizipativer Demokratie durchbrochen und mit parlamentarischen Elementen sowie Foren für den Dialog mit der Zivilgesellschaft angereichert werden können;[36] entsprechende Schritte sind nicht nur aus Gründen „nachholender Entwicklung“ mit Blick auf das gewachsene Aufgabenspektrum der Vereinten Nationen geboten; es ist auch an die Lern- und Vorbildfunktion derartiger Strukturen für die immer noch mehr als die Hälfte der UN-Mitgliedschaft ausmachenden Länder zu denken, welche nach wie vor als undemokratisch einzustufen sind; derartigen weichen, persuasiven Formen der mittelbaren Förderung der Demokratisierung der Staaten der Welt dürfte auf lange Sicht mehr Erfolg beschieden sein als den notwendig selektiv durchgeführten und auch rechtlich fragwür-

---

33 Ablehnend etwa A. Zimmermann/B. Elberling, Grenzen der Legislativbefugnisse des Sicherheitsrats: Resolution 1540 und abstrakte Bedrohungen des Weltfriedens, in: VN 52 (2004), S. 71 f.; befürwortend u.a. R. Wolfrum, Der Kampf gegen eine Verbreitung von Massenvernichtungswaffen: Eine neue Rolle für den Sicherheitsrat, in: K. Dicke/S. Hobe/K.U. Meyn *et al.* (Hrsg.) (Fn. 14), S. 865 ff.

34 Verbunden mit massiven Einschränkungen von Rechtsschutzmöglichkeiten siehe zuletzt die Entscheidungen des Gerichts erster Instanz der EG (EuG): EuG, Rs. T-306/01, Ahmed Ali Yusuf und Al Barakaat International Foundation gegen Rat und Kommission (2001) sowie EuG, Rs. T-314/01, Yassin Abdullah Kadi gegen Rat und Kommission (2001), in: EuGRZ 32 (2005), S. 592 ff.

35 T. Bruha, Gewaltverbot und humanitäres Völkerrecht nach dem 11. September 2001, in: AVR 40 (2002), S. 392.

36 Siehe zum Ganzen das Interview mit dem ehemaligen UN-Generalsekretär Boutros Boutros-Ghali, Die UN müssen demokratischer werden, in: VN 53 (2005), S. 88 ff.

digen militärischen Interventionen zur Sicherung oder gar Einführung von Demokratie.[37]

V. Schlussfolgerungen

Abschließend seien einige Schlussfolgerungen gezogen:

- erstens, die dringendste Aufgabe ist die Wiederherstellung eines Grundkonsens in den Vereinten Nationen, welche den durch den Krieg gegen den Terror und den Irak aufgerissenen Graben allmählich wieder überbrückt; dabei sind auch taktische, schmerzhafte Kompromisse einzugehen;
- zweitens, unaufgebbar sind die Grundsätze des Gewaltverbots und der souveränen Gleichheit der Staaten; peace without law wirft das Völkerrecht in die „Anarchie der Staatenwelt" des 19. Jahrhunderts zurück, welche zu zwei Weltbränden geführt hat;[38] die rechtliche Überhöhung eines Hegemons ist ebenso wenig akzeptanzfähig wie die Exklusion einzelner Staaten als outlaw oder failing states; die nach der Dekolonisierung mühsam errungene Universalität des Völkerrechts würde dadurch aufgegeben;
- drittens – und scharf hiervon zu trennen –, sind jedoch die weit zu interpretierenden Befugnisse der Weltorganisation, den neuen Gefahren für die Sicherheit sowie schweren Menschenrechtsverletzungen in einem Teil der Staaten präventiv und gegebenenfalls auch militärisch zu begegnen; entsprechende Befugnisse sind dem UN-Sicherheitsrat vorzubehalten; dabei hat dieser jedoch als Organ der Vereinten Nationen, nicht als eine Neuauflage des Großmächte-Konzerts des 19. Jahrhunderts zu handeln und Verantwortung zu tragen.

Um dies sicherzustellen, ist der Prozess der Konstitutionalisierung und der Demokratisierung der Vereinten Nationen und des Völkerrechts konsequent fortzusetzen. Das Leitbild muss ein Völkerrecht sein, welches sich als „Recht der Weltbevölkerung"[39] versteht. In den Chartaworten „Wir, die Völker der Vereinten Nationen" kommt diese Zielvorstellung schön zum Ausdruck. Richten wir uns daran aus.[40]

---

[37] Kritisch bzgl. des selektiven Vorgehens T.M. Franck, The Emerging Right to Democratic Governance, in: AJIL 86 (1992), S. 46 ff., 81, 86 f., 90 f.

[38] G. Beestermöller, Krieg gegen den Irak – Rückkehr in die Anarchie der Staatenwelt? (2002).

[39] P. Kunig, Das Völkerrecht als Recht der Weltbevölkerung, in: AVR 41 (2003), S. 327 ff.

[40] Zu „weltbürgerlichem Engagement" aufrufend auch die DGVN, Sicherung der Handlungsfähigkeit und Legitimation der Weltorganisation im 21. Jahrhundert. UN-Reformen zügig fortführen, Empfehlungen und Forderungen an die deutsche UN-Politik, 3.12.2005, http://www.dgvn.de (20.04.06).

Der Einfluss von Nichtregierungsorganisationen auf das Berichtsprüfungs- und Individualbeschwerdeverfahren im Menschenrechtsschutz der Vereinten Nationen

Wolfgang S. Heinz*

I. Einleitung**

Die Arbeit der Vereinten Nationen zum internationalen Menschenrechtsschutz wird gegenwärtig durch strategische Diskussionen zu vier Reformvorhaben beeinflusst:

- die Reform des UN-Sicherheitsrates, der grundsätzlich eine große Rolle bei der politischen Antwort auf Bedrohungen des internationalen Friedens und systematischer Menschenrechtsverletzungen spielen könnte und müsste; diese Reform scheint gescheitert zu sein;
- die Diskussionen seit 1998 zur Reform der Menschenrechtskommission (UNCHR);
- die Diskussion über die Schaffung eines Menschenrechtsrates (UNHRC), der die Kommission ersetzen soll; der Weltgipfel von 2005 hat einen Grundsatzbeschluss hierzu verabschiedet[1] und eine Resolution zum neuen UN-Menschenrechtsrat wurde am 15. März 2006 angenommen;[2]
- die Diskussion über eine Reform der Vertragsorgane (Treaty Bodies) – gegenwärtig sieben Ausschüsse –, die vom Amt des Hohen Kommissars der Vereinten Nationen für Menschenrechte (UNOHCHR) vorangetrieben wird; in dessen Aktionsplan von 2005 wurde eine bessere Unterstützung für die Vertragsorgane zugesagt; auch auf nationaler Ebene sollen die Kapazi-

---

* Dr. habil. Wolfgang S. Heinz studierte Psychologie und Politikwissenschaften und war anschließend von 1984 bis 1986 als Berater der Friedrich-Naumann-Stiftung in Ecuador und Kolumbien tätig. Von 1988 bis 1992 war er wissenschaftlicher Mitarbeiter an der Universität Leiden und beschäftigte sich mit einem Forschungsprojekt zu Ursachen von Menschenrechtsverletzungen in Argentinien, Brasilien, Chile und Uruguay. In den folgenden Jahren evaluierte er eine Vielzahl von Entwicklungsprojekten, u.a. für das Bundesministerium für wirtschaftliche Zusammenarbeit. Dr. Heinz ist Privatdozent für Politische Wissenschaft an der FU Berlin und seit Oktober 2001 wissenschaftlicher Mitarbeiter des Deutschen Instituts für Menschenrechte.

** Der Autor dankt Elif Kayi und Nursemin Sönmez für gute Recherchen und Hanna B. Schöpp-Schilling, Lothar Krappmann und Eibe Riedel für hilfreiche Kommentare.

1 Ergebnis des Weltgipfels 2005, UN Doc. A/RES/60/1 vom 24.10.2005 (Sitzung am 16.09.2005), Ziff. 157-160.

2 Human Rights Council, UN Doc. A/RES/60/251 vom 15.03.2006.

täten gestärkt werden; darüber hinaus ist eine Reform der Vertragsorgane mit dem Ziel geplant, ein einziges ständiges Organ an die Stelle der sieben Ausschüsse treten zu lassen; der Vorschlag wurde bereits in einigen Ausschüssen kritisiert; 2006 will das UNOHCHR die Vertragsstaaten einladen, um Optionen zu diskutieren.[3]

Es ist dieser breite und komplexe Rahmen, innerhalb dessen auch die Frage von Zugang und Einfluss von Nichtregierungsorganisationen gegenüber den Vertragsorganen zu beurteilen ist.

II. Der Zugang von Nichtregierungsorganisationen zum UN-System

Die heutige Arbeit der NGOs im Bereich der Menschenrechte ist vielfältig. Manche von ihnen bearbeiten gleichzeitig verschiedene Themen, während andere auf einem bestimmten Gebiet spezialisiert sind. Ihre Tätigkeiten konzentrieren sich dabei vor allem auf die Bereiche Information, Solidaritätsarbeit, Lobbyarbeit, Öffentlichkeitsarbeit und Menschenrechtsbildung.

NGOs verfügen über Wissen und Kompetenzen, welche für zwischenstaatliche Organisationen sehr wertvoll sind. Die UN-Charta räumt dem Wirtschafts- und Sozialrat der Vereinten Nationen (ECOSOC) die Möglichkeit ein, NGOs den Konsultativstatus einzuräumen, damit die Vereinten Nationen von ihrem Wissen profitieren können.[4] Drei Kategorien sind zu unterscheiden:

- Kategorie 1: Allgemeiner Konsultativstatus: NGOs „(…) are concerned with most of the activities of the Council (ECOSOC) and its subsidiary bodies (…)“;
- Kategorie 2: Besonderer Konsultativstatus: NGOs „(…) have a special competence in, and are concerned specifically with, only a few of the fields of activity covered by the Council (…)“;

[3] UNOHCHR, The OHCHR Plan of Action: Protection and Empowerment (2005). Bereits 2002 hatte Generalsekretär Annan in seinem Bericht „Strengthening the United Nations“ einen besser koordinierten Ansatz gefordert, eine besser standardisierte Berichterstattung und die Berichtsmöglichkeit für jeden Staat in einem einzigen Bericht betreffend alle seine völkerrechtlichen Verpflichtungen, http://www.ohchr.org/english/bodies/treaty/reform.htm (20.04.06).

[4] „Der Wirtschafts- und Sozialrat kann geeignete Abmachungen zwecks Konsultation mit nichtstaatlichen Organisationen treffen, die sich mit Angelegenheiten seiner Zuständigkeit befassen (...)“, Art. 71 UN-Charta.

- Kategorie 3: Rosterstatus: NGOs „(...) can make occasional and useful contributions to the work of ECOSOC or its subsidiary bodies or other UN bodies (...)".[5]

NGOs in der Kategorie 1 können Vorschläge für Tagesordnungen einreichen, an öffentlichen Sitzungen teilnehmen, schriftliche Stellungnahmen abgeben, die von den Vereinten Nationen für die Sitzung offiziell weiterverbreitet werden, und auf Anfrage Studien erstellen.[6]

Die Erwartungen an die Arbeit und Einflussmöglichkeiten der NGOs sind sehr hoch, obwohl sie in Bezug auf Ressourcen, Interessen, Kompetenzen und Fähigkeiten oder dem Willen, sich zu koordinieren, ausgesprochen heterogen sind. Wahrscheinlich ist dies auch Folge der Enttäuschung über die starke Politisierung, besonders bei der jährlich tagenden UN-Menschenrechtskommission.[7] *Volkmar Deile*, früherer Generalsekretär der deutschen Sektion von amnesty international, schlägt vor, dass Menschenrechtsorganisationen vier praktische Ziele verfolgen und entsprechende Forderungen an die Regierungen richten sollten:

- Schutz der Opfer von Menschenrechtsverletzungen;
- präventive Verhinderung drohender Menschenrechtsverletzungen;
- Schaffung von Strukturen, Abkommen, Gesetzen und Mechanismen, die verantwortliche Akteure rechenschaftspflichtig machen und die Wiederholung von Menschenrechtsverletzungen verhindern helfen sowie
- Schaffung eines Menschenrechtsbewusstseins und einer „Kultur der Menschenrechte".[8]

---

5 ECOSOC Res. 1996/31 vom 25.07.1996, Abs. 22-24; mit dieser Resolution wurde nationalen NGOs der Zugang ermöglicht. Zur Ausübung des Konsultativstatus M. Ölz, Die NGOs im Rechtssystem des internationalen Menschenrechtsschutzes (2002), S. 123ff.

6 M. Ölz (Fn. 5), S. 127; zur Rechtsstellung von NGOs in der Zukunft siehe z.B. F.W. Stoecker, NGOs und die UNO. Die Einbindung von Nichtregierungsorganisationen (NGOs) in die Strukturen der Vereinten Nationen (2000), S. 229ff.

7 Vgl. P. Alston, The Commission on Human Rights, in: ders. (Hrsg.), The United Nations and Human Rights. A Critical Appraisal (1992), S. 126-210; M. Schaefer, Brückenbau: Herausforderung an die Menschenrechtskommission, in: G. Baum/E. Riedel/M. Schaefer (Hrsg.), Menschenrechtsschutz in der Praxis der Vereinten Nationen (1998), S. 57-84; W.S. Heinz, VN-Menschenrechtskommission (MRK), in: E. Müller/P. Schneider/K. Thony (Hrsg.), Menschenrechtsschutz (2002), S. 114-135; J. Motte/W. Heinz (Hrsg.), Human Rights on the Defensive? The Future of the Commission on Human Rights in the Context of United Nations Human Rights Protection (2004) und T. Rathgeber, Strengthening the Commission on Human Rights. Remarks Towards a Constructive Dialogue Between South and North (2005).

8 V. Deile, Können NGOs einen Beitrag zum Menschenrechtsschutz leisten? in: G. Baum/E. Riedel/M. Schaefer (Hrsg.), Menschenrechtsschutz in der Praxis der Vereinten Nationen (1998), S. 107f.

Cingranelli und *Richards* fordern eine stärkere quantitative Forschung zum Einfluss von NGOs auf die Menschenrechtslage in einzelnen Ländern:

> „There is a need for systematic, quantitative research linking the activities of national or international nongovernmental human rights organizations (NGOs and INGOs) to improvements in the human rights practices of governments.“[9]

Dies gilt auch für die Forschung über den Einfluss von NGOs auf die Vereinten Nationen. Sie hat sich meist auf qualitative Studien über bestimmte Organisationen oder bestimmte Abkommen konzentriert, wie z.B. auf amnesty international und die UN-Antifolterkonvention oder auf die Rolle von NGOs im Bereich der Frauenrechte, Kinderrechte oder der Todesstrafe.

Die im Wesentlichen qualitativen Studien lassen sich unterteilen in:

- allgemeine Studien zum Einfluss von NGOs auf die Vereinten Nationen und speziell im Menschenrechtsbereich;[10]
- die Untersuchung des Einflusses von NGOs auf die Menschenrechtsausschüsse (oder: Vertragsorgane), der jüngst mehr Aufmerksamkeit geschenkt worden ist;[11]
- Studien über den allgemeinen Einfluss von Menschenrechts-NGOs[12] und
- Fallstudien zu einzelnen internationalen NGOs im Bereich der Menschenrechte oder auch zu bestimmten Menschenrechtsthemen.[13]

---

9 D. Cingranelli/D.L. Richards, Measuring the Impact of Human Rights Organizations, in: C.E. Welch Jr. (Hrsg.), NGOs and Human Rights. Promise and Performance (2001), S. 234.

10 Vgl. A. Donini, The Bureaucracy and the Free Spirits: Stagnation and Innovation in the Relationship Between the UN and NGOs, in: T. Weiss/L. Gordenker (Hrsg.), NGOs, the UN and Global Governance (1996), S. 83-101; W.S. Heinz, Der UN-Menschenrechtsschutz und die Erfahrungen von Nichtregierungsorganisationen, in: U. Albrecht (Hrsg.), Die Vereinten Nationen am Scheidewege (1998), S. 108-122; J. Ziegler, Die Beteiligung von Nichtregierungsorganisationen (NGOs) am Menschenrechtsschutzsystem der Vereinten Nationen (1998); V. Deile (Fn. 8); F.W. Stoecker (Fn. 6); M. Ölz (Fn. 5); C.E. Schwitter Marsiaj, The Role of International NGOs in the Global Governance of Human Rights. Challenging the Democratic Deficit (2004).

11 Vgl. M. O'Flaherty, Human Rights and the UN: Practice Before the Treaty Bodies (2002); M. Ölz (Fn. 5); C.E. Schwitter Marsiaj (Fn. 10).

12 D. Cingranelli/D.L. Richards (Fn. 9), S. 225-237.

13 Siehe z.B. zu amnesty international A.M. Clark, Diplomacy of Conscience. Amnesty International and Changing Human Rights Norms (2001); zu ihrer Antifolterarbeit siehe A. Veen-Wahabzada, Kampagne gegen die Folter. Aus der Arbeit von amnesty international, in: G. von Arnim/V. Deile/F.J. Hutler *et al.* (Hrsg.), Jahrbuch Menschenrechte 2001 (2000), S. 271-281; G. Günter, Der Einfluss von amnesty international auf die Antifolterarbeit der UN, in: amnesty international (Hrsg.), 40 Jahre für die Menschenrechte (2001),

Als Indikatoren für die Beurteilung des NGO-Einflusses werden von *Cingranelli* und *Richards* vorgeschlagen:

- die Höhe von Ressourcen, Geld und Personal, die von den gezielten Organisationen ausgegeben wurden, um die Praxis gezielter Regierungen zu verändern;
- Veröffentlichungen von Menschenrechtsorganisationen zu Ländern oder zu bestimmten Ländersituationen sowie
- Jahresberichte.[14]

III. Der Einfluss der Nichtregierungsorganisationen auf die Normsetzung im Menschenrechtssystem der Vereinten Nationen

Der Einfluss der NGOs auf die Normsetzung im Rahmen der Vereinten Nationen lässt sich an verschiedenen Beispielen festmachen. Kampagnen und Aktionen verschiedener Gruppen spielten eine wichtige Rolle bei der Verabschiedung der UN-Antifolterkonvention (1984), der UN-Kinderrechtskonvention (1989), des Fakultativprotokolls zum Internationalen Pakt über bürgerliche und politische Rechte zur Abschaffung der Todesstrafe (1989) und bei der Erklärung zu den Menschenrechtsverteidigern/innen (1998). Instrumente der NGOs waren die Mobilisierung der öffentlichen Meinung, eine aktive Lobbyarbeit fachlich spezialisierter NGOs gegenüber den Regierungen, das Vorantreiben eines allgemeinen normativen menschenrechtlichen Diskurses und eine immer breitere Menschenrechtsbildung.

1. Das Beispiel der UN-Antifolterkonvention von 1984

Anfang der 1970er Jahre gab es nur wenige Regelungen zum Folterverbot und zur Durchsetzung dieses Verbots auf internationaler Ebene. Amnesty international ist ohne Zweifel diejenige NGO, die den größten Einfluss auf die Antifolterarbeit der Vereinten Nationen genommen hat. Ihre Mitglieder organisierten insgesamt drei weltweite Kampagnen gegen Folter in den Jahren 1973, 1985 und 2000. Zur Rolle der Organisation bei der Entstehung der Antifolterkonvention wird die Arbeit von amnesty international von *Nigel S. Rodley*, dem UN-Sonderberichterstatter gegen Folter, charakterisiert als „having contributed the political context for an initiative at the UN“ und er hob hervor: „(...) the NGO campaign may have created the context of awareness and interest necessary for

S. 155-168; zu anderen NGOs vgl. Beiträge in C.E. Welch Jr. (Hrsg.), NGO and Human Rights. Promise and Performance (2001).

[14] D. Cingranelli/D.L. Richards (Fn. 9), S. 232.

an initiative."[15] Das entscheidende politische Ereignis, das den politischen Willen der Regierungen prägte, eine Konvention auszuarbeiten, war nach *Rodley* der Militärputsch in Chile 1973, in dessen Folge systematische Folterungen stattfanden und auch öffentlich bekannt wurden.

2. Das Beispiel der UN-Kinderrechtskonvention von 1989

Die UN-Konvention über die Rechte des Kindes ist ein gutes Beispiel, um zu illustrieren, welche Rolle NGOs bei den Vereinten Nationen spielen können. Im Jahre 1979 wurde eine Open-ended Working Group bei der Menschenrechtskommission gegründet, um eine Konvention zum Schutze der Rechte des Kindes auszuarbeiten. 1983 ergriffen dann drei NGOs – Defence for Children International, International Catholic Child Bureau und Rädda Barnen International – die Initiative und appellierten an interessierte Organisationen, eine informelle Gruppe zu gründen, welche zivilgesellschaftliche Beiträge für die Ausarbeitung der Konvention koordinieren sollte.[16] Im gleichen Jahr wurde die Informal *Ad hoc* NGO Group for the Drafting of the Convention on the Rights of the Child gegründet.[17] Die Diskussionen waren nicht einfach; selbst viele westliche Staaten standen einer neuen Konvention wenig enthusiastisch gegenüber.[18]

NGOs haben sowohl an der Formulierung der Artikel, als auch an der Ausgestaltung der prozessualen Aspekte der Konvention mitgewirkt.[19] *Michael Longford* identifiziert drei Problembereiche der NGOs bei der Arbeit mit den Vereinten Nationen im Bereich der Kinderrechte und der Konvention für die Rechte des Kindes. Diese Probleme können aber auch auf andere Arbeitsbereiche übertragen werden. Als ersten Punkt hält er fest, dass viele NGOs oft sehr kompetent und effizient im Bereich des Lobbying bei ihren eigenen Regierungen sind, aber dass ihre Techniken weniger angemessen sind, wenn sie mit einer Institution arbeiten sollen, die mehr auf internationalen Konsens konzentriert ist, als auf Abstimmungsmehrheiten. Zweitens ist sicherzustellen, dass alle NGOs, die über Expertise verfügen, welche bei der Ausarbeitung von Wert sind, auch den kon-

---

[15] N.S. Rodley, The Treatment of Prisoners Under International Law (2000), S. 20f.; siehe auch G. Günter (Fn. 13), S. 155-168 und A. Veen-Wahabzada (Fn. 13), S. 271-281.

[16] M. Longford, NGOs and the Rights of the Child, in: P. Willets (Hrsg.), The Conscience of the World – The Influence of Non-Governmental Organisations in the UN System (1996), S. 221.

[17] L. Theytaz-Bergman, NGO Group for the Convention on the Rights of the Child, in: E. Verhellen (Hrsg.), Monitoring Children's Rights (1996), S. 537.

[18] M. Longford (Fn. 16), S. 219.

[19] C. Breen, The Role of NGOs in the Formulation of and Compliance With the Optional Protocol to the Convention on the Rights of the Child on Involvement of Children in Armed Conflict, in: HRQ 25 (2003), S. 457.

sultativen Status erhalten. Drittens unterstreicht er das Fehlen von NGOs, die aus „südlichen Ländern“ stammen.[20] Als Faktoren für den Erfolg der NGOs in der Working Group sind zu nennen ein klarer Fokus auf ihr Ziel, die zeitliche Befristung der Arbeit und die Beschaffung angemessener finanzieller Unterstützung.[21]

3. Das Fakultativprotokoll zur UN-Kinderrechtskonvention bezüglich der Verwirklichung von Rechten von Kindern in bewaffneten Auseinandersetzungen

Zahlreiche NGOs kritisierten, dass in dem Artikel über Kinder in bewaffneten Auseinandersetzungen ein Mindestalter von 18 statt 15 Jahren festgeschrieben worden war:

> „Die Vertragsstaaten nehmen davon Abstand, Personen, die das fünfzehnte Lebensjahr noch nicht vollendet haben, zu ihren Streitkräften einzuziehen. Werden Personen zu den Streitkräften eingezogen, die zwar das fünfzehnte, nicht aber das achtzehnte Lebensjahr vollendet haben, so bemühen sich die Vertragsstaaten, vorrangig die jeweils ältesten einzuziehen.“[22]

Ursprünglich äußerten NGOs ihre Unzufriedenheit mit dem Art. 38 und hofften auf eine zweite Chance, angemessene Regeln auszuarbeiten, die eine Vereinbarkeit zwischen Humanitärem Völkerrecht und den Kinderrechten herstellen würden.

Die NGO Quaker Peace and Service, die seit 1985 bei den Vereinten Nationen Informationen über Kindersoldaten verbreitet hatte, erarbeitete acht Empfehlungen für den Ausschuss für die Rechte des Kindes. So wurde die Schaffung eines UN-Sonderberichterstatters angeregt, der die Rekrutierung und den Einsatz von Kindern in bewaffneten Auseinandersetzungen beobachten würde. Staaten sollten zudem erklären, den Einsatz von Personen unter 18 Jahre für bewaffnete Auseinandersetzungen zu verbieten. Im Jahre 1994 ernannte die UN-Menschenrechtskommission eine Arbeitsgruppe, die einen Entwurf zu einem Fakultativprotokoll bezüglich der Beteiligung von Kindern an bewaffneten Aus-

---

[20] M. Longford (Fn. 16), S. 231f.

[21] M. Longford (Fn. 16), S. 224; zur Konvention siehe auch S. von Schorlemer (Hrsg.), Die Vereinten Nationen und die Entwicklung der Rechte des Kindes (2004); zur Rolle der NGOs siehe S. Lux, Nichtregierungsorganisationen und das Übereinkommen über die Rechte des Kindes, in: S. von Schorlemer (Hrsg.), Die Vereinten Nationen und die Entwicklung der Rechte des Kindes (2004).

[22] Vgl. Art. 38 Abs. 3 UN-Kinderrechtskonvention.

einandersetzungen ausarbeiten sollte. Dieses ist am 25. Mai 2000 angenommen und mit Wirkung vom 12. Februar 2002 in Kraft getreten.

Die verlangten Berichte treffen unterdessen ein und zeigen nach Auffassung des deutschen Mitglieds des Ausschusses, *Lothar Krappmann*, dass das neue Zusatzprotokoll bereits Druck ausübt, Kinder aus dem Militärdienst und militärischen Handlungen herauszuhalten, wobei es auch weiterhin Ausnahmen gibt.[23]

IV. Zugang und Einfluss von Nichtregierungsorganisationen gegenüber den UN-Vertragsorganen

Es existieren sieben UN-Menschenrechtsausschüsse unter dem Sozialpakt – Ausschuss für wirtschaftliche, soziale und kulturelle Rechte (CESCR);[24] dem Zivilpakt – Menschenrechtsausschuss (HRC); dem Abkommen gegen Folter – Ausschuss gegen Folter (CAT);[25] dem Abkommen gegen Rassendiskriminierung – Ausschuss für die Beseitigung der Rassendiskriminierung (CERD); dem Abkommen gegen Frauendiskriminierung – Ausschuss für die Beseitigung der Diskriminierung der Frau (CEDAW);[26] der Konvention für Kinderrechte – Ausschuss für die Rechte des Kindes (CRC)[27] sowie der Konvention zum Schutz der Rechte aller Wanderarbeitnehmer/innen und ihrer Familienangehörigen – Aus-

---

23 E-mail von Lothar Krappmann vom 14.11.2005 an den Verfasser.

24 Vgl. E. Riedel, The Development of International Law: Alternatives to Treaty-Making? International Organizations and Non-State Actors, in: R. Wolfrum (Hrsg.), Development of International Law in Treaty-Making (2005), S. 301-318.

25 Vgl. G. Günter (Fn. 13).

26 A. Golze, Die Individualbeschwerde nach dem Übereinkommen zur Beseitigung jeder Form von Diskriminierung der Frau (CEDAW), in: J. Hasse/E. Müller/P. Schneider (Hrsg), Menschenrechtsschutz. Bilanz und Perspektiven (2001), S. 511-533 und H.B. Schöpp-Schilling, Dai 4 sho CEDAW to NGO no kankei: Nihon no baai (Some Observations on the Relationship Between CEDAW and Non-governmental Organizations: The Case of Japan), in: Working Women's Network (Hrsg.), Danjyo chingin sabetu saiban (Koujo Ryozoku) ni makenakatta onnatachi: Sumitomo Denko Sumitomo Kagaku no sei sabetsu sosho (Wage Discrimination Cases. Women Undefeated by „the Public Order and Good Morals": Legal Action on Sex Discrimination Against Sumitomo Electric Industries and Sumitomo Chemicals) (2005), S. 161-183.

27 Siehe M. Longford (Fn. 16); zur Möglichkeit einer Individualbeschwerde bei der UN-Kinderrechtskonvention siehe N. Weiß, Ein Individualbeschwerdeverfahren auch im Rahmen der Kinderrechtskonvention? Überlegungen zu den Chancen einer Reform und der Einklagbarkeit der Konventionsrechte, in: Kindernothilfe/Gemeinsame Konferenz Kirche und Entwicklung (GKKE) (Hrsg.), Kinderrechte stärken, Dokumentation der Fachtagung vom 5.04.2001 in Berlin, http://www.proasyl.de/texte/mappe/2002/59/5.pdf (20.04.06), S. 18-30.

schuss zum Schutz der Rechte aller Wanderarbeitnehmer/innen und ihrer Familienangehörigen (CMW).

Im Folgenden soll zuerst ein Blick auf die formalen Zugangsbedingungen für NGOs zu diesen Ausschüssen geworfen werden.

1. Formaler Zugang für Nichtregierungsorganisationen

(1) Beim Ausschuss für wirtschaftliche, soziale und kulturelle Rechte berichtet dessen deutsches Mitglied – *Eibe Riedel*[28] – über folgende Erfahrungen:

- nur beim Sozialpakt haben NGOs offiziell die Möglichkeit, Dokumente einzureichen, die dann in alle UN-Sprachen übersetzt werden;[29]
- der Ausschuss reserviert bei jeder Sitzungsperiode den Nachmittag des ersten Arbeitstages, um Berichte von NGOs zu fünf bis sechs Ländersituationen zu hören, die meist durch umfassende schriftliche Unterlagen ergänzt werden;
- NGOs mit beratendem Status können den Ausschuss über Entwicklungen zwischen den Sitzungsperioden unterrichten;
- bei der Staatenberichterstattung senden NGOs meist kurz nach der Veröffentlichung ihre Alternativberichte an den Ausschuss; nationale und internationale NGOs arbeiten dabei häufig untereinander und auch mit Wissenschaftlern/innen; diese Alternativberichte sind eine wichtige Grundlage für die Liste der Fragen, die der Ausschuss zur Vorbereitung aufstellt;
- bei der Sitzung der Arbeitsgruppen mit fünf Ausschussangehörigen, die die Diskussion der Staatenberichte vorbereiten (Pre-sessional Groups), werden NGOs gehört;
- bei der Non-reporting-Prozedur (bei jeder Sitzungsperiode wird ein Staat behandelt, der seinen Bericht nicht eingereicht hat, nachdem er vorher darüber informiert wurde) kommt den Informationen von NGOs eine besonders wichtige Bedeutung zu;
- in Ausnahmefällen hat der Ausschuss NGOs eingeladen, zusammen mit dem UN-Hochkommissariat bestimmte Länder zu besuchen, um ihnen bei der Abfassung von Staatenberichten zu helfen;
- bei der Ausarbeitung der bisher 15 Allgemeinen Bemerkungen des Ausschusses waren NGOs häufig durch fachliche Beiträge bereits in frühen

---

[28] E. Riedel (Fn. 24), S. 322ff.

[29] CESCR, GO, Art. 69 Abs. 1; Richtlinien für NGOs finden sich in Committee on Economic, Social and Cultural Rights – NGO Participation. Participation of Non-Governmental Organizations in the Committee on Economic, Social and Cultural Rights, http://www.ohchr.org/english/bodies/cescr/NGOs.htm (20.04.06).

Phasen der Ausschuss-Diskussion beteiligt; allein zum Recht auf Gesundheit gab es 500 communications; hieraus entstand die Allgemeine Bemerkung Nr. 14;[30]

- an der Diskussion über die Schaffung einer Individualbeschwerde zum Sozialpakt sind NGOs stark beteiligt, wie z.B. die Internationale Juristenkommission und FIAN; hierzu arbeitet jetzt eine Arbeitsgruppe der UN-Menschenrechtskommission, die aus Regierungsvertretern/innen besteht.

Eibe Riedel bewertet die Rolle der NGOs folgendermaßen:

> „NGO involvement in all processes of IGO activities, ranging from monitoring treaty obligations, treaty generation processes, and treaty implementation processes at the national level, has been crucial and indispensable."[31]

(2) Der UN-Menschenrechtsausschuss war zunächst zurückhaltend gegenüber Informationen von NGOs. Erst seit 1990 wurden diese angefordert. Zu informellen Treffen kam es erst ab 1996. Seit 2002 gibt es ein offizielles Treffen des Ausschusses mit NGOs.[32]

(3) Beim Ausschuss gegen Folter gibt es keine offizielle Einladung an NGOs, zur Arbeit beizutragen. Diese müssen ihre Informationen über einzelne CAT-Mitglieder bzw. den Länderberichterstattern/innen für den anliegenden Staatenbericht kanalisieren; gleichwohl erlaubt Art. 62 der Verfahrensordnung dem Ausschuss, bei NGOs Informationen anzufordern.[33]

(4) Ähnlich ist die Situation beim Ausschuss für die Beseitigung der Rassendiskriminierung. Er war bisher am zurückhaltendsten im Umgang mit NGOs. 2003 bestätigte er seine Auffassung, NGOs informell zu Länderberichten Informationen beitragen zu lassen und sich informell mit Ausschussmitgliedern zu treffen.[34]

(5) Im Ausschuss für die Beseitigung der Diskriminierung der Frau haben NGOs laut CEDAW[35] keinen offiziellen Status. Beim Monitoring wird den UN-Sonderorganisationen nach Art. 22 eine Rolle eingeräumt, nicht aber den NGOs.

---

30 Zur deutschen Übersetzung der Allgemeinen Bemerkungen siehe Deutsches Institut für Menschenrechte (Hrsg.), Die „General Comments" zu den UN-Menschenrechtsverträgen (2005).

31 E. Riedel (Fn. 24), S. 317.

32 W. Vandenhole, The Procedures Before the UN Human Rights Treaty Bodies. Divergence or Convergence? (2004), S. 28f.

33 C.E. Schwitter Marsiaj (Fn. 10), S. 157.

34 W. Vandenhole (Fn. 32), S. 18.

35 H.B. Schöpp-Schilling (Fn. 26), S. 4.

In der Praxis hat der Ausschuss freilich NGOs in seinen konstruktiven Dialogen mit den Vertragsparteien ins Spiel gebracht: In seiner Allgemeinen Empfehlung Nr. 10 wurden die Staaten gebeten,

> „ihre nationalen Frauenorganisationen einzuladen, bei öffentlichen Informationskampagnen, die sich auf das Übereinkommen und seine Umsetzung beziehen, mitzuwirken, und nichtstaatliche Organisationen auf nationaler, regionaler und internationaler Ebene anzuregen, das Übereinkommen und seine Umsetzung bekannt zu machen."[36]

Ab der 16. Sitzungsperiode 1997 hat der Ausschuss den Zugang von NGO-Vertretern/innen zu seiner Sitzung und auch zu den Treffen, auf denen die Behandlung der Staatenberichte vorbereitet wird (Pre-sessional Group Meetings), geöffnet, indem es zu informellen Treffen und dem Austausch von Informationen kommt. Das Zusatzprotokoll zur CEDAW, das die Individualbeschwerde und die Untersuchungsfunktion von Seiten des Ausschusses zum Inhalt hat, spricht ausdrücklich von „Personengruppen", die Mitteilungen an den Ausschuss für die Opfer mit deren Zustimmung senden und bei Untersuchungen einer Ländersituation die Grundlage aufgrund von Bereitstellung verlässlicher Informationen für eine Untersuchung geben können (Art. 2 und 8 des CEDAW-Zusatzprotokolls von 1999).

Die deutsche Expertin im CEDAW-Ausschuss, *Hanna B. Schöpp-Schilling*, hebt hervor, dass nicht alle Mitglieder des Ausschusses alle Länder gleichermaßen gut kennen können. Die Informationen der NGOs helfen dabei, kritische Fragen zu formulieren. Sie werden aber nicht einfach als richtig unterstellt, sondern dienen als Basis für den konstruktiven Dialog mit den Regierungen, deren Staatenberichte diskutiert werden.[37]

(6) Bei der UN-Kinderrechtskonvention und in der Arbeit des Ausschuss für die Rechte des Kindes haben NGOs zwar keinen offiziellen Status, aber der Ausschuss erkennt ihre Rolle an, beim Monitoring der Ländersituationen zu helfen. NGOs nehmen seit 1995 an den Pre-sessional Meetings teil. Während UN-Sonderorganisationen ohnehin gehört werden, können einzelne NGOs als „andere zuständige Stellen" eingeladen werden (Art. 45 a der Kinderrechtskonvention). NGOs können auch Stellungnahmen zu den Staatenberichten vorlegen (Art. 45 b der Kinderrechtskonvention).

Der Ausschuss widmet nach jeder Sitzung eine Woche der Zusammenarbeit mit den NGOs. Es gibt ständige NGO-Vertreter in den Sitzungen, die dem Aus-

---

[36] Zitiert nach Deutsches Institut für Menschenrechte (Hrsg.) (Fn. 30), S. 435.
[37] H.B. Schöpp-Schilling (Fn. 26), S. 5.

schuss laufend Informationen geben. Ferner senden einige NGOs Informationen zu für sie wichtigen Punkten, die auf der Tagesordnung stehen. NGOs sind auch immer dann Gesprächspartner, wenn es um die Festlegung des Themas für den Day of General Discussion geht. Dieser „Day" ist nicht zuletzt ein Treffen zum Austausch zwischen dem Ausschuss und den NGOs. NGOs erhalten auch vor der Verabschiedung von General Comments Entwurfstexte und reichen Stellungnahmen ein, die der Ausschuss sorgfältig liest und oft auch berücksichtigt hat.[38] NGOs haben auch einen Guide für den Zugang zum Ausschuss erarbeitet (NGO Group for CRC 2001).

(7) Beim Ausschuss zum Schutz der Rechte aller Wanderarbeitnehmer und ihrer Familienangehörigen gibt es keine formale Rolle für NGOs; sie können aber dazu eingeladen werden, Berichte vorzulegen.

NGOs werden aber auch in anderer Form eingebunden. CRC, CEDAW und CESCR laden sie zu den Pre-sessional Working Groups ein, damit sie Beiträge zu den Fragelisten leisten, die dann vor der Sitzung mit der Vertragspartei von den betreffenden Delegationen schriftlich beantwortet werden sollen.[39]

Die Ausschüsse ermutigen auch Regierungen, sich bei der Abfassung der Staatenberichte von NGOs unterstützen zu lassen. Erste Erfahrungen sind aus Norwegen und Kanada bekannt geworden. Darüber hinaus arbeiten speziell hierfür ins Leben gerufene NGO-Koalitionen daran, den Zugang zu den Vertragsorganen zu systematisieren, etwa bei den Frauenrechten die International Women's Rights Action Watch (IWRAW),[40] bei Kinderrechten die NGO Group on the Rights of the Child und bei der Rassendiskriminierung der Anti-Racism Information Service (ARIS).[41]

Im Folgenden soll der NGO-Zugang und -Einfluss anhand der verschiedenen Instrumente der Vertragsorgane analysiert werden.

---

[38] Diese Passage beruht auf einer E-mail von Lothar Krappmann an den Verfasser vom 14.11.2005.

[39] M. Ölz (Fn. 5), S. 165.

[40] IWRAW hat auch einen „Guide to Reporting Under the CEDAW Convention" herausgebracht, der bereits mehrere Auflagen hatte, http://www.igc.org/iwraw (20.04.06). Zur Umsetzung der CEDAW-Empfehlungen in Deutschland vgl. Deutsches Institut für Menschenrechte (Hrsg.), Frauenrechte in Deutschland: Follow-Up-Prozess CEDAW 2004 (2005).

[41] http://www.antiracism-info.org/Prune/pageHome.php (20.04.06).

Tabelle: Instrumente der UN-Menschenrechtsausschüsse

	S	ISC	IB	UB	Sonstige
Sozialpakt (CESCR)	x				
Zivilpakt (HRC)	x	x	x		
Rassendiskriminierung (CERD)	x	x	x		
Folter (CAT)	x	x	x	x	
Frauendiskriminierung (CEDAW)	x		x	x	
Kinderrechte (CRC)	x				regelmäßige field visits
Wanderarbeitnehmer/innen (CMW)	x				

Legende:
S: Staatenberichte; ISC: Inter-State Complaint; IB: Individualbeschwerde; UB: eigenständige Untersuchungsbefugnis des Ausschusses.

2. Zur Prüfung von Staatenberichten

Den UN-Menschenrechtsverträgen sind nur wenige Hinweise auf eine rechtlich abgesicherte Mitwirkung der NGOs bei der Prüfung von Staatenberichten der Vertragsparteien zu entnehmen. Im Allgemeinen wirken die NGOs mit durch Informierung und Sensibilisierung der Öffentlichkeit im Vorfeld der Staatenberichte, durch die Verfassung von Alternativberichten oder manchmal auch durch Mitwirkung beim Erstellen der Staatenberichte. Die einzelnen Möglichkeiten sind den speziellen Verfahrensordnungen der jeweiligen Vertragsorgane zu entnehmen.

Staatenberichte sind öffentliche Dokumente und werden in einer öffentlichen Sitzung des Ausschusses geprüft. Aufgrund dessen legen Ausschüsse auch großen Wert auf die Stellungnahmen von NGOs und rufen zusätzlich die Staaten dazu auf, den NGOs die Dokumente rechtzeitig vor den Tagungen zugänglich zu machen. Ein wichtiger Grund für die Beteiligung von NGOs liegt darin, dass beim Staatenberichtsverfahren eine seriöse Überprüfung der Staatenberichte ohne die Informationen von NGOs und den Medien kaum denkbar wäre. Der UN-Menschenrechtsausschuss zum Beispiel hat sowohl finanziell als auch hinsichtlich seiner Kompetenzen keine ausreichenden Ressourcen für die Beschaffung von zusätzlichen Informationen zur Menschenrechtslage in einzelnen Staaten. Es werden insbesondere die jährlichen Staatenberichte vom US Departement of State, die Jahresberichte von amnesty international und die Berichte anderer NGOs herangezogen.

Bei der UN-Antifolterkonvention z.B. sollen die Vertragsstaaten ihre Berichte nach Art. 19 einreichen, wobei dies erstmals innerhalb eines Jahres nach Inkrafttreten des Übereinkommens und dann alle vier Jahre erfolgen soll. Jedoch kann der Ausschuss auch weitere Berichte verlangen. Die Mitwirkungsbefugnisse der NGOs vor dem Ausschuss gegen Folter sind nach Art. 62 der Verfahrensordnung der Konvention geregelt. Die Berichtsprüfung erfolgt in öffentlicher Sitzung (Art. 31 Verfahrensordnung). NGO-Vertreter werden auch speziell eingeladen, um ihre Informationen mündlich vorzutragen. Bei der Berichtsprüfung vor dem Ausschuss gegen Folter sind insbesondere amnesty international, SOS Torture, die Association for the Prevention of Torture und die Fédération Internationale des Ligues des Droits de l'Homme aktiv.

Zusammenfassend lässt sich festhalten: NGOs spielen die zentrale Rolle bei der Einreichung der sogenannten Schatten- oder Alternativberichte zum offiziellen Staatenbericht. In diesen erläutern sie aus ihrer Sicht die Lage der Menschenrechte in den jeweiligen Staaten. Diese Informationen haben daher auch einen gewissen Einfluss auf die jeweiligen Abschließenden Bemerkungen (concluding observations) zu den Staatenberichten.[42]

3. Individualbeschwerdeverfahren

Vier der UN-Menschenrechtsübereinkommen sehen fakultative Individualbeschwerden vor, die für CAT und CERD direkt im Vertrag, für den Internationalen Pakt über bürgerliche und zivile Rechte und CEDAW in einem Fakultativprotokoll geregelt sind. Bei einem weiteren ist die Einführung eines Verfahrens mittelfristig denkbar (Sozialpakt).

NGOs haben in diesem Bereich zwei wichtige Funktionen: Zum einen liegt ihre Bedeutung darin, Menschenrechtsabkommen durch Publikationen, Seminare, Medienarbeit usw. bekannt zu machen. Zum anderen kann es sich um eine direkte Unterstützung von Beschwerdeführern handeln, die von der Beratung und Rechtshilfe bei der Aufsetzung der Beschwerde bis hin zur Vertretung des Beschwerdeführers vor den Vertragsorganen reicht. Eine wichtige Einschränkung bei den UN-Ausschüssen besteht jedoch darin, dass der Beschwerdeführer Opfer der Menschenrechtsverletzung sein muss. Strittig ist daher, ob NGOs als juristische Personen in den Schutzbereich der Verträge fallen. Im Fall der Verfahrens-

---

[42] Zur jüngsten Erfahrung in Deutschland mit den concluding observations von vier Vertragsorganen (Menschenrechtsausschuss, Antifolterausschuss, Kinderrechtsausschuss, Frauendiskriminierungsausschuss) 2004 siehe F. Seidensticker, Examination of State Reporting by Human Rights Treaty Bodies: An Example of Follow-Up at the National Level by National Human Rights Institutions (2005).

vertretung sieht es anders aus. Zwar wird die Verfahrensvertretung von NGOs kaum wahrgenommen, jedoch wäre dies die einzig rechtlich legitime Möglichkeit, am Verfahren teilzunehmen. Für CEDAW ist es denkbar, dass eine Beschwerde „on behalf" einer Person/Gruppe eingereicht wird, auch wenn die Betroffenen nicht selbst vermeintliches Opfer sind.[43] Der Aufwand für das einzelne Verfahren ist für die NGOs groß. NGOs spielen allgemein eine Rolle bei der Bekanntgabe der Existenz des Verfahrens und dem Verfahrensverlauf.[44]

Art. 22 der UN-Antifolterkonvention regelt das Individualbeschwerdeverfahren.[45] NGOs können in den folgenden Verfahrenspunkten vor dem CAT-Ausschuss mitwirken: Nach Art. 22 Abs. 1 CAT können NGOs Mitteilungen für Einzelpersonen einreichen. Jedoch ist die Auslegung dieses Absatzes nach Ansicht der Literatur eng zu betrachten, um Popularklagen vorzubeugen. Die Praxis des Ausschusses stützt diese Sichtweise. Es ist nämlich erforderlich, das Einreichen der Mitteilung für das Opfer einer mutmaßlichen Menschenrechtsverletzung zu begründen, wobei eine enge persönliche Beziehung zum Opfer nachzuweisen ist. Eine Mitteilung durch außenstehende Dritte ist nicht zulässig.[46] NGOs können nur als bevollmächtigte Vertreter des Opfers handeln. Bei der Zulässigkeitsprüfung einer Beschwerde durch den Ausschuss werden gegebenenfalls auch Informationen, schriftliche Berichte und Stellungnahmen von NGOs hinzugezogen.[47]

4. Staatenbeschwerde (Inter-State Complaint)

Dieses Instrument, das die Beschwerde eines Staates über mutmaßliche Menschenrechtsverletzungen in einem anderen Staat möglich macht, wurde bisher noch in keinem Fall genutzt.

5. Eigenständige Untersuchungsbefugnis des Ausschusses

Der Antifolterausschuss hat sich nach Art. 20 der UN-Antifolterkonvention bisher in nur wenigen Fällen entschlossen, eine eigenständige Untersuchung durch-

---

[43] Vgl. D. Sullivan, The Optional Protocol to CEDAW & its Applicability „on the Ground" (2004), http://www.whrnet.org/docs/issue-cedaw1.html (20.04.06) und persönliche Mitteilung von CEDAW-Mitglied Hanna B. Schöpp-Schilling an den Verfasser am 5.01.2006.

[44] M. Ölz (Fn. 5), S. 166f.

[45] Ausführlich J. Ziegler (Fn. 10), S. 153ff.

[46] Vgl. Musterformular der Vereinten Nationen, The Committee Against Torture, Human Rights Fact Sheet No. 17 (2002), S. 36.

[47] M. Ölz (Fn. 5), S. 166f.; J. Ziegler (Fn. 10), S. 153ff.

zuführen, die ja immer von der Kooperation des betreffenden Staates abhängig ist, etwa in Bezug auf eine Besuchserlaubnis. Beispiele waren Türkei 1990, Ägypten 1991 (in diesem Fall wurde dem Ausschuss die Einreise verweigert) und Peru 1995. NGO-Informationen spielten hierbei eine wichtige Rolle.[48]

6. Dringende Interventionen (Urgent Procedures)

Dringende, eilbedürftige Interventionen wenden mehrere Ausschüsse an, etwa in Fällen von drohender Folter. Sie sind in den Verfahrensordnungen geregelt (beim UN-Menschenrechtsausschuss z.B. in Art. 66 Abs. 2). CERD hat hier für NGO-Informationen keinen formalen Status eingeräumt.[49] Beide Ausschüsse haben aber NGOs aufgefordert, ihnen Informationen über aktuelle Krisen zukommen zu lassen. Der Ausschuss für wirtschaftliche, soziale und kulturelle Rechte war 1995 in Panama und 1997 in der Dominikanischen Republik aktiv.

V. Schlussfolgerungen und Ausblick

NGOs haben von Anfang an eine wichtige Rolle bei der Ausarbeitung bestimmter UN-Menschenrechtsverträge gespielt, besonders bei der Antifolterkonvention und den Konventionen zum Schutz der Frauen- und der Kinderrechte.

Im Rahmen der Arbeit der Vertragsorgane kommt den NGOs eine bedeutende Rolle bei der Versorgung der Ausschüsse mit kritischen Informationen zu den jeweiligen Ländern zu, deren Staatenberichte zur Behandlung anstehen. Gleiches gilt für Länder, die seit Jahren keine Berichte einreichen und dann vom Ausschuss, nachdem die betreffende Regierung vorher hiervon informiert wurde, auch ohne Bericht behandelt werden können (z.B. beim Ausschuss des Sozialpaktes).[50]

Es ist festzustellen, dass die Vertragsorgane auch nach vielen Jahren Arbeit in der großen Mehrheit keine formalen Regelungen zu ihrer Zusammenarbeit mit NGOs entwickelt haben, auch wenn die jüngsten Ausschüsse hier eher flexibel handeln. Damit müssen NGOs auch weiter vor allem informelle Zugangsmög-

---

[48] A. Clapham, Defining the Role of Non-Governmental Organizations With Regard to the UN Human Rights Treaty Bodies, in: A.F. Bayefsky (Hrsg.), The UN Human Rights Treaty System in the 21st Century (2000), S. 189f.; C.E. Schwitter Marsiaj (Fn. 10), S. 162f.

[49] C.E. Schwitter Marsiaj (Fn. 10), S 164f.

[50] Vgl. hierzu auch J. Ziegler (Fn. 10), S. 167ff.; A. Clapham (Fn. 48), S. 192ff.; M. O'Flaherty (Fn. 11), S. 1-14 und W. Vandenhole (Fn. 32), S. 309ff.

lichkeiten nutzen und hängen von der personellen Zusammensetzung der Ausschüsse ab. NGOs sollten sich deshalb für eine stärkere verfahrensrechtliche Absicherung ihres Status einsetzen, um auch in schwierigen Zeiten sicher gehört zu werden.

Darüber hinaus fällt auf, dass bei der Unterstützung einzelner Beschwerdeführer/innen im Individualverfahren NGOs praktisch keine Rolle spielen. Nur Beschwerdeführer oder Vertreter/innen in deren direktem Auftrag können gehört werden. Anders funktioniert das Interamerikanische System: Dort unterstützen NGOs wie das Center for Justice and International Law (CEJIL) Beschwerdeführer vor der Interamerikanischen Menschenrechtskommission und dem Interamerikanischen Gerichtshof.

Bei Frühwarn- und Eilverfahren haben NGOs bislang keine bedeutende Rolle gespielt.[51] Sie haben auch keinen formalen Status, Informationen beizubringen.[52] In den wenigen Fällen, in denen die UN-Ausschüsse eigene Untersuchungen vor Ort versuchten oder sie auch durchführen konnten, waren Länderinformationen von NGOs von zentraler Bedeutung für die Entscheidung, eine Untersuchung durchzuführen. Allerdings nehmen NGOs an den Sitzungen der Vertragsorgane seltener teil als an Sitzungen der UN-Menschenrechtskommission und ihrer Unterkommission, weil diese politisch als viel wichtiger angesehen werden (auch müssen NGOs bei dem teuren Tagungsort Genf sorgfältig Prioritäten setzen).[53] Von den Medien werden die Vertragsorgane wenig wahrgenommen, was wiederum die Möglichkeiten politischer Druckausübung erheblich einschränkt.

Bei neuen oder geplanten Fakultativprotokollen zu den Abkommen spielten NGOs oft eine wichtige Rolle mit eigenen Vorschlägen, einer kritischen Begleitung der Diskussionen und mit Lobbyarbeit. Insgesamt besteht ein klarer Eindruck in der Forschung, dass die Informations- und Lobbyarbeit von NGOs einen großen positiven Wert für die Arbeit der Vertragsorgane darstellt, gerade auch als kritisches Gegengewicht zur offiziellen Staatenberichterstattung.[54]

Welche Reformvorstellungen zu dem geplanten UN-Menschenrechtsrat und den Vertragsorganen sich durchsetzen werden, ist bisher nicht abzusehen.[55] Zu unterschiedlich sind die Interessen unter den Mitgliedstaaten. Welches Modell aber auch immer im Fall der Vertragsorgane gewählt wird – eine kleinere Zahl von

---

51 J. Ziegler (Fn. 10), S. 185.
52 C.E. Schwitter Marsiaj (Fn. 10), S. 164.
53 C.E. Schwitter Marsiaj (Fn. 10), S. 167.
54 C.E. Schwitter Marsiaj (Fn. 10), S. 168f.
55 W.S. Heinz, Von der VN-Menschenrechtskommission zum neuen Menschenrechtsrat (UN Human Rights Council), in: FW Heft 1-2 (im Erscheinen: 2006).

Ausschüssen, ein ständiger Hauptausschuss mit mehreren Nebenausschüssen oder gar die Beibehaltung des Systems mit kleinen Verbesserungen[56] – es wird von zentraler Bedeutung sein, die Mitwirkungsmöglichkeiten von NGOs, aber auch von nationalen Menschenrechtsinstitutionen, klar festzuschreiben, so dass diese auch in dem neuen System ihre Informationen, ihr Fachwissen und Erfahrungen mit der Staatenpraxis aktiv einbringen können.

[56] UN Fifth Inter-Committee Meeting of the Human Rights Bodies, Concept Paper on the High Commissioner's Proposal for a Unified Standing Treaty Body, Report by the Secretariat, UN Doc. HRI/MC/2006/CRP.1 vom 14.03.2006.

Die Rolle von Nichtregierungsorganisationen für den internationalen Schutz der Umwelt und der Global Common Goods

Franz Nuscheler*

I. Einleitung: Rahmenbedingungen für das Handeln der Nichtregierungsorganisationen in der internationalen Umweltpolitik

Unverzichtbar für das Verstehen der Rolle der Nichtregierungsorganisationen in den internationalen Beziehungen ist erstens die Erinnerung an die von der Commission on Global Governance in die internationale Diskussion eingebrachte Definition von Global Governance. Sie hebt auf das Zusammenwirken von staatlichen und nichtstaatlichen Organisationen von der lokalen bis zur globalen Ebene und speziell von NGOs in horizontalen Diskussions- und Entscheidungsprozessen ab. Erinnerungswürdig ist auch Passus 20 von „In größerer Freiheit", weil er die amtliche Position des UN-Generalsekretariats zur Rolle der Zivilgesellschaft in den internationalen Beziehungen zum Ausdruck bringt:

> „(...) Wir brauchen eine aktive Zivilgesellschaft und einen dynamischen Privatsektor. Beide nehmen einen immer größeren und bedeutenderen Anteil des Raumes ein, der früher ausschließlich Staaten vorbehalten war, und es liegt auf der Hand, dass die hier skizzierten Ziele ohne ihr umfassendes Engagement nicht erreicht werden können."[1]

Diese Wertschätzung der NGOs auf Seiten prominenter UN-Repräsentanten hatte natürlich auch den Grund, dass sie in der Auseinandersetzung mit der nationalstaatlichen Macht- und Interessenpolitik auf die UN-Karte setzen: Sie waren und sind als Verfechter des Multilateralismus Bündnispartner der von Unilateralisten häufig gescholtenen Vereinten Nationen.

---

* Prof. emerit. Dr. Franz Nuscheler studierte Politikwissenschaften, Geschichte und Öffentliches Recht, bevor er von 1969 bis 1973 als wissenschaftlicher Assistent bzw. Oberrat an der Universität Hamburg angestellt war. 1974 nahm er einen Ruf auf den Lehrstuhl für Internationale und Vergleichende Politik an der Universität Duisburg an. Von 1990 bis Anfang 2006 war er als Gründungsdirektor des Instituts für Entwicklung und Frieden (INEF) der Universität Duisburg tätig. Die Schwerpunkte der Arbeit von Professor Nuscheler liegen im Bereich Global Governance, Entwicklungspolitik und globaler Umweltveränderung. Er war u.a. Mitglied der Enquete-Kommission „Globalisierung der Weltwirtschaft – Herausforderungen und Antworten" des Deutschen Bundestages.

1 In größerer Freiheit: Auf dem Weg zu Entwicklung, Sicherheit und Menschenrechten für alle, Bericht des Generalsekretärs der Vereinten Nationen, UN Doc. A/59/2005 vom 21.03.2005, Ziff. 20.

In keinem anderen Politikbereich gehört die Einbindung der NGOs in internationale Verhandlungen so sehr zur Geschichte der von den Vereinten Nationen organisierten Vertragsverhandlungen wie in der internationalen Umweltpolitik. Wenn überhaupt von einer „NGOisierung der Weltpolitik" die Rede sein kann,[2] dann kann sie in diesem Politikbereich entdeckt werden. Bei der Initiierung und Implementierung ökologischer Regelwerke können die Vereinten Nationen eine gute Leistungsbilanz vorweisen, auch deshalb, weil in der Umweltpolitik, die grenzüberschreitende Vorgänge in der Natur behandelt, der von Generalsekretär *Kofi A. Annan* häufig betonte „Imperativ kollektiven Handelns" einsichtiger ist als in anderen Politikbereichen.

Zweitens muss zwischen Haupt- und Nebenschauplätzen der internationalen Politikarena unterschieden werden. Zu den systemischen Zusammenhängen gehört auch, dass die Chancen von NGOs, sich in internationale Verhandlungen einzumischen, in aller Regel auf sogenannte low politics-Spielfelder, namentlich auf die Umwelt-, Entwicklungs- und Menschenrechtspolitik, beschränkt blieben. Dagegen haben internationale Organisationen, in denen die „harten" Politikbereiche der Sicherheits-, Finanz- und Handelspolitik verhandelt werden, ihre *arcana imperii* noch weitgehend gegen zivilgesellschaftliche Einmischungsversuche und Partizipationsforderungen abzuschirmen vermocht. Nur die Weltbank inszenierte mehr oder weniger symbolische Diskussionsrunden mit einem ausgewählten Kreis von prominenten Hilfsorganisationen.

Die von *Heike Walk* und *Achim Brunnengräber* unternommene Aufwertung von NGOs zu „Globalisierungswächtern"[3] orientierte sich wohlweislich an der internationalen Klimapolitik und verkannte keineswegs ihre begrenzten Interventions- und Partizipationsmöglichkeiten in den „harten" Politikbereichen, in denen Globalisierungsprozesse mehr oder weniger erfolgreich gemanagt werden.

Wenn die NGOs vor einigen Jahren zu den „am meisten überschätzten Akteuren" in der internationalen Politik gerechnet wurden, dann ist der Hinweis auf die Nebenschauplätze der internationalen Politik, auf denen die NGOs vorzugsweise agieren, bedeutsam. Man kann und soll allerdings darüber streiten, ob die Umwelt-, Entwicklungs- und Menschenrechtspolitik aufgrund ihrer Bedeutung für die Bewahrung der Global Common Goods noch angemessen als nachrangige Nebenschauplätze in der globalen Politikarena eingeordnet werden können. Diese Sichtweise der macht- und staatszentrierten „Realisten" in der Disziplin

---

[2] Dirk Messner sprach schon 1996 von einer NGOisierung der Weltpolitik; vgl. D. Messner, NGOs in der Irrelevanzfalle, in: Friedrich-Ebert-Stiftung (Hrsg.), Globale Trends und internationale Zivilgesellschaft oder: Die NGOisierung der (Welt-)Politik (1996), S. 11-38.

[3] H. Walk/A. Brunnengräber, Die Globalisierungswächter. NGOs und ihre transnationalen Netze im Konfliktfeld Klima (2000).

der internationalen Politik ist ziemlich blind für Menschheitsrisiken, die u.a. vom Klimawandel ausgehen. Hier hat das Konzept der „erweiterten Sicherheit" oder „Human Security", das die Bundesakademie für Sicherheitspolitik in einem voluminösen Kompendium[4] entfaltete, aufklärend gewirkt.

Die Untergewichtung des Umweltproblems im internationalen Prioritätenkatalog kommt auch im vergeblichen Bemühen (u.a. von deutschen Bundeskanzlern) zum Ausdruck, das lamentable, schwache Umweltprogramm der Vereinten Nationen (UNEP) zu einer dem Problemdruck angemessenen Weltumweltorganisation (GEO) mit dem Status einer Sonderorganisation aufzuwerten. Das Jahresgutachten 2000 des Wissenschaftlichen Beirats der Bundesregierung Globale Umweltveränderungen (WBGU) über „Neue Strukturen globaler Umweltpolitik"[5] fand nur in der Wissenschaft internationale Resonanz. Auch die Dreifaltigkeit von Entwicklung, Sicherheit und Menschenrechten, die *Kofi A. Annan* in „In größerer Freiheit" herstellte, räumte dem Postulat der Nachhaltigkeit und dem „Geist von Rio" nicht den gebührenden Platz in den Global Common Goods ein.

II. Die Rolle der Nichtregierungsorganisationen in der internationalen Umweltpolitik

Schon der *Brundtland*-Bericht hatte festgestellt: „Immer mehr Probleme der Umwelt und Entwicklung könnten ohne sie (d.h. NGOs) nicht in Angriff genommen werden."[6] Diese Feststellung beruhte auch darauf, dass im Besonderen die internationale Umweltpolitik schon früh von einer „NGOisierung" begleitet war und die Transnationalisierung vieler Umweltorganisationen an die Herausbildung von internationalen Institutionen und Regimen gebunden war. In einem früheren UN-Bericht aus dem Jahre 1997 war zu lesen, dass sich die Vereinten Nationen ohne die NGOs „kaum noch eine weltweite Veranstaltung oder die Ausarbeitung multilateraler Übereinkünfte und Erklärungen vorstellen" können. Aber was heißt dies konkret?

Der Aufmarsch von tausenden NGO-Vertretern aus aller Welt bei den spektakulären Weltkonferenzen der 1990er Jahre, angefangen bei der Rio-Konferenz von 1992, sagt viel über die boomartige Entwicklung der weltweiten NGO-

---

4 Bundesakademie für Sicherheitspolitik (BAKS) (Hrsg.), Sicherheitspolitik in neuen Dimensionen – Kompendium zum erweiterten Sicherheitsbegriff (2001).

5 Wissenschaftlicher Beirat der Bundesregierung Globale Umweltveränderungen (WBGU), Neue Strukturen globaler Umweltpolitik (2001).

6 V. Hauff (Hrsg.), Unsere gemeinsame Zukunft. Der Brundtland-Bericht der Weltkommission für Umwelt und Entwicklung (1987), S. 322.

Bewegung aus, über ihre voranschreitende Transnationalisierung und über ihre problemspezifische Professionalisierung, aber noch wenig über ihren tatsächlichen Einfluss auf das Verhandlungsgeschehen.[7] Schon der Begriff des „Einflusses“ ist diffus, weil schwer zu messen ist, ob und wie einzelne Regierungsdelegationen NGO-Forderungen aufgriffen und welche Wirkungen ihre, in den Verhandlungsrunden vorgetragenen Argumente dann noch hatten, wenn die Regierungsvertreter hinter verschlossenen Türen ihre Kompromisse bei Formulierungen und Entscheidungen aushandelten. Wir wissen allenfalls aus der inzwischen reichlich vorhandenen Forschung, wie die vom Wirtschafts- und Sozialrat der Vereinten Nationen (ECOSOC) akkreditierten (inzwischen über 2.600) NGOs allmählich von Vorräumen an die „Katzentische“ von Verhandlungsräumen vorrücken, schließlich an den Verhandlungstischen Platz nehmen und sich durch Wortbeiträge in die Verhandlungen einmischen durften.

Einen tieferen Einblick in das internationale Verhandlungsgeschehen bei Umweltverhandlungen und die Rolle, die NGOs dabei spielen konnten, vermittelte die von der Hessischen Stiftung Friedens- und Konfliktforschung (HSFK) veröffentlichte Dissertation von *Tanja Brühl.*[8] Durch eine genaue Untersuchung des Verhandlungsverlaufs konnte sie unterschiedliche Teilnahmerechte feststellen, die vom „einfachen Teilnahmerecht“ (d.h. dem Sitzen in abgetrennten Räumen oder am Rande von Verhandlungsräumen) bis zum „erweiterten Teilnahmerecht“ mit Rederecht reichten. Bei den Klimaverhandlungen beobachtete sie das folgende Prozedere:

> „NGOs durften zwar am Prozess der Vertragsformulierung teilnehmen und individuelle Stellungnahmen abgeben. Bei der Festlegung verbindlicher Entscheidungen wurden die NGO-Teilnahmerechte jedoch eingeschränkt.“[9]

Dieses Zitat könnte einem Trugschluss Vorschub leisten. Bei der „Festlegung verbindlicher Entscheidungen“ mit völkerrechtlicher Verbindlichkeit können und sollen NGOs nicht mitwirken, weil allein Staaten Völkerrecht setzen können und NGOs nicht zu QUANGOs (QUAsi Non-governmental Organisations) pervertieren sollen.

---

[7] T. Fues/B. Hamm, Weltkonferenzen als Baustellen von Global Governance (2001).

[8] T. Brühl, Nichtregierungsorganisationen als Akteure internationaler Umweltverhandlungen (2003).

[9] T. Brühl (Fn. 8), S. 125 f.

III. Das Einflusspotenzial von Verhandlungspartnern ohne Stimmrechte

Die Staaten – einige freilich mit erheblichem Widerstreben – räumten den NGOs schrittweise mehr oder weniger begrenzte Teilnahmerechte in Verhandlungen ein, weil ihnen diese auch nützliche Dienste leisten und einige Ressourcen anbieten konnten:

- eine wissenschaftlich fundierte Expertise in komplizierten Verhandlungsgegenständen, die Regierungsdelegationen anzuzapfen versuchten;
- innovative Beiträge zu Problemlösungen;
- vor allem das Potenzial von mit hoher gesellschaftlicher und medialer Akzeptanz ausgestatteten Akteuren, die durch ihre Kampagnenfähigkeit auch Opposition gegen mächtige staatliche und privatwirtschaftliche Akteure organisieren können.

Auf diese Weise wurden sie zu „mächtigen Zwergen", wie der Untertitel eines bei der Bundeszentrale für politische Bildung (bpb) erschienen Sammelbandes[10] plakativ suggerierte. Die Beantwortung der in der Diskussion wiederkehrenden Streitfrage, ob die NGOs „Macht" haben, hängt allerdings davon ab, was man unter Macht versteht. Wenn man die klassische Definition von *Max Weber* bemüht, dann ist „Macht" keine angemessene Kategorie zur Einschätzung der Rolle von NGOs.

Indem die NGOs in den jeweiligen Verhandlungsrunden ihre kritischen, aber sachlich fundierten Positionen vortrugen, und diese über die Medien an die internationale Öffentlichkeit brachten, übten sie sicherlich einen erheblichen Verhandlungs- und Rechtfertigungsdruck auf die Regierungsdelegationen aus. Ihre große Leistung liegt in der Herstellung von Transparenz und Öffentlichkeit und in ihrer Funktion als „watchdogs", in der auch ein Ansatz zur Demokratisierung des internationalen Institutionensystems erkannt wurde. *Marianne Beisheim* entdeckte dieses Demokratisierungspotenzial in der internationalen Klimapolitik und betonte vor allem ihren Beitrag zur Input-Legitimation von multilateralen Verhandlungssystemen.[11] *Heike Walk* und *Achim Brunnengräber* gingen noch einige Schritte weiter:

> „NGOs tragen zur Schaffung einer demokratischen Weltöffentlichkeit bei und füllen globale Sphären einer freien und pluralistischen Öffentlichkeit mit Leben. Das Ausfüllen neuer Räume kann zumindest als Beleg für die Fähigkeit gesellschaftli-

---

[10] A. Brunnengräber/A. Klein/H. Walk (Hrsg.), NGOs im Prozess der Globalisierung. Mächtige Zwerge – umstrittene Riesen (2005).

[11] M. Beisheim, Fit für Global Governance? Transnationale Interessengruppenaktivitäten als Demokratisierungspotenzial – am Beispiel Klimapolitik (2004).

> cher Organisationen zur Selbstorganisation und als Forderung nach mehr Demokratie gedeutet werden."[12]

Diese Fähigkeit zur Selbstorganisation erwies sich auch als Fähigkeit zur transnationalen Vernetzung und zur Herausbildung von globalen Politiknetzwerken, als die Vermehrung und Komplizierung der internationalen Umweltverhandlungen eine Bündelung der Kräfte erforderte. Als Mitglied des WBGU habe ich gelernt, wie viel fundierte Expertise notwendig ist, um sich bei internationalen Verhandlungen Gehör verschaffen zu können. Da nützt die Lautstärke von Demonstrationen vor den Konferenzzentren wenig.

Tanja Brühl gab sich mit vagen Deutungen des Einflusses von NGOs auf die internationalen Umweltverhandlungen nicht zufrieden und versuchte, durch eine genaue Rekonstruktion der Verhandlungsverläufe herauszufinden, auf welche Weise und mit welchem Wirkungsgrad die NGOs tatsächlich „Einfluss" auf die Verhandlungsergebnisse ausüben konnten. Mit Rückgriff auf das Analysemodell und auf die Erkenntnisse des Niederländers *Bas Arts* konnte sie besonders bei den Verhandlungen über die Biodiversitätspolitik nicht nur einen gestaltenden Einfluss der teilnehmenden NGOs auf die Vertragsformulierung, sondern auch auf die Konkretisierung und Implementierung der Biodiversitätskonvention (CBD) feststellen. Hier und beim Schutz der indigenen Völker betätigten sich die NGOs tatsächlich als „Globalisierungswächter".[13] Aber es ist in der Wissenschaft immer noch umstritten, welchen Einfluss sie bei den Klimaverhandlungen ausüben konnten. Während ihnen auch *Walk* und *Brunnengräber* keinen nennenswerten Einfluss zubilligten,[14] kam *Jessica T. Mathews* zu einer gegenteiligen Einschätzung. Einige Regierungen hätten sich auch deshalb für restriktivere Teilnahmerechte der NGOs eingesetzt, weil ihnen diese allzu lästig und „mächtig" geworden seien.[15]

IV. Die Vereinten Nationen sind mehr als ein Verhandlungsforum

Was war bei diesen internationalen Umweltverhandlungen das Verdienst der Vereinten Nationen? Sie stellten nicht nur das Forum für Verhandlungen bereit, organisierten Vorbereitungskonferenzen, die Vertragsentwürfe erarbeiteten, und setzten die Staaten unter Druck, nach Lösungen für die Bewahrung von Global Common Goods zu suchen. Kaum zu unterschätzen ist auch der Beitrag, den

---

[12] H. Walk/A. Brunnengräber (Fn. 3), S. 280.

[13] Vgl. im Übrigen B. Arts, The Political Influence of Global NGOs. Case Studies on the Climate Change and Biodiversity Convention (1998).

[14] H. Walk/A. Brunnengräber (Fn. 3), S. 13.

[15] J.T. Mathews, Power Shift, in: Foreign Affairs 76 (1997), S. 56.

UN-Organisationen und die vom UN-Generalsekretär berufenen Kommissionen oder Expertengruppen wie die Zwischenstaatliche Sachverständigengruppe über Klimaänderungen (IPCC) zum Agenda Setting von Verhandlungen leisteten. Und schließlich war es der ECOSOC, der NGOs als Verhandlungspartner akkreditierte. Man kann sagen, dass die NGOs die Vereinten Nationen als Forum brauchen, um überhaupt an internationalen Verhandlungen teilnehmen zu können und die Vereinten Nationen die NGOs als internationale Unterstützungsgruppen mit Verankerung in der Gesellschaft brauchen und entsprechend hofieren.

In diesem Zusammenhang soll an den eingangs zitierten Passus 20 von „In größerer Freiheit" erinnert werden. Einige Jahre früher hatte der Generalsekretär in der Zeitschrift „Global Governance" von einer „stillen Revolution" hinter den Kulissen und Ritualen der Staatenwelt geschrieben.[16] Mit anderen Worten: Die Staaten können nicht mehr wie auf dem Wiener Kongress in diplomatischer Exklusivität schalten und walten. Inzwischen ist die internationale Zivilgesellschaft ein gewichtiger Mitspieler in den internationalen Beziehungen, auch wenn „Realisten" und „Etatisten" in den Außenministerien der Welt noch unter einer Erkenntnisverweigerung leiden mögen.

V. Perspektive zur Zukunft des Multilateralismus in der internationalen Umweltpolitik

Tanja Brühl geht davon aus, dass die NGOs in Zukunft aus mehreren Gründen keinen Zugewinn an Teilnahmerechten bei internationalen Umweltverhandlungen erzielen, sondern eher einen Verlust an Einflusschancen erleiden werden:

- erstens, so ihre Prognose, verlören die NGOs ihren „Ressourcenvorsprung" (an Expertise, gesellschaftlicher Akzeptanz und Fähigkeit zur Bildung von Gegenmacht), den sie bisher als „Tauschwährung" einsetzen konnten;
- zweitens, beobachtet auch sie – zusammen mit anderen Analytikern des Weltgeschehens – eine Auslagerung von multilateralen Konsultations- und Entscheidungsprozessen aus UN-Foren in elitäre Machtkartelle nach dem Muster der G8 oder L20;[17] in der Tat war der Klimawandel ein Hauptthema beim schottischen G8-Gipfel; hier anerkannte der US-Präsident, dass der Klimawandel eine Gefährdung der Global Common Goods darstellt, während sein Botschafter bei den Vereinten Nationen darauf drängte, dass in

---

[16] K.A. Annan, The Quiet Revolution, in: Global Governance 4 (1998), S. 123-138.

[17] Vgl. in diesem Zusammenhang auch den Beitrag von T. Fues, Die aktuellen Reformbestrebungen der Vereinten Nationen: Implikationen für eine repräsentative Gestaltung der Weltpolitik, in diesem Konferenzband.

der Resolution der Generalversammlung zum Abschluss des Reformgipfels sogar der „respect for nature" aus dem Text gestrichen wird.

Das Fazit lautet also: Es steht nicht gut um den „Geist von Rio", der in den 1990er Jahren heftig durch die Hallen des UN-Systems wehte, auch Dank einer transnationalisierten und professionalisierten Umweltbewegung. Inzwischen wurde das Prinzip der Nachhaltigkeit auch in der Rangfolge der Millenniumsentwicklungsziele untergewichtet, als habe die globale Umweltpolitik nichts mit der Armutsbekämpfung zu tun. Gegen diese Verkennung von umwelt- und entwicklungspolitischen Zusammenhängen wehrte sich das Jahresgutachten 2004 des WBGU.[18] Dieses Gutachten schlug einen „Global Council for Development and Environment" vor, um das Umweltproblem auch institutionell stärker im UN-System zu verankern.

Sollten die Vereinten Nationen der ökologischen unheiligen Allianz zwischen den USA und vielen Entwicklungs- und Schwellenländern nachgeben, könnten sie sich nicht länger als Hüter der Global Common Goods bewähren und rechtfertigen. Dann könnte es auch sein, dass sich die NGOs andere Bündnispartner suchen und unter Umgehung der UN-Verhandlungsforen stärker direkt mit einzelnen Staaten und Wirtschaftsverbänden verhandeln müssen. Der „Tanker UN" trudelt in stürmischen Gewässern und lässt ökologische Führungskraft vermissen.

Hier liegt eine Chance für Europa, das globale Umweltproblem wieder auf die Prioritätenlisten von internationalen Verhandlungen im Schoß der Vereinten Nationen zu bringen. Die „Erklärung von Johannesburg" stellt kategorisch fest: Die Zukunft des durch Umweltkrisen gefährdeten Planeten liegt in der Revitalisierung des Multilateralismus.[19] In seinem Bericht „In größerer Freiheit" betonte *Kofi A. Annan* geradezu emphatisch den „Imperativ kollektiven Handelns". Dieser Imperativ gilt auch und besonders in der globalen Umweltpolitik.

---

[18] Wissenschaftlicher Beirat der Bundesregierung Globale Umweltveränderungen (WBGU), Welt im Wandel: Armutsbekämpfung durch Umweltpolitik (2005).

[19] Vgl. Bericht des Weltgipfels für nachhaltige Entwicklung 2002, UN Doc. A/CONF.199/20 vom 4.09.2002.

Zukunftsperspektiven der Mitwirkung von Nichtregierungsorganisationen in den Vereinten Nationen nach dem Weltgipfel 2005

Jens Martens*

I. Einleitung

Nichtregierungsorganisationen haben in den Vereinten Nationen seit Anfang der 1990er Jahre erheblich an Bedeutung gewonnen. Versuche, ihre formellen Beteiligungsmöglichkeiten zu reformieren, hatten jedoch seit der letzten Überprüfung der Konsultativbeziehungen zwischen den Vereinten Nationen und NGOs 1996 keinen Erfolg. Die Vorschläge des vom UN-Generalsekretär *Kofi A. Annan* eingesetzten *Cardoso*-Panels spielten in den Reformdebatten des Jahres 2005 keine Rolle. Stattdessen setzten die Regierungen im Vorbereitungsprozess zum Millennium+5-Gipfel der Vereinten Nationen das entgegengesetzte Signal. Im Gegensatz zu den Weltgipfeln der 1990er Jahre und den Tagungen des UN-Wirtschafts- und Sozialrats (ECOSOC) und seiner funktionalen Kommissionen schlossen sie NGOs von den Vorbereitungen zum Gipfel und auf dem Gipfel selbst weitgehend aus.

Welche Perspektiven zeichnen sich vor diesem Hintergrund für die zukünftige Mitwirkung von NGOs in den Vereinten Nationen ab? Welche Reformvorschläge liegen auf dem Tisch, wo bestehen die größten Widerstände, wo scheinen politische Fortschritte möglich? Und welche konkreten Schlussfolgerungen ergeben sich daraus für den weiteren Reformprozess in den Vereinten Nationen?

II. *Status quo* der Partizipation von Nichtregierungsorganisationen in den Vereinten Nationen

Rechtliche Grundlage für die Partizipationsmöglichkeiten von NGOs in den Vereinten Nationen ist der Artikel 71 UN-Charta. Er ermöglicht dem ECOSOC, Konsultativbeziehungen zu NGOs zu unterhalten. Einzelheiten der zurzeit gülti-

---

* Nach seinem Studium der Wirtschafts- und Politikwissenschaften arbeitete Jens Martens als Bibliothekar und Forschungsstipendiat bei der Deutschen UNESCO-Kommission. Von 1992 bis 1997 war er als freiberuflicher Autor und Berater verschiedener NGOs und Gesellschaften tätig, bevor er bis 2004 als Direktor der Programme für Internationale Umwelt- und Entwicklungspolitik sowie für Corporate Accountability bei der NGO Weltwirtschaft, Ökologie und Entwicklung (WEED) beschäftigt war. Seit 2004 ist Jens Martens Direktor des Europabüros des Global Policy Forum.

gen Partizipationsrechte sind in einer Resolution des ECOSOC geregelt, die im Jahre 1996 verabschiedet wurde.[1] Sie sieht für nationale und internationale NGOs weitgehende Beteiligungsmöglichkeiten im ECOSOC und seinen funktionalen Kommissionen, z.B. der UN-Menschenrechtskommission (UNCHR) und der UN-Kommission für nachhaltige Entwicklung (UNCSD) vor. Daneben regelt sie auch die Beteiligung von NGOs bei internationalen Konferenzen, die von den Vereinten Nationen veranstaltet werden.

Dagegen bestehen bei den anderen Hauptorganen der Vereinten Nationen, insbesondere bei der UN-Generalversammlung und beim UN-Sicherheitsrat, keine formal-rechtlichen Beteiligungsmöglichkeiten für NGOs. Allerdings hat sich die Generalversammlung in den letzten Jahren *de facto* für NGOs geöffnet. Dies geschah u.a. im Rahmen der „+5-Sondergeneralversammlungen" und des informellen Hearings mit der Zivilgesellschaft im Vorfeld des Weltgipfels 2005.[2] Und auch im Sicherheitsrat kam es durch einen protokollarischen Trick (die sogenannte *Arria*-Formel) vereinzelt zu Konsultationen mit NGOs.[3] Sie fanden außerhalb der Räumlichkeiten des UN-Sicherheitsrates statt und tauchten nicht auf dem offiziellen Sitzungskalender des Rates auf. Vielen NGOs gehen diese Beteiligungsmöglichkeiten nicht weit genug. Sie fordern u.a., die Partizipationsregeln des ECOSOC auf die Generalversammlung zu übertragen.

Unter anderem als Folge der Revision der Beteiligungsregeln von 1996 war die Zahl der NGOs mit Konsultativstatus beim ECOSOC erheblich angestiegen. 1992 waren es noch 744 Organisationen, im Jahre 2005 betrug ihre Zahl 2.613. UN-Generalsekretär *Kofi A. Annan* sprach in diesem Zusammenhang von einer explosionsartig angewachsenen NGO-Beteiligung, als deren Folge „Anzeichen einer gewissen Belastung des Systems" festzustellen seien.[4] Denn die Vereinten Nationen hatten in ihren Arbeitsmethoden und Sekretariatsstrukturen auf die Veränderungen der vergangenen Jahre nicht reagiert. Die Zuständigkeiten für NGOs im UN-Sekretariat blieben unübersichtlich, die Akkreditierungsverfahren bürokratisch und langwierig. Die Infrastruktur und die finanzielle Unterstützung für NGOs sind völlig unzureichend. Als Folge davon waren (und sind bis heute) NGOs aus dem Süden bei UN-Tagungen unterrepräsentiert.

---

[1] Consultative Relations Between the United Nations and Non-Governmental Organisations, ECOSOC Res. 1996/31 vom 25.07.1996.

[2] Siehe später unter Punkt V.

[3] J. Paul, The Arria Formula (2003), http://www.globalpolicy.org/security/mtgsetc/arria.htm (20.04.06).

[4] Vgl. UN Doc. A/57/387 vom 9.09.2002, Ziff. 139.

III. Der Bericht des *Cardoso*-Panels

Als Reaktion auf die zunehmende Zahl und wachsende Bedeutung zivilgesellschaftlicher Organisationen in den Vereinten Nationen richtete UN-Generalsekretär *Kofi A. Annan* im Frühjahr 2003 ein Experten-Panel ein, das Vorschläge für die künftige Gestaltung der Beziehungen zwischen den Vereinten Nationen und der Zivilgesellschaft formulieren sollte. Zum Vorsitzenden des Panels machte er den ehemaligen brasilianischen Präsidenten *Fernando E. Cardoso*. Das Panel legte im Juni 2004 seinen Bericht mit dem Titel „We the Peoples: Civil Society, the United Nations and Global Governance" vor.[5] Der Bericht enthält eine Reihe nützlicher Vorschläge zur Vereinfachung der Akkreditierungsverfahren für NGOs, zur finanziellen Unterstützung der Beteiligung von NGOs aus Entwicklungsländern und zur stärkeren Zusammenarbeit des UN-Sicherheitsrates mit NGOs. In zentralen Fragen, z.B. der Öffnung der UN-Generalversammlung für NGOs, bleibt der Bericht jedoch vage und geht kaum über den *Status quo* hinaus.

Das Grundproblem des Berichts ist jedoch, dass er sich nicht auf die Beziehung zwischen den Vereinten Nationen und der Zivilgesellschaft beschränkt, wie es sein Titel suggeriert. Stattdessen stellt er die „Partnerschaft" zwischen Regierungen, Privatwirtschaft und Zivilgesellschaft in den Mittelpunkt, die er als „Constituencies" der Vereinten Nationen bezeichnet. Indem er den Terminus der „Constituency" einführt, vergrößert der Bericht jedoch eher das ohnehin bestehende Begriffswirrwarr in den Vereinten Nationen, in denen Begriffe wie „NGOs", „Zivilgesellschaft", „Privatsektor" und „Stakeholder" bisher nicht einheitlich verwendet werden.[6] Zugleich verlagert er damit die Aufmerksamkeit weg von den Beziehungen zwischen den Vereinten Nationen und der Zivilgesellschaft hin zu Multi-Stakeholder- oder Multi-Constituency-Ansätzen.

Seine Empfehlungen zielen explizit auf eine Stärkung der Privatwirtschaft in den Vereinten Nationen und würden in der Konsequenz zu einer Verschiebung der Kräfteverhältnisse und z.T. sogar zu einer Schwächung der NGO-Beteiligung in den Vereinten Nationen führen. Denn das *Cardoso*-Panel forderte

---

5 Vgl. We the Peoples: Civil Society, the United Nations and Global Governance, Report of the Panel of Eminent Persons on United Nations – Civil Society Relations, UN Doc. A/58/817 vom 11.06.2004, Cardoso-Report.

6 Das Cardoso-Panel definiert den Begriff der „Constituency" folgendermaßen: „Constituency: Comprises three broad sectors: civil society, the private sector and the State. Central Governments are the Member States of the United Nations, collectively constituting its membership. Other actors are of growing importance to the deliberative processes, operations and communications of the United Nations. The Panel suggests that the United Nations view these actors as constituencies, or stakeholders, of the Organization's processes." (vgl. Cardoso-Report, Glossary).

indirekt auch die Verlagerung von finanziellen Mitteln weg von reinen NGO-Foren:

> „The Secretariat should foster multi-constituency processes as new conduits for discussion of United Nations priorities, redirecting resources now used for single-constituency forums covering multiple issues."[7]

Die Reaktionen auf den *Cardoso*-Bericht waren verhalten. Die meisten NGOs nahmen den Bericht nicht zur Kenntnis oder straften ihn bewusst mit Missachtung. Einige äußerten sich enttäuscht über die vagen Vorschläge zur Ausweitung der Partizipationsrechte auf die Generalversammlung. Andere kritisierten explizit, dass das Panel sich nicht auf die Beziehungen zwischen den Vereinten Nationen und der Zivilgesellschaft beschränkte, sondern sich auch für eine stärkere Einbeziehung der Privatwirtschaft aussprach.

Auch die Regierungen reagierten auf den *Cardoso*-Bericht zurückhaltend. Bisher hat keine Regierung eine ausführliche Stellungnahme zu den Vorschlägen veröffentlicht. In der Debatte der UN-Generalversammlung über den Bericht im Oktober 2004 wurde deutlich, dass viele Länder (u.a. China, Ägypten und Kuba) eine Ausweitung der Partizipationsrechte für NGOs strikt ablehnen. Aber auch traditionelle Befürworter einer stärkeren NGO-Beteiligung, wie einige Länder der Europäischen Union (EU), hielten sich in ihrer Unterstützung für den *Cardoso*-Bericht zurück.[8] Der Präsident der UN-Generalversammlung fasste die Stimmung unter den Mitgliedstaaten folgendermaßen zusammen:

> „Regarding relations between the United Nations and civil society contained in the Cardoso report, it was recognized that the contributions of nongovernmental organizations (NGOs) are important for the work of the United Nations. However, it is clear from discussions that the modalities for their participation and their contribution to the work of the General Assembly still need to be considered. Several delegations advocated a simplification of the system of accreditation for representatives of civil society. A large number of delegations welcomed the existing cooperation on the local level between Governments and civil society on development issues. The hope was expressed that this cooperation would also be strengthened with the United Nations. However, several delegations advocated limiting such cooperation to the level of the Economic and Social Council."[9]

---

[7] Cardoso-Report (Fn. 5), Proposal 5; vgl. zur Bewertung des Cardoso-Reports auch die ausführliche Stellungnahme von J. Martens/J. Paul, Comments on the Report of the Cardoso Panel (2004), http://www.globalpolicy.org/reform/initiatives/panels/cardoso/ 08gpf.pdf (20.04.06) sowie H. Volger, Mehr Partizipation nicht erwünscht. Der Bericht des Cardoso-Panels über die Reform der Beziehungen zwischen den Vereinten Nationen und der Zivilgesellschaft, in: VN 53 (2005), S. 12ff.

[8] Vgl. zu den Erklärungen der Regierungen UN Doc. GA/10268 vom 4.10.2005 und UN Doc. GA/10270 vom 5.10.2005.

[9] UN Doc. A/59/PV.20 vom 5.10.2005, S. 18.

Mehrere Versuche der brasilianischen Regierung, in der Generalversammlung eine Resolution zu den Vorschlägen des *Cardoso*-Berichts zu verabschieden, schlugen fehl.[10] Der Prozess tritt seitdem auf der Stelle. In den Auseinandersetzungen um die Reform der Vereinten Nationen im Jahre 2005 war die Rolle der Zivilgesellschaft kein Thema, obwohl *Kofi A. Annan* in seinen Berichten wiederholt Empfehlungen des *Cardoso*-Panels aufgegriffen hatte.

IV. Die Antwort *Kofi A. Annans* auf den *Cardoso*-Bericht

Als Antwort auf den *Cardoso*-Bericht veröffentlichte der UN-Generalsekretär im September 2004 einen Bericht, in dem er Vorschläge für die Verbesserung der Beziehungen zwischen den Vereinten Nationen und NGOs formulierte.[11] Bemerkenswerterweise konzentrierte er sich in diesem Bericht auf die Beziehungen zwischen den Vereinten Nationen und NGOs im engeren Sinne und übernahm nicht das weitergehende Multi-Constituency-Konzept des *Cardoso*-Berichts und die damit verbundenen Empfehlungen. Dies war sicherlich auch eine Reaktion auf die Kritik von NGOs und Regierungen.

Annans Bericht enthält eine Reihe pragmatischer Vorschläge zur Weiterentwicklung der Beziehungen zwischen den Vereinten Nationen und NGOs, u.a.:

- die Einrichtung eines Treuhandfonds, um die Teilnahme von NGOs aus Entwicklungsländern an UN-Veranstaltungen finanziell zu unterstützen;
- die Vereinheitlichung der Akkreditierungsverfahren für NGOs;
- die Formulierung eines Verhaltenskodex für NGOs „(...) as an instrument to ensure that NGOs commit themselves to the aims of the Charter and act in a manner that reflects the intergovernmental character of the Organization";[12]
- die Verbesserung der Zusammenarbeit zwischen UN-Repräsentanten und NGOs auf der Länderebene;
- die Einrichtung eines „Büros für Partnerschaften" im UN-Sekretariat und die Integration des bislang eigenständigen Verbindungsdienstes zu den nichtstaatlichen Organisationen (UNNGLS) in dieses Büro;

---

[10] Vgl. Brazilian Draft Resolution to the General Assembly on UN vom 16.02.2005, http://www.globalpolicy.org/ngos/int/un/access/2005/0216brazildraft.htm (20.04.06).

[11] Report of the Secretary-General on the Implementation of the Report of the Panel of Eminent Persons on United Nations – Civil Society Relations, UN Doc. A/59/354 vom 13.09.2004.

[12] UN Doc. A/59/354 (Fn. 11), Ziff. 34.

- die Veranstaltung informeller Hearings mit der Zivilgesellschaft im Vorfeld wichtiger UN-Ereignisse sowie unmittelbar vor der jährlichen Tagung der UN-Generalversammlung;
- die förmliche Öffnung der UN-Generalversammlung für die Beteiligung von NGOs.

Kofi A. Annan betonte vor allem den letzten Vorschlag und wandte sich explizit gegen das Argument, die UN-Charta würde in Art. 71 nur die Partizipation von NGOs im ECOSOC zulassen. Er betonte aber auch, dass bei einer förmlichen Akkreditierung bei der UN-Generalversammlung die Rechte und Pflichten der NGOs klar definiert werden müssten:

> „(...) There is nothing in Article 71 that would preclude the General Assembly from inviting NGOs to participate in its sessions and its work. There is considerable merit in opening the regular work of the General Assembly to increased participation by accredited NGOs. This is already taking place informally through panels, round-tables, NGO involvement in the preparatory work of the international conferences, the Special Sessions and high-level dialogue of the Assembly. One possible option could be to start with accreditation to the Main Committees, leaving for consideration at a later stage whether accreditation to the plenary should be considered. If the Assembly decides in favour of accrediting NGOs to the General Assembly's Main Committees, rights and responsibilities of participation would then need to be defined."[13]

Die Öffnung der UN-Generalversammlung für NGOs war der einzige Vorschlag, den *Kofi A. Annan* in das Jahr 2005 „hinüberrettete" und der in seinem Reformbericht „In größerer Freiheit" wieder auftauchte. Er forderte darin die UN-Generalversammlung auf, Mechanismen zu schaffen, um ihr „(...) ein uneingeschränktes und systematisches Zusammenwirken mit der Zivilgesellschaft zu erlauben."[14]

Die Regierungen reagierten in der Debatte über *Annans* Reformagenda auf diesen Vorschlag erneut äußerst zurückhaltend. Zum Wortführer der Gegner einer stärkeren NGO-Beteiligung in der UN-Generalversammlung machte sich Venezuela. Nach den Worten seines UN-Vertreters:

> „A green light had been given to flood the Assembly with non-governmental organizations of all types, including those that were most representative of the empire, in the name of a vague and unrepresentative civil society."[15]

---

[13] UN Doc. A/59/354 (Fn. 11), Ziff. 25.

[14] In größerer Freiheit: Auf dem Weg zu Entwicklung, Sicherheit und Menschenrechten für alle, Bericht des Generalsekretärs der Vereinten Nationen, UN Doc. A/59/2005 vom 21.03.2005, Ziff. 162.

[15] UN Doc. GA/10339 vom 8.04.2005.

Dass diese Haltung in der Tendenz keineswegs eine Einzelmeinung darstellte, zeigten die Vorbereitungen auf den Weltgipfel 2005. Sie fanden weitgehend unter Ausschluss der Zivilgesellschaft statt.

V. Rückschlag oder „historisches Ereignis"? Beteiligung von Nichtregierungsorganisationen beim Weltgipfel 2005

Der Weltgipfel 2005 wurde als „High-level Plenary Meeting" der Generalversammlung durchgeführt. Daher galten für den Gipfel auch die Verfahrensregeln der Generalversammlung. Eine Beteiligung von NGOs ist darin grundsätzlich nicht vorgesehen. Dies war eine bewusste Entscheidung der Regierungen, zu der es auch Alternativen gegeben hätte. Es wäre beispielsweise möglich gewesen, den Weltgipfel als Sondertagung der UN-Generalversammlung durchzuführen, vergleichbar mit den Rio+5- und Kopenhagen+5-Sondertagungen 1997 bzw. 2000. Diese Tagungen fanden unter breiter Einbeziehung von NGOs statt.

Offiziell wurde der Ausschluss der NGOs vom UN-Generalsekretär mit Sicherheits- und Kapazitätsproblemen begründet. *Annan* stellte fest:

> „For security reasons and the space limitations in the United Nations building, the broader participation of civil society is unfortunately not possible (...)".[16]

NGOs wurden aber nicht nur vom Gipfel selbst, sondern auch von seinem Vorbereitungsprozess weitgehend ausgeschlossen. Die Gipfelvorbereitungen fanden überwiegend im Rahmen informeller Konsultationen hinter verschlossenen Türen statt. NGOs hatten den Mangel an Transparenz und Partizipationsmöglichkeiten in einem Brief an den Generalsekretär frühzeitig kritisiert. Sie werteten dies als gravierenden Rückschritt gegenüber den Weltkonferenzen der 1990er Jahre und forderten eine Öffnung des Vorbereitungsprozesses und eine stärkere Beteiligung von NGOs beim Gipfel selbst.[17] Ihre Intervention hatte keinen Erfolg.

Die Beteiligung der Zivilgesellschaft beschränkte sich auf zweitägige informelle Hearings der UN-Generalversammlung mit Vertretern von Wirtschaft und NGOs im Juni 2005. An ihnen nahmen 230 Vertreter von NGOs mit Konsultativstatus beim ECOSOC, anderen zivilgesellschaftlichen Organisationen sowie der Wirtschaft als sogenannte „aktive Teilnehmer" (active participants) teil.[18]

---

16 UN Doc. A/59/545 vom 1.11.2004, Ziff. 21.

17 Vgl. http://www.globalpolicy.org/ngos/ngo-un/ga/2004/1112letter.htm (20.04.06).

18 Bericht des Präsidenten der UN-Generalversammlung über die Hearings, UN Doc. A/60/331 vom 2.09.2005.

Sie wurden aus einer Liste von rund 1.000 Bewerbern vom Präsidenten der UN-Generalversammlung auf Vorschlag einer NGO-Task Force ausgewählt. Die zehnköpfige Task Force war vom Präsidenten der UN-Generalversammlung in Abstimmung mit dem UNNGLS eingesetzt worden.

Die Hearings fanden zu einem relativ späten Zeitpunkt im Vorbereitungsprozess des Gipfels statt und hatten keinen nachweisbaren Einfluss auf die Gipfelergebnisse. Sie hatten eher Symbolcharakter und sollten vermutlich vor allem die Offenheit von Regierungen und den Vereinten Nationen gegenüber nichtstaatlichen Akteuren unter Beweis stellen. Dennoch wurden sie von manchen NGO- und UN-Sprechern als „historisches Ereignis" gefeiert.[19] In der Tat gab es bis dahin keine derartige Veranstaltung im Rahmen der UN-Generalversammlung. In anderen Zusammenhängen führten die Vereinten Nationen allerdings bereits in den vergangenen Jahren Hearings und interaktive Dialoge mit NGOs und der Privatwirtschaft durch, beispielsweise die Hearings über Entwicklungsfinanzierung im Jahre 2000 und die interaktiven Dialogveranstaltungen bei der Monterrey-Konferenz und dem Johannesburg-Gipfel 2002. Die Hearings 2005 stellten daher *de facto* keinen Präzedenzfall dar.

Auf dem vom 14. bis zum 16. September 2005 stattgefundenen Weltgipfel und der ihm vorausgegangenen Sitzung über Entwicklungsfinanzierung durften lediglich drei Vertreter von NGOs und Gewerkschaften sowie zwei Wirtschaftsvertreter teilnehmen und ein Statement abgeben. Allen anderen wurde „aus Sicherheitsgründen" der Zugang zum UN-Gebäude verwehrt. Die drei Redner beim Gipfel selbst erhielten erst am späten Abend des 16. September 2005 das Wort, nachdem das Abschlussdokument verabschiedet worden war und die meisten Regierungsvertreter bereits den Saal verlassen hatten.[20]

Angesichts dieser Symbolik und des weitgehenden Ausschlusses der NGOs markiert der Weltgipfel 2005 weniger ein „historisches Ereignis" als eher einen Tiefpunkt in den Beziehungen zwischen den UN und der Zivilgesellschaft. Vor diesem Hintergrund überrascht es nicht, dass das Abschlussdokument des Gipfels nur am Rande auf die Beziehungen zwischen den Vereinten Nationen und NGOs eingeht.

---

[19] UN Doc. A/60/331 (Fn. 18), Ziff. 8.

[20] Vgl. dazu UN Non-Governmental Liaison Service (UNNGLS) (Hrsg.), 2005 World Summit: An Era of Peril and Promise, NGLS Roundup 124 (2005).

VI. Rolle der Zivilgesellschaft im Ergebnisdokument des Weltgipfels 2005

Im Abschlussdokument des Weltgipfels 2005 formulierten die Regierungen Absichtserklärungen zu folgenden vier Themenbereichen:

- Entwicklung;
- Frieden und kollektive Sicherheit;
- Menschenrechte und Rechtsstaatlichkeit;
- Stärkung der Vereinten Nationen.[21]

Die Rolle von NGOs und Zivilgesellschaft erwähnten sie in den Kapiteln über Entwicklung und Stärkung der Vereinten Nationen und dort jeweils in einem Atemzug mit der Privatwirtschaft. Unter der Überschrift „Globale Partnerschaft für Entwicklung" bekräftigten sie u.a.,

> „to enhance the contribution of non-governmental organizations, civil society, the private sector and other stakeholders in national development efforts, as well as in the promotion of the global partnership for development."[22]

Im Abschnitt über die zukünftige Rolle des ECOSOC stellten sie fest,

> „the Council should serve as a quality platform for high-level engagement among Member States and with the international financial institutions, the private sector and civil society on emerging global trends, policies and action (…)".[23]

Explizit auf die Rolle nichtstaatlicher Akteure gingen die Regierungen am Ende des Abschlussdokuments ein. Dort stellten sie fest:

> „We welcome the positive contributions of the private sector and civil society, including non-governmental organizations, in the promotion and implementation of development and human rights programmes and stress the importance of their continued engagement with Governments, the United Nations and other international organizations in these key areas."[24]

Und weiter hieß es:

> „We welcome the dialogue between those organizations and Member States, as reflected in the first informal interactive hearings of the General Assembly with representatives of non-governmental organizations, civil society and the private sector."[25]

---

[21] 2005 World Summit Outcome, UN Doc. A/RES/60/1 vom 24.10.2005.
[22] 2005 World Summit Outcome (Fn. 21), Ziff. 22 lit. e).
[23] 2005 World Summit Outcome (Fn. 21), Ziff. 155 lit. a).
[24] 2005 World Summit Outcome (Fn. 21), Ziff. 172.
[25] 2005 World Summit Outcome (Fn. 21), Ziff. 173.

Mit diesen Sätzen bestätigen die Regierungen lediglich den gegenwärtigen Stand der Beziehungen zwischen den Vereinten Nationen und der Zivilgesellschaft, sie eröffnen aber keine Perspektiven für deren Weiterentwicklung.

Relevant für die künftige Rolle der NGOs in den Vereinten Nationen sind aber nicht nur die Passagen des Abschlussdokuments, in denen sie explizit erwähnt werden. Zu beachten sind auch die Teile, in denen sie explizit nicht erwähnt werden. Das gilt insbesondere für die geplante Kommission für Friedenskonsolidierung (UNPBC) und den neuen Menschenrechtsrat (UNHRC). Die Detailverhandlungen über diese neuen UN-Gremien begannen erst nach dem Weltgipfel. Es besteht die Gefahr, dass im Rahmen dieser Verhandlungen bereits erreichte Beteiligungsrechte für NGOs, insbesondere im Menschenrechtsbereich, wieder zurückgeschraubt werden.

VII. Schlussfolgerungen

Die Beziehungen zwischen den Vereinten Nationen und NGOs befinden sich nach den dynamischen Entwicklungen der 1990er Jahre in einer kritischen Phase. Alle Versuche einer Erweiterung der formellen Partizipationsrechte für NGOs sind bislang gescheitert. Auf die zunehmende (quantitative) Präsenz nichtstaatlicher Akteure in den Vereinten Nationen reagieren manche Regierungen eher defensiv und warnen vor einer „Überflutung" der Weltorganisation durch NGOs. Aber auch Regierungen, die gegenüber NGO-Belangen traditionell aufgeschlossener waren, hielten sich in den aktuellen Reformauseinandersetzungen in dieser Hinsicht zurück. Sie fürchteten offensichtlich, dass die ohnehin schwierigen Reformverhandlungen durch die Einbeziehung nichtstaatlicher „Störenfriede" noch komplizierter würden und wollten keine zusätzliche Reformbaustelle neben dem UN-Sicherheitsrat, Menschenrechtsrat, Friedenskonsolidierungs-Kommission, ECOSOC und den Verwaltungsreformen im Sekretariat eröffnen.

Immer mehr Regierungen, UN-Institutionen und auch einige NGOs favorisieren angesichts der Blockaden gegenüber weitergehenden formellen Partizipationsrechten eher informelle Kooperationsformen im Rahmen von Multi-Stakeholder-Initiativen und „Partnerschaften" öffentlicher und privater Akteure. Die neue Governance-Struktur des Global Compact, die der UN-Generalsekretär im August 2005 bestätigte, bildet dafür möglicherweise einen neuen Präzedenzfall.[26]

---

[26] Vgl. Global Compact, The Global Compact's Next Phase (2005), abrufbar unter http://www.unglobalcompact.org/AboutTheGC/stages_of_development.html (20.04.06).

Angesichts dieser Tendenzen und der Erfahrungen mit der NGO-Beteiligung beim Weltgipfel 2005 zeichnet sich für die künftigen Beziehungen zwischen den Vereinten Nationen und NGOs folgendes Szenario ab: Auf der einen Seite verlagern sich zwischenstaatliche Verhandlungen und Entscheidungsprozesse weg von Weltkonferenzen und Sondergeneralversammlungen mit breiter NGO-Beteiligung hin zu quasi „NGO-freien" Räumen, z.B. informellen Konsultationen der UN-Generalversammlung. Auf der anderen Seite gewinnen Multi-Stakeholder-Initiativen weiter an Bedeutung, in die nur ausgewählte NGOs, die ihre Kooperations- und Dialogbereitschaft gegenüber Regierungen und Wirtschaft bewiesen haben, einbezogen werden.

Eine solche Entwicklung könnte für die öffentliche Unterstützung der Vereinten Nationen fatale Folgen haben. Viele zivilgesellschaftliche Organisationen würden vermutlich als Reaktion auf diese Tendenzen auf Distanz zu den Vereinten Nationen gehen. Nach dem Internationalen Währungsfonds (IMF), der Weltbank und der Welthandelsorganisation (WTO) würden auch die Vereinten Nationen verstärkt in das Visier der globalisierungskritischen Bewegung geraten.

Gerade angesichts der fortgesetzten politischen Attacken aus den USA wären die Vereinten Nationen jedoch auf eine stärkere öffentliche Unterstützung dringend angewiesen. Transparenz und Offenheit ihrer Entscheidungsprozesse und die breite Einbeziehung zivilgesellschaftlicher Organisationen wären dafür notwendige Voraussetzungen. Dies würde auch zur Stärkung zwischenstaatlicher Zusammenarbeit unter dem Dach der Vereinten Nationen beitragen – eine Einschätzung, die auch der UN-Generalsekretär teilt, wenn er feststellt:

> „Expanding and deepening the relationship with NGOs will further strengthen both the institution and the intergovernmental debate. This is an opportunity for the United Nations to enhance its impact in a world that is remarkably different from the one in which it was founded nearly 60 years ago."[27]

Konkrete Ansatzpunkte für Reformen in den Beziehungen zwischen den Vereinten Nationen und NGOs ergeben sich aus den weiterhin ungelösten Strukturproblemen und den Empfehlungen, die im *Cardoso*-Bericht und dem darauf bezogenen Bericht des UN-Generalsekretärs genannt wurden. Auch die gegenwärtigen Reformverhandlungen im Hinblick auf den Menschenrechtsrat, die Friedenskonsolidierungs-Kommission und den ECOSOC sind für die künftige Rolle der NGOs in den Vereinten Nationen relevant. Der Präsident der 60. UN-Generalversammlung, der Schwede, *Jan Eliasson*, hat angekündigt, diesen Aspekten mehr Aufmerksamkeit zu widmen.

---

[27] UN Doc. A/59/354 (Fn. 11), Ziff. 3.

Auf seiner Reformagenda sollten deshalb die nachfolgenden Themen nicht fehlen:

(1) UN-Generalversammlung: Trotz des Widerstandes mancher Regierungen sind die Vorschläge *Annans* für eine „uneingeschränkte und systematische" Einbeziehung der NGOs in die Arbeit der Generalversammlung nicht vom Tisch. Auch die Vereinheitlichung der Akkreditierungsverfahren für NGOs bleibt im Zuge des Abbaus überflüssiger Bürokratie im UN-Sekretariat relevant. Als pragmatischen ersten Schritt zur Überwindung des gegenwärtigen Reformstillstandes könnte die UN-Generalversammlung eine Open-ended Working Group einsetzen, die innerhalb eines Jahres konkrete Vorschläge zur Stärkung und Vertiefung der Beziehungen zwischen den Vereinten Nationen und der Zivilgesellschaft, auch im Hinblick auf die Generalversammlung, erarbeiten sollte. Ihre Sitzungen sollten NGOs offen stehen.

(2) Hearings mit NGOs: Komplementär zu anderen Formen der Partizipation können Hearings mit Vertretern von NGOs dazu dienen, Erfahrungen und Positionen der Zivilgesellschaft gegenüber Regierungen und den Vereinten Nationen deutlich zu machen. Sie können ein sinnvoller Schritt sein, um die UN-Generalversammlung weiter für NGOs zu öffnen. Wie von *Annan* vorgeschlagen, könnten thematische Hearings regelmäßig im Vorfeld zu wichtigen Ereignissen und den jährlichen Tagungen der UN-Generalversammlung stattfinden. Auch der UN-Sicherheitsrat könnte das Instrument der Hearings wesentlich häufiger und systematischer nutzen als bisher. Die Regierungen dürfen solche Hearings allerdings nicht als „Feigenblatt“ missbrauchen, um das Fehlen weitergehender Partizipationsmöglichkeiten für die Zivilgesellschaft zu verschleiern.

(3) UN-Menschenrechtsrat: Eine zentrale Frage bei der Transformation der Menschenrechtskommission des ECOSOC in einen neuen UN-Menschenrechtsrat ist die künftige Einbeziehung der NGOs. Bei den bisherigen Verhandlungen in der Generalversammlung war umstritten, ob die Konsultativregeln des ECOSOC auf den neuen Menschenrechtsrat übertragen werden sollten oder ob die wesentlich restriktiveren Verfahrensregeln für Nebenorgane der Generalversammlung gelten sollten. Würden sich die Regierungen auf die restriktiveren Regeln einigen, würden sie die NGO-Beteiligung erheblich einschränken und damit die Wirksamkeit und Glaubwürdigkeit des neuen Menschenrechtsrats in erheblichem Maße beeinträchtigen. Die Ausweitung der Konsultativregeln des ECOSOC auf den Menschenrechtsrat könnte dagegen einen Präzedenzfall für andere Gremien des UN-Systems darstellen.

(4) UN-Kommission für Friedenskonsolidierung: Die Friedenskonsolidierungs-Kommission wird als zwischenstaatliches Beratungsgremium von der General-

versammlung eingesetzt. Eine systematische Einbeziehung nichtstaatlicher Akteure haben die Regierungen den bisherigen Resolutionsentwürfen zufolge nicht vorgesehen. Immerhin soll die Friedenskonsolidierungs-Kommission aufgerufen werden, „to consult with civil society organizations, including women's organizations, engaged in peacebuilding activities, as appropriate."[28] Diese Formulierung bietet Raum für die unterschiedlichsten Formen der Beteiligung. Sobald die Kommission im Jahr 2006 ihre Tätigkeit aufgenommen hat, wird sich zeigen, wie die Formulierung in die Praxis umgesetzt wird.

(5) ECOSOC: Im Abschlussdokument des Weltgipfels 2005 vereinbarten die Regierungen, den ECOSOC zu einer Art „MDG-Council" umzuwandeln. Seine künftige Aufgabe soll vor allem darin bestehen, jährlich die Umsetzung der international vereinbarten Entwicklungsziele, inklusive der Millenniumsentwicklungsziele, zu überprüfen. Dies soll auch unter Einbeziehung der Zivilgesellschaft erfolgen. Für NGOs eröffnen sich damit im ECOSOC eventuell neue Möglichkeiten, den Regierungen unabhängige Analysen und Erfahrungen mit der Umsetzung der Entwicklungsziele zu präsentieren und damit auf die weitere Verwirklichung dieser Ziele und den entwicklungspolitischen Diskurs insgesamt Einfluss zu nehmen.

(6) Multi-Stakeholder-Ansätze und Partnerschaften: Der Boom von Multi-Stakeholder-Initiativen und Partnerschaften zwischen Regierungen, Unternehmen und Zivilgesellschaft setzt sich im UN-System ungebremst fort. Über den Erfolg und die potenziellen Nebenwirkungen der bestehenden Initiativen haben die Vereinten Nationen jedoch bislang keine systematische Untersuchung durchgeführt. Bevor sie diese Ansätze weiterverfolgen, sollten sie daher ihre Partnerschaftsprojekte einer umfassenden, unabhängigen Evaluierung unterziehen. Dabei sollten sie auch untersuchen, welchen Einfluss privatwirtschaftliche Interessenvertreter im Rahmen der Multi-Stakeholder-Initiativen auf die Analyse globaler Probleme, die politische Strategiebildung und die Finanzierung von UN-Projekten haben. In keinem Fall können diese selektiven Partnerschaften systematische Partizipationsrechte für NGOs innerhalb der Vereinten Nationen ersetzen.

(7) Verhaltenskodex für NGOs: Spiegelbildlich zu den Forderungen nach einer Ausweitung der Partizipationsrechte für NGOs sind auch Forderungen nach einem Verhaltenskodex für NGOs laut geworden. Sowohl das *Cardoso*-Panel als auch der UN-Generalsekretär griffen dieses Thema in ihren Berichten auf. Mit einem solchen Verhaltenskodex sollen NGOs demonstrieren, dass sie die Ziele

---

[28] Draft Resolution vom 18.11.2005, vorgelegt von den Ständigen Vertretern Dänemarks und Tansanias, http://www.globalpolicy.org/reform/topics/pbc/2005/1118draft.pdf (20.04.06), Ziff. 23.

der UN-Charta unterstützen. Grundsätzlich können NGOs die Idee eines solchen Verhaltenskodex unterstützen, solange sichergestellt ist, dass Regierungen und UN-Sekretariat ihn nicht missbrauchen, um politische Konditionalitäten an die Akkreditierung von NGOs zu knüpfen und auf diese Weise missliebige und regierungskritische Gruppen auszuschließen.

(8) Non-Governmental Liaison Service: Der UN-Generalsekretär hat in seinem Bericht zum *Cardoso*-Report zu Recht auf das hohe Ansehen hingewiesen, dass der Non-Governmental Liaison Service bei NGOs genießt. Der Non-Governmental Liaison Service hat mit seinen Büros in Genf und New York und seinen Informationsdiensten maßgeblich dazu beigetragen, die Partizipationsfähigkeiten von NGOs in den Vereinten Nationen zu stärken. Viele Regierungen und UN-Organisationen haben die Arbeit des Non-Governmental Liaison Service bisher zu wenig gewürdigt und sich mit freiwilligen Beitragsleistungen an diese Einrichtung zurückgehalten. Mit Blick auf die daraus resultierenden finanziellen Schwierigkeiten des Non-Governmental Liaison Service hat *Kofi A. Annan* vorgeschlagen, den Non-Governmental Liaison Service in das UN-Sekretariat zu integrieren. Dadurch sollte sein institutionelles Standing erhöht und seine Finanzierung auf eine stabilere Grundlage gestellt werden. Kurzfristig geschah jedoch das Gegenteil. Die bisherigen Unterstützer hielten sich nach der Ankündigung *Annans* mit freiwilligen Beitragszahlungen zurück, ohne dass das UN-Sekretariat die Finanzierungslücke ausgleichen konnte. NGOs haben in einem Brief an den UN-Generalsekretär auf die prekäre Lage des Non-Governmental Liaison Service hingewiesen und gefordert, sowohl seine institutionelle Unabhängigkeit aufrechtzuerhalten, als auch die nachhaltige Finanzierung seiner Arbeit sicherzustellen.[29]

(9) Transparenz und Dialog: Die Mitwirkung von NGOs in den Vereinten Nationen kann bereits durch relativ einfache und unbürokratische Maßnahmen verbessert werden. Der Generalsekretär hat selbst vorgeschlagen, künftig besser organisierte und systematische Konsultationen zwischen dem UN-Sekretariat und den NGOs durchzuführen.[30] Auch die Transparenz von Diskussions- und Verhandlungsprozessen in den Vereinten Nationen kann ohne großen Aufwand erhöht werden. Bei der kostenlosen Bereitstellung aller UN-Dokumente im Internet im Rahmen des United Nations Official Documents System (ODS) hat es in den letzten Jahren Fortschritte gegeben. Sinnvoll wäre es jedoch, auch Arbeits- und Diskussionspapiere, Briefe, Briefings und Hintergrundstudien der Öffentlichkeit auf der Homepage der Vereinten Nationen systematisch zugäng-

---

[29] Vgl. International NGO Task Group on Legal and Institutional Matters, Letter to the Secretary General About NGLS vom 25.10.2004, http://www.globalpolicy.org/reform/initiatives/panels/cardoso/1025intglim.htm (20.04.06).

[30] UN Doc. A/59/354 (Fn. 11), Ziff. 54.

lich zu machen. Im Follow-up zum Weltgipfel 2005 hat der Präsident der UN-Generalversammlung positive Schritte in diese Richtung unternommen.[31]

Vom Ausgang der Reformen in all diesen Bereichen wird es abhängen, ob sich der oben skizzierte Trend zu Exklusivität und Selektivität in den Beziehungen zwischen den Vereinten Nationen und NGOs fortsetzt oder ob es zu einer systematischen Stärkung der zivilgesellschaftlichen Mitwirkung in den Vereinten Nationen und damit auch zur Stärkung eines pluralistischen Multilateralismus unter dem Dach der Vereinten Nationen kommt.

[31] Vgl. http://www.un.org/ga/president/60/summitfollowup/manref.html (20.04.06).

Die Verantwortlichkeiten transnationaler Unternehmen und anderer Wirtschaftsunternehmen im Hinblick auf die Menschenrechte

Ulrich Fastenrath*

I. Einleitung

Am 23. August 2003 verabschiedete die Unterkommission der UN-Menschenrechtskommission zur Förderung und zum Schutze der Menschenrechte ein Regelwerk mit der Bezeichnung „Norms on the Responsibilities of Transnational Corporations and Other Business Enterprises With Regard to Human Rights".[1] Es wurde von einer Arbeitsgruppe dieser Unterkommission ausgearbeitet. Beide sind nicht mit staatlichen Delegierten, sondern mit Experten besetzt, die an Weisungen nicht gebunden sind und in diesem Fall ohne jeglichen politischen Auftrag aus eigener Initiative handelten.[2] In den Prozess der Ausarbeitung wurden internationale Organisationen, Unternehmen, Gewerkschaften und Nichtregierungsorganisationen einbezogen.[3]

---

* Prof. Dr. Ulrich Fastenrath studierte Rechtswissenschaften und war als wissenschaftlicher Assistent am Institut für Internationales Recht in München tätig. Seit 1993 ist er Professor für Öffentliches Recht, Europarecht und Völkerrecht an der Technischen Universität Dresden. Er kehrte Ende März 2005 von einem einjährigen Lehr- und Forschungsaufenthalt aus den USA zurück. Professor Fastenrath ist u.a. Mitglied im Völkerrechtswissenschaftlichen Beirat des Auswärtigen Amtes und Pro-Direktor des Zentrums für Internationale Studien (ZIS) in Dresden.

1 Vgl. UN Economic and Social Council, UN Doc. E/CN.4/Sub.2/2003/12/Rev.2 vom 23.08.2003.

2 Vgl. Beschluss 2004/116 der UN-Menschenrechtskommission vom 20.04.2004; siehe hierzu auch D.S. Weissbrodt, The Beginning of a Sessional Working Group on Transnational Corporations Within the UN-Subcommission on Prevention of Discrimination and Protection of Minorities, in: M. Kaminga/S. Zia-Zarifi (Hrsg.), Liability of Multinational Corporations Under International Law (2000), S. 119 ff.; zur personellen Zusammensetzung der Arbeitsgruppe siehe Resolutionen der Unterkommission 1998/8 und 2000/101 bzw. bei K. Nowrot, Die UN-Norms on the Responsibilitiy of Transnational Corporations and Other Business Enterprises With Regard to Human Rights – Gelungener Beitrag zur transnationalen Rechtsverwirklichung oder das Ende des Global Compact?, in: C. Tietje/G. Kraft/R. Sethe (Hrsg.), Beiträge zum Transnationalen Wirtschaftsrecht Heft 21 (2003), Fn. 12 und 16.

3 Zur Entstehungsgeschichte siehe L. Hillemanns, UN Norms on the Responsibilities of Transnational Corporations and Other Business Enterprises With Regard to Human Rights, in: GLJ 4 (2003), S. 1069 f.; K. Nowrot (Fn. 2), S. 6 ff.

Das Regelwerk, das häufig – und so auch im Folgenden – kurz „UN-Norms“ genannt wird, steht im Kontext mit anderen Versuchen, trans- und multinationale Unternehmen (Transnational Corporations, TNCs; Multinational Enterprises, MNEs) an Menschenrechte zu binden.[4] Hinzuweisen ist hier insbesondere auf den UN-Draft Code of Conduct on Transnational Corporations von 1980[5] (überarbeitet 1990[6]), die OECD-Guidelines for Multinational Enterprises (1976[7], 2000[8]), die ILO-Tripartite Declaration of Principles Concerning Multinational Enterprises and Social Policy von 2001[9] und den Global Compact.[10]

Dieser Beitrag bezieht sich auf die UN-Norms (die geläufige deutsche Übersetzung als „UN-Normen über die Verantwortlichkeiten transnationaler Unternehmen und anderer Wirtschaftsunternehmen im Hinblick auf die Menschenrechte“ wird vermieden, da die Regeln zwar verbindlich als Gebote formuliert sind, sie aber von der Präzision der Formulierung her eher Standards oder Prinzipien sind). Die anderen – älteren – Regelwerke werden allenfalls zu Vergleichszwecken herangezogen. Es ist auch nicht möglich, an dieser Stelle alle Probleme im Zusammenhang mit den UN-Norms zu behandeln. Vielmehr wird – nach einer kurzen Darstellung des Verfahrens und des daraus abzuleitenden, derzeitigen rechtlichen Status der UN-Norms (II.) sowie einem Überblick über deren wesentlichen Inhalt (III.) – nur auf zwei grundlegende Fragestellungen eingegangen, die dann allerdings allgemeiner Natur sind und auch im Rahmen der anderen internationalen Instrumente zur Inpflichtnahme der TNCs von Bedeutung sind, nämlich deren völkerrechtliche Stellung (IV.) sowie die rechtliche Ableitung von deren Verpflichtungen aus verschiedenen menschenrechtlichen Instrumenten und aus einem bestimmten Menschenrechtsverständnis heraus (V.). Eine Einzelkritik der einzelnen „Normen“ unterbleibt hingegen. Zum Abschluss werden Wege aufgezeigt, wie die UN-Norms rechtliche Verbindlichkeit erlangen können (VI.).

---

4 Vgl. hierzu die kurzen Übersichten im Report of the United Nations High Commissioner on Human Rights (UNHCHR) on the Responsibilities of Transnational Corporations and Related Business Enterprises With Regard to Human Rights, UN Doc. E/CN.4/2005/91 vom 15.02.2005, Annex II sowie bei L. Hillemanns (Fn. 3), S. 1066 f. und D. Vagts, The UN Norms for Transnational Corporations, in: LJIL 16 (2003), S. 796 ff.; ausführlich N. Jägers, Corporate Human Rights Obligations: in Search of Accountability (2002), S. 99 ff.

5 Abgedruckt in: ILM 23 (1984), S. 626.

6 UN Economic and Social Council, UN Doc. E/1990/94 vom 12.06.1990, Anhang.

7 Abgedruckt in: ILM 15 (1976), S. 967.

8 Abgedruckt in: ILM 40 (2001), S. 237.

9 Abgedruckt in: ILM 41 (2002), S. 186.

10 Prinzipien in deutscher Übersetzung abgedruckt in: G. Kell, Weltorganisation und Wirtschaftswelt – Globaler Pakt für das nächste Jahrhundert, in: VN 47 (1999), S. 166.

II. Rechtlicher Status der UN-Normen über die Verantwortlichkeiten transnationaler Unternehmen und anderer Wirtschaftsunternehmen im Hinblick auf die Menschenrechte

Mit der Verabschiedung der UN-Norms durch die Unterkommission wurden diese an die UN-Menschenrechtskommission verwiesen, die wiederum dem Wirtschafts- und Sozialrat der Vereinten Nationen (ECOSOC) empfahl, den Hohen Kommissar der Vereinten Nationen für Menschenrechte (UNHCHR) zu beauftragen, einen Bericht zu verfassen.[11] Nachdem der Hohe Kommissar die Staaten um Meinungsäußerungen zu den UN-Norms gebeten hatte, wurde dieser Bericht am 12. Februar 2005 vorgelegt;[12] in ihm sind die Stellungnahmen der Staaten, kursorisch zusammengefasst, aufgeführt.[13] Die UN-Menschenrechtskommission beschloss daraufhin, den Generalsekretär der Vereinten Nationen um die Einsetzung eines UN-Sonderbeauftragten zu bitten mit dem Auftrag, u.a. zu folgenden Themenbereichen Empfehlungen auszuarbeiten:

- Identifikation und Ausmaß der Verantwortlichkeiten von Unternehmen;
- Rolle der Staaten zur effektiven Regelung der Angelegenheiten von Unternehmen;
- Komplizenschaft zwischen Unternehmen und Staaten sowie die Einflusssphäre von Unternehmen.[14]

Der hier angemahnte Klärungsbedarf zielt auf die Grundlagen der UN-Norms und stellt deren Konzept insgesamt in Frage. Unabhängig von den Antworten, die der UN-Sonderbeauftragte darauf gibt – mit diesem Amt wurde der vormalige Sonderberater von UN-Generalsekretär *Kofi A. Annan* für den Global Compact, der Amerikaner *John G. Ruggie*, betraut – ist damit das Verfahren nicht beendet. Vielmehr wird erst dann die politische Diskussion in der Menschenrechtskommission eröffnet. Von ihrem Ausgang hängt es ab, ob die UN-Norms – in der jetzigen oder in veränderter Gestalt – ihren Weg über den Wirtschafts- und Sozialrat in die Generalversammlung finden und welche rechtliche Form sie annehmen.

Bis dahin gilt die Feststellung des UNHCHR, dass es sich bei den UN-Norms um einen Draft Proposal ohne rechtliche Bedeutung handelt.[15] In demselben rechtlichen Nicht-Status befindet sich der UN-Draft „Code of Conduct on Transnational Corporations“ (1980, 1990). Demgegenüber sind die „OECD-

---

[11] Beschluss 2004/116 vom 20.04.2004.
[12] Bericht des UNHCHR (Fn. 4).
[13] Bericht des UNHCHR (Fn. 4), Ziff. 20, 21.
[14] UN Doc. E/CN.4/RES/2005/69 vom 20.04.2005.
[15] Bericht des UNHCHR (Fn. 4), Ziff. 18.

Guidelines“ (1976, 2000) – wenngleich rechtlich unverbindliche – Empfehlungen der OECD-Mitgliedstaaten an die Unternehmen,[16] die durch ein (sehr weiches) Überwachungssystem deren Einhaltung zu bewirken suchen.[17] Auch die „ILO-Tripartite Declaration“ geht nicht über den Empfehlungscharakter hinaus[18] und verfügt ebenfalls über ein Überprüfungsverfahren.[19] Der Global Compact hingegen ist ein Dialog- und Lernforum, das allein auf öffentliche Verantwortung, Transparenz und Eigeninteressen der Unternehmen setzt.[20] Soweit die Regelwerke allerdings geltendes Völkerrecht wiedergeben, ist ihr Inhalt jedenfalls für die völkerrechtlich gebundenen Staaten verbindlich, woraus z.T. Befolgungspflichten resultieren, zumindest aber Schutz- und Förderpflichten.[21]

III. Wesentlicher Inhalt der UN-Normen über die Verantwortlichkeiten transnationaler Unternehmen und anderer Wirtschaftsunternehmen im Hinblick auf die Menschenrechte

1. Persönlicher Anwendungsbereich

Laut Präambel der UN-Norms ist es vorrangig Aufgabe der Staaten, die Menschenrechte zu schützen und zu fördern, darüber hinaus aber wird auch den TNCs, ihrem leitenden Personal und allen Mitarbeitern die Pflicht auferlegt, ihre allgemein anerkannten Verantwortlichkeiten und die Regeln der menschenrechtlichen und anderen Verträge zu achten.

Als TNC werden wirtschaftliche Einheiten verstanden, die in mehr als einem Land operieren oder – unabhängig von der Rechtsform – Zusammenschlüsse mehrerer wirtschaftlicher Einheiten in verschiedenen Ländern.[22] Ihnen gleichgestellt sind „andere Unternehmen“, die Beziehungen nicht rein lokaler Natur zu

---

16 Vgl. OECD-Guidelines (Fn. 7, 8), Preface, Ziff. 1, Kap. I., Ziff. 1.

17 OECD-Guidelines (Fn. 7, 8), Kap. I., Ziff. 10.

18 ILO-Tripartite Declaration (Fn. 9), Präambel, 11. Absatz.

19 Procedure for the Examination of Disputes Concerning the Application of the Tripartite Declaration of Principles Concerning Multinational Enterprises and Social Policy by Means of Interpretation of Its Provisions, adopted by the Governing Body of the International Labour Office at its 232nd session, Genf, März 1986.

20 Näher dazu der Beitrag von B. Hamm, Neuere Entwicklungen des Global Compact, in diesem Konferenzband; vgl. weiterhin S. von Schorlemer, Der „Global Compact“ der Vereinten Nationen – ein Faust'scher Pakt mit der Wirtschaftswelt?, in: dies. (Hrsg.), Praxis-Handbuch UNO: Die Vereinten Nationen im Lichte globaler Herausforderungen (2003), S. 507 ff.

21 In diesem Sinne auch der Bericht des UNHCHR (Fn. 4), Ziff. 13, 14, 16.

22 UN-Norms (Fn. 1), Ziff. 19; näher zu dieser Definition der TNCs siehe K. Nowrot (Fn. 2), S. 18 ff.

TNCs unterhalten, selbst wenn sie nur innerhalb eines Staates tätig sind. Zu den „anderen Unternehmen" gehören weiterhin solche, die sich unabhängig vom Wirkungskreis ihrer Tätigkeit an Kriegsverbrechen, Verbrechen gegen die Menschlichkeit, Völkermord, Folter, Zwangsarbeit, Geiselnahme, dem Verschwindenlassen von Personen, anderen Verletzungen des Humanitären Völkerrechts oder sich an anderen internationalen Verbrechen beteiligen oder von diesen Verbrechen profitieren. Zu den „anderen Unternehmen" zählen außerdem diejenigen, die zu ihrer Sicherung Maßnahmen unter Verletzung von Menschenrechten, des nationalen Rechts am Ort der Betriebsstätten oder der professionellen Standards ergreifen.[23]

Der Adressatenkreis der UN-Norms ist damit wesentlich weiter gezogen als etwa bei den OECD-Guidelines. Diese richten sich nicht allgemein an TNCs im o.g. Sinne, sondern an MNEs,[24] die definiert werden als Gesellschaften oder andere Einheiten in privatem, staatlichem oder gemischtem Eigentum, die in verschiedenen Ländern etabliert und so miteinander verbunden sind, dass eine oder mehrere Gesellschaften nachhaltigen Einfluss auf die anderen nehmen können und ihr Know-how und ihre Ressourcen teilen.[25] Indem die UN-Norms keine gesellschaftsrechtliche Verankerung der Unternehmen in mehreren Staaten verlangen, sondern allein transnationale Geschäftsbeziehungen ausreichen lassen, ja sogar die geschäftliche Beziehung zu einem transnational tätigen Unternehmen, dürften sie beinahe jedes große und mittlere Unternehmen erfassen.[26]

2. Verpflichtungen

Die UN-Norms nehmen generell Bezug auf „human rights recognised in international as well as national law" (Nr. 1). Nach der Definitionsbestimmung in Nr. 23 sind unter internationalen Menschenrechten alle menschenrechtlichen Verträge einschließlich der beiden Internationalen Pakte über bürgerliche und politische Rechte bzw. über wirtschaftliche, soziale und kulturelle Rechte zu verstehen, weiterhin die Regeln des Humanitären Völkerrechts, des internationalen

[23] UN-Norms (Fn. 1), Ziff. 20.

[24] Zu dieser Unterscheidung siehe D. Vagts (Fn. 4), S. 800; häufig werden die Begriffe TNC und MNE jedoch synonym verwendet.

[25] OECD-Guidelines (Fn. 7, 8), Kap. I., Ziff. 3; ähnlich die Definitionen in der ILO-Tripartite Declaration (Fn. 9), Ziff. 6 und im UN-Draft Code of Conduct on Transnational Corporations (Fn. 5, 6), Ziff. 1 lit. a); näher zur Definition der MNEs bei K. Schmalenbach, Multinationale Unternehmen und Menschenrechte, in: AVR 39 (2001), S. 59 f.

[26] Kritisch dazu P. Muchlinski, Human Rights, Social Responsibility and the Regulation of International Business: The Development of International Standards by Inter-Governmental Organisations, in: Non-State Actors and International Law 3 (2003), S. 137; D. Vagts (Fn. 4), S. 800.

Flüchtlings- und Arbeitsrechts sowie aller anderen einschlägigen Instrumente im Rahmen des UN-Systems, einschließlich des Rechts auf Entwicklung. Im vierten Absatz der Präambel werden zahlreiche dieser Verträge und Instrumente namentlich aufgeführt und ergänzt um weitere aus den Bereichen des internationalen Umwelt- und Gesundheitsschutzes, der internationalen Verbrechens- und Korruptionsbekämpfung sowie des regionalen Menschenrechtsschutzes. Diese völkerrechtlichen Regeln haben die Unternehmen anzuerkennen, sie – soweit auf sie anwendbar – zu achten (Nr. 10) und zu ihrer vollen Verwirklichung beizutragen (Nr. 12).[27] Daneben sind sie zur Befolgung des nationalen Rechts am jeweiligen Tätigkeitsort verpflichtet (Nr. 10).

Im Einzelnen wird von TNCs und „anderen Unternehmen" sodann die Beachtung des Gleichbehandlungsgrundsatzes eingefordert (Nr. 2), wobei jede Differenzierung für unzulässig gehalten wird, die nicht in der Fähigkeit zur Ausübung des jeweiligen Berufs begründet ist. Ausdrücklich untersagt wird die Diskriminierung auf Grund der Rasse, der Hautfarbe, des Geschlechts, der Religion, der politischen Auffassung, der Nationalität, der sozialen Herkunft und des sozialen Status, des Status als Eingeborener, einer Behinderung oder des Alters.

Unter der Rubrik „Rechte der Arbeitnehmer" wird den Unternehmen aufgegeben, keine Zwangs- und Pflichtarbeiter[28] zu beschäftigen (Nr. 5), Kinder nicht auszubeuten (wobei jede Beschäftigung von Kindern unter 15 Jahren als Ausbeutung angesehen wird)[29] (Nr. 6), ein sicheres und gesundes Arbeitsumfeld[30] zur Verfügung zu stellen (Nr. 7), die Arbeitnehmer so zu entlohnen, dass davon ein angemessener Lebensstandard bestritten werden kann (Nr. 8)[31] sowie die Gewerkschaftsfreiheit einschließlich des Rechts zu Kollektivverhandlungen sicherzustellen (Nr. 9).[32]

---

27 So auch schon Nr. 1 der UN-Norms: „ (...) Within their respective spheres of activity and influence, transnational corporations and other business enterprises have the obligation to respect, ensure respect for, prevent abuses of, and promote human rights recognized in international as well as national law."

28 Zwangs- und Pflichtarbeit wird definiert durch die ILO-Konventionen 29 und 105, abgedruckt in: B. Simma/U. Fastenrath (Hrsg.), Menschenrechte – Ihr internationaler Schutz (2004), S. 227, 237.

29 Ausbeutung von Kindern und das Verbot der Kinderarbeit wird definiert unter Hinweis auf die ILO-Konventionen 138 und 182 sowie die ILO-Empfehlungen 146 und 190.

30 Zur Definition des sicheren und gesunden Arbeitsumfeldes wird auf den Internationalen Pakt über wirtschaftliche, soziale und kulturelle Rechte (BGBl. 1992 II S. 1247 sowie in: B. Simma/U. Fastenrath (Fn. 28), S. 87) und zahlreiche ILO-Konventionen verwiesen.

31 In diesem Zusammenhang wird auf die ILO-Konventionen 95, 100 und 111 verwiesen.

32 Insoweit wird auf die ILO-Konventionen 87, 98, 125 und 135 verwiesen.

Des Weiteren werden die Unternehmen verpflichtet, sich nicht an Kriegsverbrechen, Verbrechen gegen die Menschlichkeit, Völkermord, Folter, Verschwindenlassen von Personen, Geiselnahme, anderen Verletzungen des Humanitären Völkerrechts sowie anderen völkerrechtlich geregelten Verbrechen zu beteiligen oder daraus Nutzen zu ziehen (Nr. 3). Nach dem Kommentar, den die Arbeitsgruppe den UN-Norms beigefügt hat, soll dieses Verbot einschließen, dass Produzenten von Waffen und anderem Material zur militärischen und polizeilichen Nutzung alles Notwendige tun müssen, um die Verwendung dieser Produkte für Menschenrechtsverletzungen oder Verletzungen des Humanitären Völkerrechts zu verhindern. Bei Maßnahmen zur Sicherung ihrer Betriebe haben die Unternehmen sowohl die Menschenrechte als auch das nationale Recht am jeweiligen Aufenthaltsort und professionelle Standards zu beachten (Nr. 4).

Schließlich werden die Unternehmen noch verpflichtet, sich weder aktiv noch passiv an Korruption zu beteiligen (Nr. 11), die Verbraucherrechte zu achten (Nr. 13) und die Umwelt zu schützen (Nr. 14). Ergänzt wird der Pflichtenkatalog um Vorschriften zur Umsetzung der Verantwortlichkeiten der Unternehmen im Bereich der Menschenrechte (Nr. 15), zur Einrichtung eines Überwachungsmechanismus (Nr. 16) sowie über die Pflicht zur Leistung von Schadensersatz bei Menschenrechtsverletzungen (Nr. 17).

3. Verpflichtungsgrad

Im Gegensatz zu den meisten anderen Regelwerken,[33] die MNEs oder TNCs an die Menschenrechte zu binden suchen, sind die UN-Norms durchweg als strikte Verpflichtungen formuliert („shall"). Ob sie damit bereits geltendes Recht wiedergeben oder wie sie Geltung erlangen können, wird noch zu erörtern sein (unten V. und VI.). Mitunter lassen die UN-Norms allerdings einen weiten Anwendungsspielraum, etwa was die angemessene Entlohnung angeht.[34]

Die ILO-Tripartite Declaration sowie der Global Compact geben hingegen nur Empfehlungen, indem sie das weichere „should" verwenden. Auch in den OECD-Guidelines ist ausdrücklich von Empfehlungen und „Standards of Good Practice" die Rede, und es wird hervorgehoben, dass deren Befolgung für die Unternehmen freiwillig ist.[35]

---

[33] Eine Ausnahme bildet insoweit der UN-Draft Code of Conduct on Transnational Corporations in der überarbeiteten Fassung von 1990 (Fn. 6).

[34] Dazu D. Vagts (Fn. 4), S. 801.

[35] Vgl. OECD-Guidelines (Fn. 7, 8), Kap. I., Ziff. 1 sowie Preface, Ziff. 7: „The Guidelines clarify the shared expectations for business conduct of the governments adhering to them

IV. Die völkerrechtliche Stellung transnationaler Unternehmen

1. Tatsächliche Ausgangslage

Das Motiv für die Ausarbeitung der verschiedenen Verhaltenskodizes für MNEs und TNCs – und so auch das Motiv für die Ausarbeitung der UN-Norms durch die Arbeitsgruppe der Unterkommission der UN-Menschenrechtskommission – ist das wirtschaftliche und finanzielle Gewicht dieser Unternehmen und ihre daraus resultierende Machtstellung. Sie ist oft größer als diejenige der Staaten, in denen sie tätig sind.[36] Gerade ökonomisch schwache Entwicklungsländer können es sich aber kaum leisten, die Tätigkeit von TNCs nicht zuzulassen. Zu bedeutsam sind für sie der Kapitalfluss und der Technologietransfer, die Arbeitsplätze, der Erwerb von organisatorischem Know-how und der Ausbau der Infrastruktur. Die negativen Seiten dieser Tätigkeit – monopolistische oder oligopolistische Praktiken, das Unterlaufen nationaler Wirtschaftsplanung, Umweltschäden, geringe Löhne, schlechte Arbeitsbedingungen, Abführung von Gewinnen in Steueroasen und die Korrumpierung nationaler Behörden – werden häufig nicht nur notgedrungen geduldet, sondern durchaus bereitwillig akzeptiert. So gelingt es den Unternehmen, sich in internationalisierten, d.h. nicht dem Recht des Gaststaates unterstehenden Verträgen eine Sonderstellung einräumen zu lassen, die neben der Absicherung von Konzessionen und Investitionen z.T. auch die Gewährung von Immunitäten und Privilegien umfasst, von bestimmten gesetzlichen Vorschriften freistellt und mitunter sogar hoheitliche Funktionen einschließt.[37]

Aus der Machtasymmetrie zwischen Unternehmen und Gastland folgt zudem, dass letztere weitgehend unfähig sind, erstere wirksam zu kontrollieren; auf Grund verbreiteter Korruption fehlt häufig sogar der Wille dazu. Internationalisierte Verträge zwischen dem Gaststaat und den Unternehmen lassen hierfür mitunter auch keinen Raum. Auf der anderen Seite haben die Sitzstaaten der Unternehmen oft keine rechtliche und tatsächliche Handhabe, oder es fehlt ihnen das Interesse, eine wirksame Kontrolle auszuüben. Daraus resultiert das Bedürfnis, TNCs direkt an internationale Regelungen zu binden, die – sofern sie völkerrechtlicher Natur sind – diesen eine völkerrechtliche Position vermitteln.

---

and provide a point of reference for enterprises." Siehe hierzu auch K. Schmalenbach (Fn. 25), S. 66 ff.

[36] Vgl. G. Dahm/I. Delbrück/R. Wolfrum, Völkerrecht, Bd. I/2 (2002), S. 249.

[37] Zum Ganzen G. Dahm/I. Delbrück/R. Wolfrum (Fn. 36), S. 249 ff.; S.R. Ratner, Corporations and Human Rights: A Theory of Legal Responsibility, in: YLJ 111 (2001), S. 461 ff.; L. Wildhaber, Multinationale Unternehmen und Völkerrecht, in: BerDGVR 18 (1978), S. 37 ff.

2. Transnationale Unternehmen als Völkerrechtssubjekte

(1) Subjekte, die Träger völkerrechtlicher Rechte und/oder Pflichten sind, werden als Völkerrechtssubjekte bezeichnet. Zu ihnen zählen zunächst und allein aufgrund ihrer Existenz die Staaten (sogenannte originäre Völkerrechtssubjekte). Die Staaten können den Kreis der Völkerrechtssubjekte aber beliebig um sogenannte gekorene Völkerrechtssubjekte erweitern.[38] Dies geschieht im Wege der Anerkennung. Auf diese Weise haben zahlreiche internationale Regierungsorganisationen, der Heilige Stuhl, das Internationale Komitee des Roten Kreuzes (IKRK), z.T. auch Aufständische und *de facto*-Regime sowie Kraft des völkerrechtlichen Menschenrechtsschutzes auch Individuen und juristische Personen diesen völkerrechtlichen Status erhalten.

Gerade beim Menschenrechtsschutz und völkerrechtlich begründeten Pflichten für Individuen und juristische Personen kann es aber zweifelhaft sein, ob die völkerrechtlichen Regeln eine Person unmittelbar berechtigen bzw. verpflichten oder ob die Verpflichtung den Staat trifft, Personen in bestimmter Weise zu begünstigen bzw. in die Pflicht zu nehmen. Um den Unterschied an zwei Beispielen zu verdeutlichen: Das Folterverbot des Art. 7 des Internationalen Paktes über bürgerliche und politische Rechte kann man so verstehen, dass jedes Individuum daraus einen Anspruch gegen jeden Staat ableiten kann, nicht gefoltert zu werden. Die Bestimmung lässt sich aber auch in der Weise deuten, dass sich die Staaten wechselseitig verpflichten, Menschen nicht zu foltern. Im letzten Fall wären die Individuen völkerrechtlich zwar geschützt und damit begünstigt, sie hätten aber kein eigenes Recht, dessen Einhaltung sie beanspruchen könnten.

Umgekehrt können die Regeln des Humanitären Völkerrechts, deren Verletzung in schweren Fällen gem. Art. 147 des IV. Genfer Abkommens (1949) und Art. 85 Abs. 1 des 1. Zusatzprotokolls (1977) zu individueller strafrechtlicher Verantwortlichkeit führen,[39] so verstanden werden, dass sie jeden Einzelnen unmittelbar binden, wie auch in der Weise, dass die Ge- und Verbote sowie die Strafbarkeit ihrer Verletzung den Einzelnen erst auf Grund ihrer Umsetzung in nationales Recht treffen.

---

[38] Vgl. V. Epping, in: K. Ipsen, Völkerrecht, 5. Aufl. (2004), S. 55 ff.; K. Hailbronner, in: W. Graf Vitzthum (Hrsg.), Völkerrecht, 3. Aufl. (2004), S. 157 ff.

[39] Die schweren Fälle werden in Art. 147 des IV. Genfer Abkommens vom 12.08.1949 zum Schutze von Zivilpersonen in Kriegszeiten (BGBl. 1954 II S. 917; berichtigt BGBl. 1956 II S. 1586) sowie in Art. 85 Abs. 3 und 4 des 1. Zusatzprotokolls zu den Genfer Abkommen vom 12.08.1949 über den Schutz der Opfer internationaler bewaffneter Konflikte (Protokoll I) vom 8.06.1977 (BGBl. 1990 II S. 1551) aufgeführt.

Um eine sichere Unterscheidung zwischen einer unmittelbaren völkerrechtlichen Berechtigung und einer bloßen Begünstigung bzw. zwischen einer unmittelbaren völkerrechtlichen Verpflichtung und einer erst durch das nationale Recht vermittelten Inpflichtnahme treffen zu können, wird z.T. als zusätzliches Kriterium für die Völkerrechtssubjektivität verlangt, dass die betreffenden Rechte und Pflichten in völkerrechtlichen Verfahren durchgesetzt werden können.[40] Diese ergänzende Anforderung mag als Hilfskriterium zur Feststellung des Normadressaten einer völkerrechtlichen Bestimmung geeignet sein, als eigenständiges Merkmal der Völkerrechtssubjektivität wäre sie jedoch systemfremd. Denn mangels einer universellen obligatorischen Gerichtsbarkeit und der Formfreiheit des Völkerrechts gibt es keinen abgeschlossenen Kanon der völkerrechtlichen Durchsetzungsverfahren.

Zudem kann es nicht allein auf solche internationalen Verfahren ankommen. Das nationale Recht hält mitunter Möglichkeiten zur Durchsetzung von völkerrechtlichen Rechten bereit. So setzt der amerikanische Alien Tort Claims Act (ATCA) geradezu voraus, dass natürliche und juristische Personen des Privatrechts durch das „Law of Nations“ berechtigt werden; sonst gäbe es keine möglichen Kläger. Und sie müssen es auch verletzen können. Anderenfalls blieben angesichts der Immunität fremder Staaten vor amerikanischen Gerichten keine Fälle übrig, die unter diesem Gesetz entschieden werden könnten, bzw. die Gerichte hätten wegen Fehlens der amerikanischen Gerichtsbarkeit – von Ausnahmen abgesehen – immer nur die Unzulässigkeit der Klage feststellen können. Dies entspricht nicht der Rechtspraxis der amerikanischen Gerichte, die Individuen für Menschenrechtsverletzungen zur Verantwortung gezogen haben, die sie in amtlicher Funktion oder in einer Komplizenschaft mit Regierungsstellen begangen haben; bei bestimmten Menschenrechtsverletzungen ist eine Haftung sogar ohne Bezug auf staatliches Handeln bejaht worden.

Im deutschen Recht können über Art. 25 GG ebenfalls völkerrechtliche Regeln durchgesetzt werden, die Einzelne unmittelbar berechtigen oder verpflichten. Laut dieser Bestimmung sind die betreffenden Rechte und Pflichten Bestandteil des Bundesrechts, so dass auf sie vor nationalen Gerichten Ansprüche gestützt werden können. Selbst eine bloße Begünstigung kann auf diese Weise gerichtlich durchsetzbar sein. Allerdings kann Art. 25 GG keine ähnliche Wirkung ent-

---

[40] Vgl. V. Epping (Fn. 38), S. 96 f.; A. Verdross/B. Simma, Universelles Völkerrecht, 3. Aufl. (1984), § 424; G. Seidel, Völkerrechtsordnung an der Schwelle zum 21. Jahrhundert, in: AVR 38 (2000), S. 33; a.A. K. Doehring, Völkerrecht, 2. Aufl. (2004), Rn. 246-250; O. Dörr, „Privatisierung“ des Völkerrechts, in: JZ 60 (2005), S. 906; A. Randelzhofer, The Legal Position of the Individual Under Present International Law, in: ders./C. Tomuschat (Hrsg.), State Responsibility and the Individual (1999), S. 233; S.R. Ratner (Fn. 37), S. 476.

falten wie der Alien Tort Claims Act, weil die deutschen Regelungen über die internationale zivilprozessuale Zuständigkeit der Gerichte deutlich zurückhaltender sind als in den Vereinigten Staaten von Amerika.

Legt man diese Maßstäbe zugrunde, zählen die TNCs bereits nach geltendem Völkerrecht zu seinen Rechtssubjekten. Sie sind zumindest Träger von Eigentumsrechten, die völkergewohnheitsrechtlich, in regionalen Menschenrechtssystemen[41] und in zahlreichen Investitionsschutzabkommen verankert sind.[42] Auf die – umstrittene – Frage, ob mit dem Abschluss internationalisierter Verträge zwischen Gaststaat und TNCs bereits deren Anerkennung als Völkerrechtssubjekte einhergeht,[43] käme es dann nicht mehr an. Der dagegen vorgebrachte Einwand, damit könne sich der Gaststaat von der Verantwortlichkeit für das auf seinem Territorium tätige Unternehmen freizeichnen und mit der Aufwertung des Unternehmens zu einem Völkerrechtssubjekt in die Rechte des Sitzstaates des Unternehmens eingreifen,[44] beruht allerdings auf einem doppelten Fehlschluss. Denn der Status eines Völkerrechtssubjekts kommt dem Unternehmen immer nur im Verhältnis zu dem anerkennenden Staat zu, nicht aber gegenüber anderen Staaten; und die Völkerrechtssubjektivität des Unternehmens ändert – wie noch zu zeigen sein wird (siehe unten IV. 3. (2)) – in keiner Weise die Verantwortlichkeit des Gaststaates gegenüber anderen Staaten. Ein Vertrag zwischen einem Unternehmen und dem Gaststaat berührt also weder das rechtliche Verhältnis zwischen Unternehmen und Sitzstaat noch das Verhältnis des Gaststaates zu anderen Staaten.

Schließlich verfängt auch das Argument nicht, ein nur durch einen einzelnen Staat zum Völkerrechtssubjekt erhobenes Unternehmen könne diesen Status durch die Rücknahme der Anerkennung als Völkerrechtssubjekt auch wieder verlieren, wodurch einem auf der Ebene des Völkerrechts geschlossenen, internationalisierten Vertrag der rechtliche Boden entzogen würde mit der Folge,

---

41 Vgl. Art. 1 des Ersten Zusatzprotokolls zur EMRK.

42 Ebenso K. Nowrot, Nun sag, wie hast du's mit den Global Players? – Fragen an die Völkerrechtsgemeinschaft zur internationalen Rechtsstellung transnationaler Unternehmen, in: FW 79 (2004), S. 125 f.; K. Schmalenbach (Fn. 25), S. 63 f.

43 Befürwortend K.-H. Böckstiegel, Der Staat als Vertragspartner ausländischer Privatunternehmen (1991), S. 11; W. Hummer, in: H. Neuhold/ders./C. Schreuer (Hrsg.), Österreichisches Handbuch des Völkerrechts, Bd. 1, 4. Aufl. (2004) Rn. 1102; H.-W. Rengeling, Privatvölkerrechtliche Verträge (1971); P. Weil, Problèmes relatifs aux contrats passés entre un État et un particulier, in: RdC 128 (1968 III), S. 173 ff.; L. Wildhaber (Fn. 37), S. 39; A. Verdross/B. Simma (Fn. 40), § 448, rücken die multinationalen Unternehmen „an die Schwelle zur Völkerrechtssubjektivität"; ablehnend R. Dolzer, in: W. Graf Vitzhum (Hrsg.), Völkerrecht., 3. Aufl. (2004), S. 488 ff.; K. Hailbronner (Fn. 38), S. 167; W. Heintschel von Heinegg, in: K. Ipsen, Völkerrecht, 5. Aufl. (2004), S. 121.

44 So W. Heintschel von Heinegg (Fn. 43), S. 121.

dass er unwirksam würde. Das widerspreche dem Grundsatz *pacta sunt servanda*.[45] Dieser Gedankengang ist deshalb verfehlt, weil die durch den Abschluss eines völkerrechtlichen Vertrages bewirkte Anerkennung als Völkerrechtssubjekt erst durch die – völkerrechtlich zulässige – Aufhebung des Vertrages wieder beseitigt werden kann. Der einseitigen Aberkennung der Völkerrechtssubjektivität steht die Vertragsbindung im Wege.[46]

Die TNCs haben aber nicht nur Rechte, wie sie sich aus den genannten menschenrechtlichen Verträgen und Investitionsabkommen ergeben. Sie können diese Rechte zumindest z.T. auch in völkerrechtlichen Verfahren durchsetzen; man denke etwa an die Beschwerde zum Europäischen Gerichtshof für Menschenrechte (EuGMR) gem. Art. 34 EMRK, an das Verfahren nach Art. 187 lit. c), d) und e) des UN-Seerechtsübereinkommens[47] vor dem Internationalen Seegerichtshof (ITLOS), an die Streitbeilegung durch das bei der Weltbank angesiedelte Internationale Zentrum zur Beilegung von Investitionsstreitigkeiten (ICSID)[48] oder Art. 26 der Energiecharta.[49] Die Unternehmen haben weiterhin völkerrechtliche Pflichten. Die Bestimmungen des internationalen Strafrechts, insbesondere im Statut des Internationalen Strafgerichtshofes (ICC)[50] und in den Statuten des Internationalen Strafgerichtshofes für das ehemalige Jugoslawien (ICTY)[51] sowie des Internationalen Strafgerichtshofes für Ruanda (ICTR),[52] enthalten nämlich nicht nur Straftatbestände, die bei Zuwiderhandlung zu individueller Verantwortlichkeit vor internationalen Strafgerichten führen. Aus ih-

[45] So aber V. Epping (Fn. 38), S. 110.

[46] Das Beispiel der dem Völkerrecht zuordenbaren, internationalisierten Verträge zeigt, dass das Erfordernis der Fähigkeit zum Abschluss völkerrechtlicher Verträge für die Völkerrechtssubjektivität (so C. Tomuschat, International Law: Ensuring the Survival of Mankind on the Eve of a New Century, in: RdC 281 (1999), S. 160, für „true actors“) keine Trennschärfe besitzt.

[47] Seerechtsübereinkommen der Vereinten Nationen vom 10.12.1982, in: ILM 21 (1982), S. 1261; BGBl. 1994 II S. 1799.

[48] Siehe dazu C.F. Amerasinghe, Investment Disputes, Conventions and International Centre for the Settlement of, in: R. Bernhardt (Hrsg.), Encyclopedia of Public International Law, Vol. II (1995), S. 1449. Die Privatrechtssubjekte bedürfen allerdings der Zustimmung des betroffenen Staates für die Verfahrenseinleitung, die jedoch z.T. in bilateralen Investitionsschutzabkommen generell vorab erklärt wird; siehe hierzu K. Schmalenbach (Fn. 25), S. 64.

[49] Vertrag über die Energiecharta vom 17.12.1994, BGBl. 1997 II S. 5; näher zu dem Schiedsverfahren bei R. Happ, Dispute Settlement Under the Energy Charter Treaty, in: GYIL 45 (2002), S. 331 ff.

[50] Abgedruckt in: ILM 37 (1998), S. 1002; deutsche Übersetzung in: B. Simma/U. Fastenrath (Fn. 28), S. 149.

[51] Vgl. UN Doc. S/RES/827 vom 25.05.1993 (mehrfach geändert); deutsche Übersetzung in aktueller Fassung in: B. Simma/U. Fastenrath (Fn. 28), S. 134.

[52] Vgl. UN Doc. S/RES/955 vom 8.11.1994 (mehrfach geändert); deutsche Übersetzung in aktueller Fassung in: B. Simma/U. Fastenrath (Fn. 28), S. 145.

nen lassen sich vielmehr auch völkerrechtliche Verbotstatbestände ableiten, die natürliche wie juristische Personen treffen.[53]

(2) Neben diesem formal-legalistischen Verständnis wird die Völkerrechtssubjektivität von TNCs auch von einem rechtssoziologischen Ansatz abgeleitet. Das Völkerrecht als Ordnung des internationalen Systems müsse alle wesentlichen Akteure erfassen, um die internationalen Beziehungen zivilisieren zu können.[54] Da die TNCs über ein erhebliches wirtschaftliches, finanzielles und oft auch politisches Gewicht verfügen, seien sie also einzubeziehen.[55]

Die Regelungsbedürftigkeit der Rechtsverhältnisse von TNCs steht außer Frage. Eben deshalb gibt es ja die – keineswegs ausreichenden – Bemühungen, ihr Verhalten über Kodizes zu lenken. Die Regulierung allein dem nationalen Recht zu überlassen, genügt aus den o.g. Gründen nicht. Aus dem grundsätzlichen Regelungsbedarf ergibt sich aber nicht, ob die Unternehmen als Subjekte oder nur als Objekte einbezogen werden müssen, ob sie also selbst mit völkerrechtlichen Rechten und Pflichten ausgestattet werden oder ob ihre Rechtsverhältnisse durch die Staaten auf der Grundlage völkerrechtlicher Regulierung festgelegt werden.

Zudem folgt weder aus der Annahme einer partiellen Völkerrechtssubjektivität der TNCs[56] automatisch die Auferlegung bestimmter Pflichten,[57] noch lässt sich aus der Friedensfunktion des Völkerrechts ableiten, dass allen machtvollen Akteuren normative Verhaltenspflichten für die Verwirklichung von Gemeinwohlbelangen – einschließlich der dem sozialen Frieden dienenden Menschenrechte – obliegen.[58] Die Funktionen des Rechts sind gewiss ein Auslegungstopos für das Verständnis von Rechtssätzen und sie können damit auch zur Bestimmung von deren Adressaten dienen. Die Pflichtenstellung eines Subjekts kann aber nicht allein aus der Funktion des Rechts hergeleitet werden, ohne der Positivität des Rechts zumindest partiell abzuschwören und den Boden einer soziologisch orientierten Rechtstheorie zu verlassen. Aus der Funktion des Rechts ergeben sich weder Rechte noch Pflichten; vielmehr können Rechte und Pflichten der Funktion dienlich sein oder auch nicht. Die Funktion des Rechts ist legislatorischer Maßstab und Auslegungsmaxime, aber nicht positives Recht. Nicht Wirklichkeitsnähe zeichnet eine solche Ableitung der Pflicht der TNCs zu Achtung

---

53 S.R. Ratner (Fn. 37), S. 467.

54 G. Dahm/I. Delbrück/R. Wolfrum (Fn. 36), S. 257.

55 G. Dahm/I. Delbrück/R. Wolfrum (Fn. 36), S. 245; nach K. Nowrot (Fn. 42), S. 140 ff., besteht zumindest eine – durch die machtvolle faktische Position begründete – widerlegbare Vermutung für die Völkerrechtssubjektivität von TNCs.

56 G. Dahm/I. Delbrück/R. Wolfrum (Fn. 36), S. 245; zur partiellen Völkerrechtsfähigkeit einzelner Subjekte siehe V. Epping (Fn. 38), S. 57 f. und K. Hailbronner (Fn. 38), S. 158.

57 K. Schmalenbach (Fn. 25), S. 63, 65.

58 So aber K. Nowrot (Fn. 42), S. 140.

und Wahrung der Menschenrechte aus, sondern es handelt sich um ein Postulat, das sich in der Realität nicht widerspiegelt.

Es führt also auch und gerade für Vertreter einer soziologischen Rechtstheorie kein Weg daran vorbei, dass sich menschenrechtliche Verpflichtungen von TNCs aus Normen (und nicht aus Funktionen) ergeben müssen, sprich – mangels anderer Normen – aus den Menschenrechten selbst. Dieser Nachweis wird aber nicht erbracht; und er wäre auch sehr problematisch (siehe unten V.).

3. Keine Folgerungen aus der Völkerrechtssubjektivität transnationaler Unternehmen für deren Verhältnis zu den Staaten

Die Völkerrechtssubjektivität ist ein rein formaler, rechtstechnischer Begriff. Er besagt nicht mehr, als dass das jeweilige Subjekt einzelne völkerrechtliche Rechte oder Pflichten hat. Materiell-rechtliche Folgerungen lassen sich aus dem Begriff nicht ableiten: Weder – wie erwähnt – die Inhaberschaft ganz bestimmter Rechte und Pflichten noch ein bestimmter Status.

(1) Insbesondere impliziert die völkerrechtliche Subjektstellung nicht automatisch die Gleichheit mit anderen Völkerrechtssubjekten. Die souveräne Gleichheit gilt nur für Staaten untereinander. Andere Subjekte können durch entsprechende Regelungen generell oder in einzelnen Beziehungen auf die gleiche Stufe mit den Staaten gehoben werden. Das muss aber nicht der Fall sein. So bleiben etwa die einzelnen Menschen als Träger völkerrechtlicher Menschenrechte dennoch der staatlichen Regelungsmacht unterworfen und zwar auch insoweit, als diese mit Eingriffen in die Menschenrechte verbunden ist. Erst bei der Durchsetzung seiner Rechte vor internationalen Gerichten – wie etwa dem Europäischen Gerichtshof für Menschenrechte – steht der Einzelne verfahrensrechtlich auf der gleichen Stufe wie der einer Menschenrechtsverletzung bezichtigte Staat. Dies gilt in gleicher Weise für natürliche wie juristische Personen.

Ähnlich beschränkter Natur ist die Gleichordnung von Staat und TNCs nach dem Abschluss eines internationalisierten Vertrages. Nur insoweit, wie sie sich rechtlich gebunden haben, und nur im Verhältnis der Vertragspartner untereinander, stehen sie auf gleicher Stufe; in allen anderen Rechtsbeziehungen bleibt das Unternehmen dem Gastland untergeordnet.

(2) Die Völkerrechtssubjektivität von TNCs hat weiterhin keine Auswirkungen auf die Staatenverantwortlichkeit. Kein Staat kann sich von seiner Verantwortlichkeit für Handlungen eines Unternehmens auf seinem Staatsgebiet allein mit der Begründung freizeichnen, dieses Unternehmen besitze eigene Völkerrechts-

subjektivität und sei für das von ihm begangene Unrecht deshalb selbst verantwortlich.[59] Die „Articles on the Responsibility of States for Internationally Wrongful Acts“[60] sehen eine Befreiung des Territorialstaates von eigener Verantwortung nur vor, wenn ein anderer Staat dort zu selbständigem Handeln befugt ist (Art. 6) oder wenn Aufständische die rechtswidrigen Handlungen begangen haben (Art. 10). Es gibt weitere Ausnahmen im Zusammenhang mit internationalen Organisationen (vgl. Art. 57), sei es, dass der Sitzstaat einer Organisation nicht für deren Handlungen verantwortlich gemacht werden kann, sei es, dass die Vereinten Nationen und nicht die truppenstellenden Staaten für völkerrechtswidrige Handlungen verantwortlich sind, die von Blauhelmsoldaten oder Friedenstruppen unter UN-Befehl begangen werden; auch wird sich ein Staat nicht die Handlungen einer von den Vereinten Nationen gestellten Zivilverwaltung zurechnen lassen müssen.

Keinesfalls aber wird ein Staat von seiner Verantwortung befreit, soweit ihn völkerrechtliche Gewährleistungspflichten bezüglich des Handelns Privater treffen.[61] Das gilt selbst dann, wenn diese im Rahmen ihrer menschenrechtlich gewährleisteten Freiheitsrechte agieren. Denn für die nähere Ausgestaltung dieser Freiheiten, insbes. zum Schutz der Rechte anderer Menschen, von Organisationen und Staaten, bleibt der Staat verantwortlich. Daran ändert sich auch nichts, wenn sich ein Staat durch einen internationalisierten Vertrag der Möglichkeit begeben hat, auf ein Unternehmen einzuwirken. Denn der Staat kann sich nicht selbst von seinen Verantwortlichkeiten dispensieren.

4. Zwischenergebnis

Es ist demnach theoretisch problemlos möglich, TNCs völkerrechtliche Verpflichtungen aufzuerlegen. Der damit verbundene Status eines Völkerrechtssubjekts ändert ihr Verhältnis zu den Staaten in keiner Weise. Vielmehr werden die den Unternehmen auferlegten staatlichen Pflichten nur um die völkerrechtlichen Pflichten ergänzt. Weder der Sitz- noch der Gaststaat können die Unternehmen völkerrechtlich wirksam von diesen Pflichten befreien. Es kann allerdings zu Normenkollisionen kommen, wenn die eine Rechtsordnung etwas gebietet, was die andere verbietet. Beispielhaft kann hierfür die Apartheidpolitik Südafrikas bis 1991 stehen unter der Annahme eines gleichzeitigen, die Unternehmen un-

---

[59] In diesem Sinne auch Nr. 18 der UN-Norms.

[60] Verabschiedet von der International Law Commission; zur Kenntnis genommen von der UN-Generalversammlung, vgl. UN Doc. A/RES/56/83 vom 12.12.2001.

[61] Eine solche Rechtsfolge ist den UN-Norms auch nicht zu entnehmen; dazu P. Muchlinski (Fn. 26), S. 138.

mittelbar treffenden, völkerrechtlichen Verbots der Rassendiskriminierung.[62] Eine solche Kollision berührt die Integrität des Völkerrechts aber nicht, da die Staaten zu dessen Befolgung verpflichtet sind, aber nicht umgekehrt das Völkerrecht dem nationalen Recht weicht.

Auch im Recht der Staatenverantwortlichkeit ergäben sich aus einer eigenständigen Völkerrechtssubjektivität von TNCs keine Änderungen. Denkbar ist allerdings, dass TNCs als eigenständige Völkerrechtssubjekte selbst kraft Völkerrechts für ihre Verstöße gegen das Völkerrecht haften müssen, neben die zwischenstaatliche Haftung aufgrund der Staatenverantwortlichkeit und möglicherweise die zivilrechtliche Haftung des Unternehmens für die Verletzung von Bestimmungen des nationalen Rechts also noch ein weiterer völkerrechtlicher Haftungstatbestand tritt.[63]

Welche konkreten Verpflichtungen TNCs haben, lässt sich aber nicht aus deren Völkerrechtssubjektivität ableiten. Vielmehr bedarf es des Nachweises, dass sie sich aus Normen ergeben, die in einer der Völkerrechtsquellen entstanden sind und – zumindest auch – die TNCs zum Adressaten haben.

V. Transnationale Unternehmen als Adressaten menschenrechtlicher Verpflichtungen

1. Positivistische Ableitung menschenrechtlicher Verpflichtungen

(1) Die UN-Norms heben, wie bereits erwähnt, die vorrangige Verantwortung der Staaten für den Schutz und die Förderung der Menschenrechte hervor, um dann aber fortzufahren:

> „transnational corporations and other business enterprises, as organs of society, are also responsible for promoting and securing the human rights set forth in the Universal Declaration of Human Rights.“[64]

Darüber hinaus werden die Unternehmen, ihr leitendes Personal und alle ihre Mitarbeiter für verpflichtet gehalten, „to respect generally recognized responsi-

---

[62] In diese Richtung gehen die Resolutionen der UN-Generalversammlung: UN Doc. A/RES/39/72 vom 13.12.1984, UN Doc. A/RES/40/64 vom 10.12.1985, UN Doc. A/RES/41/35 vom 10.11.1986 sowie UN Doc. A/RES/45/176 vom 19.12.1990.

[63] In diesem Sinne Resolution 2005/35 der UN-Menschenrechtskommission, UN Doc. E/CN.4/RES/2005/35 vom 20.04.2005, Ziff. 15 (allerdings nicht als geltendes Recht, sondern rechtspolitisch formulierend: „should“); rechtspolitisch befürwortend ebenfalls O. Dörr (Fn. 40), S. 913 f.

[64] UN-Norms (Fn. 1), 3. Präambelabsatz.

bilities and norms in United Nations treaties and other international instruments."[65] Dem folgt eine Liste universeller und regionaler Verträge einschließlich der beiden Menschenrechtspakte; einbezogen werden aber auch einige Deklarationen.

(2) Bei diesen Bezugnahmen handelt es sich um klassische Fehlzitate. Weder die Allgemeine Erklärung der Menschenrechte noch die einzelnen Verträge enthalten eine generelle Verpflichtung gesellschaftlicher und wirtschaftlicher Akteure zur Beachtung der im Einzelnen statuierten Rechte. Noch weniger wird ihnen eine Schutzpflicht übertragen.[66] Zwar wird in Art. 29 der Allgemeinen Erklärung der Menschenrechte festgehalten, dass jeder Mensch Pflichten gegenüber der Gemeinschaft hat (Abs. 1). Bei der Ausübung seiner Rechte und Freiheiten ist er aber nach dessen Abs. 2:

> „nur den Beschränkungen unterworfen, die das Gesetz ausschließlich zu dem Zweck vorsieht, um die Anerkennung und Achtung der Rechte und Freiheiten der anderen zu gewährleisten und den gerechten Anforderungen der Moral, der öffentlichen Ordnung und der allgemeinen Wohlfahrt in einer demokratischen Gesellschaft zu genügen."

Danach ergeben sich Beschränkungen des Freiheitsgebrauchs allein aus nationalen Gesetzen, die wiederum durch die genannten Zwecke legitimiert sein müssen. Keinesfalls lässt sich aber aus den einzelnen Freiheitsrechten eine Beachtenspflicht gesellschaftlicher und wirtschaftlicher Akteure ableiten.[67]

Dementsprechend legen die Art. 2 der beiden Menschenrechtspakte die Verpflichtung der Vertragsstaaten fest, durch gesetzgeberische und andere Maßnahmen den menschenrechtlichen Gewährleistungen zur Wirksamkeit zu verhelfen. Auch hier sind also die Staaten über die Schutz- und Verwirklichungskomponente der Menschenrechte in der Pflicht, nicht aber die nichtstaatlichen Akteure.

---

[65] UN-Norms (Fn. 1), 4. Präambelabsatz sowie Nr. 23.

[66] Zur Aufgliederung der menschenrechtlichen Verpflichtungen in eine Achtenspflicht (Obligation to Respect), eine Schutzpflicht (Obligation to Protect) und eine Verwirklichungspflicht (Obligation to Fulfil) siehe Committee on Economic, Social and Cultural Rights, General Comment 12 (1999), Ziff. 15 sowie General Comment 15 (2002), Ziff. 20-25; U. Fastenrath, Einheit der Menschenrechte: Universalität und Unteilbarkeit, in: Festschrift für C. Tomuschat (im Erscheinen: 2006); E. Riedel, New Bearings to the State Reporting Procedure: Practical Ways to Operationalize Economic, Social and Cultural Rights – the Example of the Right to Health, in: S. von Schorlemer (Hrsg.), Praxis-Handbuch UNO: Die Vereinten Nationen im Lichte globaler Herausforderungen (2003), S. 348 ff.

[67] K. Wiesbrock, Internationaler Schutz der Menschenrechte vor Verletzungen durch Private (1999), S. 38 ff.

Etwas anderes ergibt sich auch nicht aus der Präambel der Allgemeinen Erklärung der Menschenrechte, nach der die Erklärung als gemeinsames, von den Völkern und Nationen zu erreichendes Ideal verkündet wurde,

> „damit jeder Einzelne und alle Organe der Gesellschaft sich diese Erklärung stets gegenwärtig halten und sich bemühen, durch Unterricht und Erziehung die Achtung dieser Rechte zu fördern und durch fortschreitende Maßnahmen im nationalen und internationalen Bereiche ihre allgemeine und tatsächliche Anerkennung und Verwirklichung (...) zu gewährleisten."

Die Organe der Gesellschaft treffen hiernach keine Verpflichtungen zur Einhaltung der Menschenrechte;[68] sie werden vielmehr aufgefordert, zur Menschenrechtserziehung beizutragen und auf die Umsetzung der Menschenrechte durch entsprechende staatliche und internationale Maßnahmen hinzuwirken. Eine solche Förderung ist aber von der Achtens- und der Schutzpflicht zu unterscheiden.

Eine derartige Verpflichtung ergibt sich weiterhin nicht aus den Auslegungsregeln des Art. 30 der Allgemeinen Erklärung der Menschenrechte oder der Art. 5 der beiden Menschenrechtspakte. Denn sie schließen lediglich aus, dass sich jemand auf die Freiheitsrechte berufen kann, um unter ihrem Schutz eine freiheitliche Ordnung zu beseitigen. Solches Tun wird aber – soweit es sich nicht um die menschenrechtlich verpflichteten staatlichen Akteure handelt – nicht verboten.[69] Wenn also TNCs daran beteiligt sind, in ihren Gaststaaten eine menschenrechtsgemäße Ordnung zu untergraben, verletzen sie nicht selbst die Menschenrechte, sie können ihr Handeln nur nicht mit ihren eigenen Freiheitsrechten rechtfertigen.[70] Der Gaststaat kann derartige Handlungen folglich ohne weiteres verbieten, und er muss es zum Schutz der Menschenrechte Anderer tun. Das Verbot ergibt sich für das Unternehmen dann aber nicht aus den Menschenrechten selbst, sondern aus einer staatlichen Maßnahme.

---

68 Im Ergebnis ebenso K. Nowrot (Fn. 42), S. 131; K. Schmalenbach (Fn. 25), S. 66.

69 E. Klein, Reflections on Article 5 of the International Convenant on Civil and Political Rights, in: N. Ando (Hrsg.), Towards Implementing Universal Human Rights, Festschrift for the Twenty-Fifth Anniversary of the Human Rights Committee (2004), S. 134 ff.; K. Schmalenbach (Fn. 25), S. 66; K. Wiesbrock (Fn. 67), S. 38 f.; falsch daher H. Kanger, Human Rights in the U.N. Declaration (1984), S. 159, Art. 30 sei ein „straightforward prohibition of subversive activities".

70 In diesem Sinne hat der UN-Menschenrechtsausschuss eine Beschwerde unter dem Fakultativprotokoll zum Internationalen Pakt über bürgerliche und politische Rechte für unzulässig erklärt, mit der eine Person gegen die Verurteilung wegen Reorganisation der aufgelösten Faschistischen Partei in Italien vorging: M.A. v. Italy, Selected Decisions of the HRC Under the Optional Protocol, Vol. 2, 17th to 32th Sessions (10/1982 bis 04/1988), CCPR/C/OP/2 at 31 (1984) vom 10.04.1984, S. 31, 33; ebenso die Europäische Kommission für Menschenrechte zu Art. 17 EMRK im Fall Kühnen v. Germany, Case No. 12194/96, Entscheidung vom 12.05.1988, 56 DR, S. 205, 210.

Allein aus Art. 29 Abs. 3 der Allgemeinen Erklärung der Menschenrechte kann sich für gesellschaftliche und wirtschaftliche Akteure eine Beschränkung der Freiheitsausübung ergeben. Diese darf sich nämlich nicht in Widerspruch zu den in Art. 1 und 2 der UN-Charta genannten Zielen und Grundsätzen der Vereinten Nationen setzen. Daraus ließen sich die Verbote von Kriegspropaganda oder der Aufstachelung zum Rassenhass ableiten (die aber nach der ausdrücklichen Regelung des Art. 20 des Internationalen Paktes über bürgerliche und politische Rechte zu seiner Wirksamkeit eines nationalen Gesetzes bedürfen) sowie weiterhin ein Verbot der materiellen und finanziellen Beteiligung an kriegerischen Aufständen. Eine generelle Befolgungspflicht der Menschenrechte seitens nichtstaatlicher Akteure lässt sich aber aus Art. 29 Abs. 3 der Allgemeinen Erklärung der Menschenrechte i.V.m. Art. 1 Ziff. 1 der UN-Charta nicht ableiten, da nur die zwischenstaatliche Zusammenarbeit im Hinblick auf die Durchsetzung und Förderung der Menschenrechte sowie die Achtung der Menschenrechte seitens der Staaten nicht gestört werden darf.

(3) Wenn auch eine generelle Beachtenspflicht der Menschenrechte – und schon gar eine Schutz- und Verwirklichungspflicht – seitens der TNCs fehlt,[71] so können sich doch einzelne Verpflichtungen aus verschiedenen menschenrechtlichen Instrumenten ergeben. So wird etwa vertreten, dass die Diskriminierungsverbote der Übereinkommen zur Beseitigung jeder Form von Rassendiskriminierung[72] bzw. Diskriminierung der Frau[73] unmittelbare Drittwirkung haben.[74] Weiterhin haben amerikanische Gerichte einzelne Personen haftbar gemacht für Verstöße gegen die Verbote der Sklaverei[75] und des Völkermords sowie für die Begehung schwerer Kriegsverbrechen.[76] Schließlich lassen sich, wie oben bereits dargelegt, aus den Strafbestimmungen der Statuten des ICC, des ICTY und des ICTR unmittelbar wirksame völkerrechtliche Verbote für private Akteure ableiten. Dies betrifft die Verbote des Völkermords, schwerer Kriegsverbrechen und der Verbrechen gegen die Menschlichkeit. Soweit die UN-Norms diese Verbote einbeziehen, können sie also bereits heute völkerrechtliche Geltung gegenüber

---

[71] In diesem Sinne auch O. Dörr (Fn. 40), S. 913; K. Schmalenbach (Fn. 25), S. 63 ff.; K. Wiesbrock (Fn. 67), S. 81 f.

[72] Vgl. Übereinkommen zur Beseitigung jeder Form von Rassendiskriminierung vom 7.03.1966, BGBl. 1969 II S. 962.

[73] Vgl. Übereinkommen zur Beseitigung jeder Form von Diskriminierung der Frau vom 18.12.1979, BGBl. 1985 II S. 648.

[74] Dazu J. Delbrück, Die Rassenfrage als Problem des Völkerrechts und nationaler Rechtsordnungen (1971), S. 103 f., 113 f.

[75] Richter Harry T. Edwards in Tel-Oren v. Libyan Arab Republic 726 F.2d 774, S. 794 f. (D.C. Cir. 1984) (abweichende Meinung).

[76] Kadic v. Karadzic, 70 F.3d 232, S. 242 f. (2d Cir. 1995); ausführlich dazu D. Kinley/J. Tadaki, From Talk to Walk: The Emergence of Human Rights Responsibilities for Corporations at International Law, in: VirgJIL 44 (2004), S. 940 ff.

den Unternehmen und ihren Mitarbeitern beanspruchen bzw. erscheint eine solche Geltung zumindest denkbar. Das betrifft aber nur einzelne Bestimmungen der UN-Norms und diese auch nicht in vollem Umfang. Insbesondere wird man Verhinderungspflichten, wie sie der Kommentar zu den UN-Norms mehrfach postuliert, nur mit großer Zurückhaltung aus den menschenrechtlichen Dokumenten ableiten können.

(4) Weiterhin kann sich eine Bindung aus völkerrechtlichen Verträgen immer nur insoweit ergeben, als der Gaststaat und allenfalls der Sitzstaat diese ratifiziert haben. Ansonsten ist zu prüfen, ob die Verbote gewohnheitsrechtlich oder als allgemeine Rechtsgrundsätze gelten. Das trifft insbesondere für Ableitungen aus Deklarationen zu, die als solche unverbindlich sind. Auch insoweit fehlt den UN-Norms mit ihren verallgemeinernden Verpflichtungen z.T. die rechtliche Grundlage.

2. Die Ableitung von menschenrechtlichen Verpflichtungen transnationaler Unternehmen aus ihrer Machtposition

Neben der – nur zum geringen Teil geglückten – Ableitung der Verpflichtungen von TNCs aus verschiedenen menschenrechtlichen Dokumenten stützen sich die UN-Norms in ihrer Präambel noch auf eine weitere Argumentationslinie. Die Globalisierung habe die Macht der TNCs anwachsen lassen und gebe ihnen „the capacity to cause deleterious human rights impacts on the lives of individuals."[77]

Dieser Befund ist nicht zu bestreiten,[78] ebenso wenig die Brisanz, die wegen der verbreiteten Unfähigkeit und Unwilligkeit etlicher Staaten zur „Zähmung" der TNCs darin steckt.

Bemerkenswert daran sind aber die Folgerungen, die daraus gezogen werden und das liberale Menschenrechtsverständnis hinter sich lassen. Dieses gründet darauf, dass die Menschen mit dem Eintritt in einen Staat ihre ursprüngliche Freiheit aufgeben und sie als rechtliche Freiheit geschützt durch die staatliche Rechtsordnung zurückerhalten, freilich versehen mit Beschränkungen zum Schutz des Gemeinwohls und der Rechte anderer. Daraus resultiert eine Verengung des menschenrechtlichen Rechtsverhältnisses auf die Beziehung zwischen Bürger und Staat, der nicht nur die Rechte ersterer zu achten, sondern diese auch gegenüber Übergriffen anderer Bürger zu schützen hat. Die Achtens- wie die

---

[77] UN-Norms (Fn. 1), 11. Präambelabsatz.

[78] Vgl. die extremen Beispiele bei S. Joseph, Taming the Leviathans: Multinational Enterprises and Human Rights, in: NILR 46 (1999), S. 172 f.

Schutzpflicht liegen allein beim Staat, während der Bürger sich im Rahmen der Gesetze frei bewegen darf.[79]

Indem die UN-Norms in konsequent menschenrechtlicher Sichtweise die Rechte eines jeden Einzelnen zum Ausgangspunkt nehmen und aus dem Grundsatz, dass jedes Recht seine Grenze in den Rechten der Anderen finde, unmittelbar auf Beschränkungen der Freiheiten und Handlungspflichten Privater schließen, verlassen sie den Boden liberaler Menschenrechtstradition. Das wäre als solches nicht bedenklich. Immerhin gehen auch die Amerikanische Menschenrechtskonvention[80] in Art. 32 und die Afrikanische Charta der Rechte der Menschen und Völker[81] in ihren Art. 27 bis 29 von nicht gesetzlich geregelten Pflichten gegenüber Mitmenschen, Familie, Gesellschaft, Staat und internationaler Gemeinschaft aus. Des Weiteren hat der InterAction Council 1983 unter Beteiligung international bekannter Persönlichkeiten einen – allerdings schnell wieder in der Versenkung verschwundenen – Vorschlag zur Etablierung einer Allgemeinen Erklärung der Menschenpflichten gemacht.[82]

Das Problem ist jedoch nicht, dass jeder Freiheitsgebrauch durch die Verantwortung gegenüber Anderen und der Gemeinschaft gebunden ist. Es ist vielmehr die Frage, welcher Normenordnung man diese Bindungen zuordnet, ob sie Teil des Rechts oder etwa von Sitte und Moral sind. Sie mit den UN-Norms auf der Grundlage des Satzes „Rights come first, they ground duties (...)“[83] dem Recht zuzuordnen, heißt, eine zutiefst antidemokratische Rechtsordnung zu propagieren. Auf gesetzliche, stets kontingente Konkretisierungen – etwa welcher Grad an Umweltschädlichkeit wirtschaftlicher Betätigung hinzunehmen ist, welchen Grad an Gesundheitsschädlichkeit ein Arbeitsplatz aufweisen darf –, wird zugunsten von richterlichen Entscheidungen[84] oder gar Selbstbeurteilungen verzichtet. Die Überantwortung des Ausgleichs von konfligierenden Ansprüchen Privater auf den Richter ist zwar in Common Law-Systemen der Regelfall und in kodexorientierten Rechtssystemen nicht ungewöhnlich. Dies gilt auch für den

---

79 Diesen Ableitungszusammenhang der staatlichen Gewährleistungspflicht von Menschenrechten übersieht S.R. Ratner (Fn. 37), S. 465 ff., wenn er die Problematik menschenrechtlicher Verpflichtungen von TNCs als Problem der Völkerrechtssubjektivität privater Akteure ansieht.

80 Amerikanische Menschenrechtskonvention vom 22.11.1969; in deutscher Übersetzung abgedruckt in: B. Simma/U. Fastenrath (Fn. 28), S. 685.

81 Afrikanische Charta der Rechte der Menschen und Völker vom 27.06.1981; in deutscher Übersetzung abgedruckt in: B. Simma/U. Fastenrath (Fn. 28), S. 707.

82 Dazu W. Benedek, Eine Allgemeine Erklärung der Menschenpflichten? Völkerrechtliche Überlegungen zum Vorschlag des InterAction Council, in: B. Simma/C. Schulte (Hrsg.), Völker- und Europarecht in der aktuellen Diskussion (1999), S. 103 ff.

83 So S.R. Ratner (Fn. 37), S. 468.

84 Vgl. hierzu auch S. Joseph (Fn. 78), S. 196 ff.

menschenrechtlichen Bereich. Es gibt eine umfangreiche und sehr ins Detail gehende Rechtsprechung des Bundesverfassungsgerichts (BVerfG) zur Drittwirkung von Grundrechten des Grundgesetzes, die auf völkerrechtlicher Ebene eine ebenso detaillierte Entsprechung in der Rechtsprechung des Europäischen Gerichtshofs für Menschenrechte hat. Als Beispiele hierfür mögen die „*Caroline von Monaco*"-Entscheidungen der beiden Gerichte stehen.[85] Die Verlagerung der Entscheidung auf die Justiz ist aber nicht unbedenklich, weil auf die Steuerungskraft demokratisch legitimierter Rechtsetzung weitgehend verzichtet wird und ohne eine gefestigte Rechtsprechung die Gefahr der inneren Auflösung der Rechte durch Pflichten besteht.[86] Zudem dürfen im internationalen Bereich zumindest bei kontingenten Entscheidungen über den Interessenausgleich zwischen Privaten die souveränen nationalen Entscheidungen nicht durch internationale Richter oder Richter fremder Staaten ersetzt oder überspielt werden.[87]

Allerdings ist den Autoren der UN-Norms zuzugeben, dass es ihnen nicht um feinsinnige Güterabwägungen geht, die stets so oder auch anders ausfallen können, und es in den Ländern, um die es geht, mit der demokratischen Legitimation der Herrschaft nicht weit her ist. Sie haben massiven Missbrauch im Blick, der unter keinem denkbaren Gesichtspunkt akzeptabel erscheint und von skrupellosen Machthabern geduldet wird.[88] Wir befinden uns also in einer Situation, in der dem liberalen Menschenrechtsverständnis mit seiner Reduktion auf das Rechtsverhältnis Bürger/Staat der Boden entzogen ist. Grundlage dieses Menschenrechtsverständnisses ist nämlich nach den Gesellschaftsvertragslehren, dass der Staat seiner Pflicht zum Schutz individueller Freiheiten auch nachkommt. Tut er dies nicht, werden die Bürger ihrerseits von ihrer Verpflichtung zum Gehorsam frei.[89] Der Gesellschaftsvertrag und damit auch das liberale Menschenrechtsverständnis stehen also unter einer auflösenden Bedingung, deren Voraussetzungen gerade in den Fällen erfüllt sind, auf die die UN-Norms zielen.

---

[85] BVerfGE 101, S. 361 ff.; ECHR, Caroline von Hannover gegen Deutschland vom 24.06.2004, in: EuGRZ 31 (2004), S. 404 ff.

[86] Vgl. C. Tomuschat, Grundpflichten des Individuums nach Völkerrecht, in: AVR 21 (1983), S. 289 ff.

[87] Der Fall „Caroline von Monaco" (Fn. 85) ist insofern ein Sonderfall, als hier der in Frankreich gewährleistete Schutz der Privatsphäre und die in Deutschland gewährleistete Pressefreiheit in Einklang zu bringen waren, der Ausgleich der menschenrechtlichen Schutzinteressen zwischen Privaten also nicht in der souveränen Macht eines Staates stand.

[88] Siehe hierzu auch den Bericht des UNHCHR (Fn. 4), Ziff. 46.

[89] Vgl. T. Hobbes, Leviathan, pt. 2, ch. 21: „The Obligation of Subjects to the Sovereign is understood to last as long, and no longer, than the power lasteth, by which he is able to protect them."

Menschen, die in Staaten leben, die unwillig oder unfähig zur Durchsetzung der Menschenrechte sind, befinden sich demnach aus menschenrechtlicher Sicht sozusagen in vorstaatlichen Verhältnissen. Darin markieren die Menschenrechte ihrer Idee nach existenzielle Grundbedürfnisse, die gegen Eingriffe – von welcher Seite auch immer – zu verteidigen sind. Sie richten sich also in der Tat gegen alle, bleiben andererseits jedoch ohne rechtliche Absicherung. Die fehlende staatliche Garantie kann die völkerrechtlichen Gewährleistungen jedoch nicht außer Kraft setzen, d.h. dem völkerrechtlichen Menschenrechtsschutz kommt hier eine unmittelbar wirksame Reservefunktion gegenüber jedermann zu, weil wegen des Ausfalls des Staates anderenfalls die Rechte ungeschützt blieben. Dieser Schutz kann sich freilich, sowohl von der Idee der Menschenrechte her wie auch im Hinblick auf die durch das völkerrechtliche Verbot der Einmischung in innere Angelegenheiten geschützte staatliche Souveränität, nur auf die Sicherung solcher existenziellen Grundbedingungen beziehen, die als *ius cogens* keinerlei Einschränkungen dulden.[90]

Der aus der Machtposition der TNCs und ihrer sich daraus ergebenden Fähigkeit zur Beeinträchtigung von Menschenrechten ableitbare Schutz reicht also nicht weiter als das, was bereits oben (V. 1. (3)) an Rechten mit – möglicher – Drittwirkung aufgeführt wurde.

3. Sonderfälle: Verstrickung in staatliche Menschenrechtsverletzungen

Zu einer weiterreichenden Verantwortlichkeit von TNCs für Menschenrechtsverletzungen kann es jedoch kommen, wenn diese nicht rein privatwirtschaftlich tätig werden, sie vielmehr als Beliehene oder mit staatlicher Duldung staatliche Funktionen wahrnehmen oder umgekehrt den Staat für Unternehmenszwecke in Anspruch nehmen, etwa zur Sicherung des Unternehmens durch Polizei- und Militärkräfte oder durch die Gestellung von Zwangsarbeitern. Zu denken ist weiterhin an Unternehmen, die unter staatlicher Kontrolle oder in einem kollusiven Verhältnis zum Staat stehen. Diese Formen der Zusammenarbeit zwischen Staat und wirtschaftlichen Unternehmen sowie die Übernahme staatlicher Aufgaben durch Unternehmen hat weltweit zugenommen. Hierfür stehen Begriffe wie „Outsourcing“ und „Public Private Partnerships“ (PPPs).

Die Handlungen von Unternehmen, die Hoheitsbefugnisse ausüben bzw. unter staatlicher Lenkung und Kontrolle stehen, werden zwar über Art. 5 und 8 der

90 Ausführlich hierzu, im Ergebnis aber wohl weitergehend D. Kinley/J. Tadaki (Fn. 76), S. 960 ff.

Artikel über die Staatenverantwortlichkeit dem jeweiligen Staat zugerechnet.[91] Sie bleiben aber zugleich Handlungen der Unternehmen, für die diese selbst verantwortlich sind, die jedoch als „staatsgleiche" Akte der vollen Bindung des jeweiligen Staates an Menschenrechte unterliegen. Dasselbe wird man annehmen können, wenn ein Unternehmen sich menschenrechtswidriger Dienste eines Staates versichert oder sonst mit dem Staat bei menschenrechtswidrigen Handlungen gemeinsame Sache macht. Die Rechtsentwicklung befindet sich hier aber noch in ihren Anfängen. Es hat zwar Verfahren vor amerikanischen Gerichten unter dem Alien Tort Claims Act gegeben, diese sind bislang aber noch nicht zu einem rechtskräftigen Abschluss geführt worden.[92]

4. Zwischenergebnis

Eine generelle Verpflichtung der TNCs aus den Menschenrechten lässt sich nach geltendem Völkerrecht allenfalls insoweit begründen, als die Menschenrechte zum *ius cogens* zählen und in sie auch nicht durch oder aufgrund eines Gesetzes eingegriffen werden darf. Es geht mithin um deren beschränkungsfesten, existenziellen Kern. Ein privater Akteur bedarf – anders als der Staat – jenseits dieses Kerns für Eingriffe in die Rechte anderer keiner gesetzlichen Grundlage, sondern kann sie auf seine eigene Handlungsfreiheit stützen, die soweit reicht, wie ihr nicht durch gesetzliche Verbote Schranken gesetzt sind. Eine weitergehende Verpflichtung kann sich nach geltendem Völkerrecht in Situationen der Komplizenschaft zwischen Staat und TNCs oder der Zurechnung des Unternehmens zum staatlichen Sektor ergeben. Da die UN-Norms sich nicht in diesem – engen – Rahmen halten, müssen sie sich als Rechtsetzung verstehen, wenn sie in vollem Umfang verbindlich sein sollen, wie es die durchgängige Verwendung des Wortes „shall" nahe legt.

---

[91] Dazu R. Wolfrum, State Responsibility for Private Actors: An Old Problem of Renewed Relevance, in: M. Raggazzi (Hrsg.), International Responsibility Today (2005), S. 427 ff., der zudem darauf hinweist, dass nach dem Rechtsgedanken aus Art. 7 der „Articles on the Responsibility of States for Internationally Wrongful Acts" die Handlungen solcher privater Akteure auch dann dem Staat zuzurechnen sind, wenn diese ihre eingeräumten Handlungsbefugnisse überschreiten oder staatliche Direktiven nicht befolgen.

[92] Zum Ganzen A. Clapham/S. Jerbi, Categories of Corporate Complicity in Human Rights Abuses, in: HICLR 24 (2001), S. 339 ff.; J.-C. Gaedtke, Der US-amerikanische Alien Tort Claims Act und der Fall Doe v. Unocal: Auf dem Weg zu einer Haftung transnationaler Unternehmen für Menschenrechtsverletzungen?, in: AVR 42 (2004), S. 241 ff.; S. Joseph (Fn. 78), S. 186 ff.; S.R. Ratner (Fn. 37), S. 497 ff.; W.A. Schabas, Enforcing Humanitarian International Law: Catching the Accomplices, in: RICR 42 (2001), S. 439 ff.; A. Seibert-Fohr, Die Delikthaftung von Unternehmen für die Beteiligung an im Ausland begangenen Völkerrechtsverletzungen, in: ZaöRV 63 (2003), S. 195 ff.; K. Wiesbrock (Fn. 67), S. 200 ff.

VI. Wege zur völkerrechtlichen Wirksamkeit der UN-Normen über die Verantwortlichkeiten transnationaler Unternehmen und anderer Wirtschaftsunternehmen im Hinblick auf die Menschenrechte

Angesichts des erheblichen Widerstandes etlicher Staaten ist es sehr unwahrscheinlich, dass die UN-Norms je in Gestalt eines völkerrechtlichen Vertrages Wirksamkeit erlangen. Wenn überhaupt, erscheint es allenfalls denkbar, dass sie in Form einer Resolution der UN-Menschenrechtskommission, des Wirtschafts- und Sozialrats oder gar der UN-Generalversammlung verabschiedet werden.[93] Beschlüsse dieser Organe haben als solche keine Bindungswirkung für die Staaten oder die TNCs; sie werden üblicherweise mit dem (schillernden) Begriff „soft law" belegt.

Darunter kann sehr Verschiedenes verstanden werden.[94] Es kann sich um außerrechtliche Verhaltensstandards handeln, die – mit unterschiedlicher Autorität versehen – mehr oder weniger befolgt werden und deren Einhaltung in Überwachungsmechanismen der verschiedensten Art überprüft werden kann,[95] die aber nicht mit rechtlichem Zwang durchgesetzt werden können. Soft law kann aber auch eine „Verbindung" mit dem in den herkömmlichen Völkerrechtsquellen entstandenen „hard law" eingehen.[96] Es ist inzwischen ein Gemeinplatz, dass sich in Deklarationen internationaler Organisationen eine *opinio iuris* manifestieren kann, die zusammen mit entsprechender Staatenpraxis zu Völkergewohnheitsrecht gerinnt.[97] Denkbar ist aber auch, dass in ihnen ein Auslegungskonsens für das Verständnis völkerrechtlicher Verträge zum Ausdruck kommt. Es kann sich dabei um Übereinkünfte im Sinne von Art. 31 Abs. 3 lit. a) der Wiener Vertragsrechtskonvention[98] handeln; ebenso können aber auch ganz allgemein völkerrechtliche Sprachkonventionen geschaffen oder Einigkeit über bestimmte völkerrechtliche Wertungen erzielt werden.[99]

---

[93] Ebenso P. Muchlinski (Fn. 26), S. 144; K. Nowrot (Fn. 2), S. 24.

[94] Umfassend dazu C. Chinkin, Normative Development in the International Legal System, in: D.H. Shelton (Hrsg.), Commitment and Compliance: The Role of Non-Binding Norms in the International Legal System (2000), S. 21 ff.

[95] Dazu P. Muchlinski (Fn. 26), S. 144.

[96] Ausführlich dazu U. Fastenrath, Lücken im Völkerrecht: Zu Rechtscharakter, Quellen, Systemzusammenhang, Methodenlehre und Funktionen des Völkerrechts (1991), S. 205, 210; ders., Relative Normativity in International Law, in: EJIL 4 (1993), S. 305 ff.

[97] Vgl. N. Jägers (Fn. 4), S. 116 ff.

[98] Wiener Übereinkommen über das Recht der Verträge vom 23.05.1969, BGBl. 1985 II S. 926.

[99] Dazu U. Fastenrath, Lücken im Völkerrecht (Fn. 96), S. 178 ff.; ders., Relative Normativity (Fn. 96), S. 313 ff., 318 ff.

Bezogen auf die UN-Norms erscheint angesichts der häufig entgegenstehenden Praxis, die ja erst den Anlass zu ihrer Ausarbeitung gegeben haben, die Herausbildung von Gewohnheitsrecht eher unwahrscheinlich. Wenn überhaupt, wird es eher möglich sein, in ihnen einen Auslegungskonsens hinsichtlich des Umfangs der Drittwirkung von vertraglich und gewohnheitsrechtlich geschützten Menschenrechten zu sehen. Bevor es dazu kommt, ist aber diese Frage genauer zu klären ebenso wie diejenige nach weitergehenden Bindungen von TNCs an Menschenrechte in den Fällen staatlicher Lenkung oder der Komplizenschaft mit dem Staat. Im jetzigen Stadium sind die UN-Norms bei weitem nicht ausgereift – und könnten das Opfer der weitreichenden Ambitionen ihrer Autoren werden.

Neuere Entwicklungen des Global Compact

Brigitte Hamm*

I. Einleitung

Beziehungen zwischen den Vereinten Nationen und der Privatwirtschaft existieren seit Bestehen der Vereinten Nationen. So erhielten Organisationen der Privatwirtschaft, beispielsweise die Internationale Handelskammer (ICC), schon sehr früh einen Beraterstatus beim Wirtschafts- und Sozialrat der Vereinten Nationen (ECOSOC). Zudem existieren über viele Jahrzehnte hinweg unterschiedliche Public-Private-Partnerships (PPPs) zwischen den Vereinten Nationen und der Privatwirtschaft. Ein Beispiel hierfür ist die Auftragsvergabe.[1]

Wenn heute über das Kräfteverhältnis zwischen den Vereinten Nationen und der Privatwirtschaft diskutiert und dabei die Frage gestellt wird, ob diese Beziehungen die Steuerungsfähigkeit der Staatenorganisation beeinflussen, dann geht es somit weniger um die Frage, ob überhaupt Beziehungen bestehen, sondern vielmehr um die Frage nach einer möglichen neuen Qualität dieser Beziehungen. Einflussfaktoren hierfür sind der Globalisierungsprozess und sich u.a. dadurch verändernde staatliche Kapazitäten zur Steuerung der nationalen Wirtschaften und zur internationalen und transnationalen Problemlösung. Nichtstaatliche Akteure erlangen in den Bemühungen um eine bessere Global Governance ein besonderes Gewicht, und zwischen den Vereinten Nationen und der Privatwirtschaft entstehen neue PPPs. Umstritten ist jedoch deren Charakter. Wer dominiert entstehende Partnerschaften oder handelt es sich um nicht-hierarchische Netzwerkstrukturen? Wie beeinflussen solche Partnerschaften die originären Steuerungsfunktionen der Staatenorganisation?

---

* Nach dem Studium der Ethnologie, Politikwissenschaften, Soziologie und Wirtschaftswissenschaften war Dr. Brigitte Hamm von 1993 bis 1998 Mitarbeiterin an der Universität Duisburg-Essen. Seit 1998 ist sie wissenschaftliche Mitarbeiterin am Institut für Entwicklung und Frieden (INEF) mit dem Forschungsschwerpunkt in empirischer Sozialforschung, Privatwirtschaft und Menschenrechten. Dr. Hamm ist seit 2000 Mitglied im Arbeitskreis „Wirtschaft und Menschenrechte“ beim Forum Menschenrechte sowie im Arbeitskreis „OECD-Leitsätze“ der nationalen Kontaktstelle beim Bundesministerium für Wirtschaft und Technologie (BMWi).

1 K. Hüfner, Public-Private-Partnership im System der Vereinten Nationen, in: B. Hamm (Hrsg.), Public-Private-Partnership und der Global Compact der Vereinten Nationen, INEF-Report 62 (2002), S. 8.

Der Global Compact stellt einen besonders wichtigen Public-Private-Partnership der neueren Zeit dar. Der Ertrag für die Vereinten Nationen bei diesem Unterfangen ist umstritten.[2] Ein genauerer Blick auf den Pakt macht deutlich, dass Herausforderungen für die Steuerung der globalen Wirtschaft fortbestehen. Dennoch stellt sich die Frage nach dem Zugewinn einer solchen Partnerschaft für alle Beteiligten, vor allem aber für die Vereinten Nationen.

II. Der Global Compact

Der Global Compact ist ein Pakt zwischen den Vereinten Nationen und der Privatwirtschaft, insbesondere den transnationalen Konzernen. Offizielles Ziel des Global Compact ist es, das gesellschaftliche Engagement von Unternehmen zu fördern, wodurch diese zu einer nachhaltigeren und gerechteren Weltwirtschaft beitragen sollen.[3] Laut *Lothar Rieth*[4] sieht der UN-Generalsekretär *Kofi A. Annan* die Ziele des Global Compact noch umfassender, nämlich die negativen Konsequenzen der wirtschaftlichen Globalisierung einzudämmen und wirtschaftliche Aktivitäten mit der Achtung der Menschen- und Arbeitnehmerrechte, einem nachhaltigen Umweltschutz sowie der Bekämpfung von Armut, der Stärkung von Rechtstaatlichkeit und guter Regierungsführung zu verknüpfen.

1. Zum Inhalt des Global Compact

Der Pakt fußt auf internationalen Dokumenten und Verträgen zu Sozial-, Umwelt- und Menschenrechtsstandards sowie zur Korruptionsbekämpfung, die häufig als Völkerrecht anerkannt und in der internationalen Gemeinschaft unumstritten sind. Dies verleiht dem Global Compact sein inhaltliches Gewicht. Er besteht aus zehn Prinzipien: zwei zu den Menschenrechten, vier zu den Sozialstandards, drei zum Umweltschutz und schließlich ein Prinzip zur Korruptionsbekämpfung (vgl. Schaubild 1). Das zehnte Prinzip wurde erst im Juni 2004 als Folge der intensiven Lobbyarbeit von Transparency International (TI) in den Pakt aufgenommen.

---

2 B. Hamm, Der Global Compact – Eine Bestandsaufnahme, in: B. Hamm (Hrsg.), Public-Private-Partnership und der Global Compact der Vereinten Nationen (2002), S. 26; vgl. auch S. von Schorlemer, Der „Global Compact“ der Vereinten Nationen – ein Faust'scher Pakt mit der Wirtschaftswelt?, in: S. von Schorlemer (Hrsg.), Praxis-Handbuch UNO. Die Vereinten Nationen im Lichte globaler Herausforderungen (2003), S. 507-552.

3 Vgl. http://www.unglobalcompact.org/AboutTheGC/index.html (20.04.06).

4 L. Rieth, Der UN Global Compact. Was als Experiment begann..., in: FW 79 (2004), S. 152.

Schaubild 1: Die zehn Prinzipien des Global Compact

Menschenrechte

1. Unterstützung und Achtung der Menschenrechte im eigenen Einflussbereich
2. Achtung der Menschenrechte im Unternehmen

Rechte am Arbeitsplatz

3. Versammlungs- und Verhandlungsfreiheit
4. Verbot der Zwangsarbeit
5. Verbot der Kinderarbeit
6. Keine Diskriminierung bei Anstellung und Beschäftigung

Umweltschutz

7. Pro-aktive Umweltstrategie
8. Verantwortungsbewusstsein gegenüber der Umwelt
9. Umweltfreundliche Technologien

Korruptionsbekämpfung

10. Eintreten gegen Korruption

Der Global Compact ist kein Verhaltenskodex. Er kennt bisher auch kein umfassendes Monitoring oder eine andere Form der Kontrolle, ob die Teilnehmer ihre Geschäftspolitik an den Prinzipien des Global Compact ausrichten. Vielmehr ist der Pakt als freiwilliges Lern- und Diskussionsforum konzipiert. Entsprechend trägt ein kürzlich erschienendes Buch über den Global Compact, bei dem *Georg Kell*, der Leiter des Global Compact Office (GCO) in New York, Mitherausgeber ist, den Titel „Learning to Talk". Als Lernforum dient der Global Compact dem Austausch von Erfahrungen, die sich im Idealfall als best practice verallgemeinern lassen. Sachgespräche (policy dialogues) dienen der Beratung über problematische Situationen, denen sich Unternehmen in bestimmten Branchen und Regionen gegenübersehen (z.B. business in conflict). Nationale Netzwerke sollen den Pakt auf der lokalen und nationalen Ebene stärken. Solche Global Compact-Netzwerke existieren in allen Regionen der Welt. Das Entwicklungsprogramm der Vereinten Nationen (UNDP) spielt für den Aufbau von Global Compact-Netzwerken in Entwicklungsländern eine wichtige Rolle (vgl. Schaubild 2).

Schaubild 2: Weltweite Global Compact-Netzwerke

Europa	Amerika	Afrika	Asien	Ozeanien
Bulgarien	Argentinien	Ägypten	China	Australien
Dänemark	Brasilien	Äthiopien	Indien	
Deutschland	Chile	Ghana	Indonesien	
Großbritannien	Peru	Kamerun	Japan	
Italien	USA	Lesotho	Nepal	
Lettland		Madagaskar	Pakistan	
Norwegen		Mozambique	Philippinen	
Polen		Nigeria		
Russland		Sambia		
Schweden		Südafrika		
Spanien				
Türkei				

http://www.unglobalcompact.org/NetworksAroundTheWorld/gc_networks.html (20.04.06).

2. Teilnehmer des Global Compact

Derzeit beteiligen sich 2.333 Unternehmen am Global Compact, darunter 50 deutsche Firmen. Darüber hinaus sind mehr als 100 internationale, regionale und auch sektorale Wirtschaftsverbände beteiligt. Weitere Teilnehmer kommen vor allem von großen Nichtregierungsorganisationen. Schaubild 3 listet die Zahl der Teilnehmer auf.

Schaubild 3: Teilnehmer am Global Compact

Teilnehmer	Anzahl**
Unternehmen	2.333
Wirtschaftsverbände	113
Zivilgesellschaftliche Organisationen	172
Gewerkschaften	10
Wissenschaft	4
Städte***	6
Börsen****	4

** Global Compact Homepage, http://www.unglobalcompact.de (20.04.06).

*** Bath (Großbritannien); Jinan (China); Melbourne (Australien); Nürnberg (Deutschland); Plock (Polen); Porto Alegre (Brasilien).

**** Bovespa (Sao Paulo, Brasilien); Euronext; Istanbul Stock Exchange (Türkei); Jakarta Stock Exchange (Indonesien).

Die Bedingungen für eine Teilnahme am Global Compact fallen für Unternehmen und NGOs sehr unterschiedlich aus:

Ein Unternehmen kann Mitglied werden, wenn der gesamte Vorstand in einem persönlichen Brief an den UN-Generalsekretär den Beitrittswunsch des Unternehmens erklärt (früher reichte es aus, wenn der Vorstandsvorsitzende einen solchen Brief zeichnete). Das Unternehmen gibt eine eindeutige Unterstützungserklärung für den Pakt und seine Grundsätze ab und setzt sich öffentlich für ihn ein. Zugleich verpflichten sich die Unternehmen, erstmals nach zwei Jahren Mitgliedschaft und dann einmal im Jahr auf der Internetseite des Global Compact[5] über den Stand der Umsetzung der Prinzipien und die dabei erzielten Fortschritte und gemachten Erfahrungen zu berichten. Diese sogenannten Communications on Progress (COPs), die 2003 eingeführt wurden, unterlagen bis vor kurzem aber keiner Kontrolle. Grundlage für die Zusammenarbeit zwischen den Vereinten Nationen und der Privatwirtschaft bilden die „Guidelines on Cooperation Between the United Nations and the Business Community“ aus dem Jahre 2000. Kritisiert wird hier, dass auch die Einhaltung dieser Guidelines nicht kontrolliert wird.[6]

Ähnlich klare Aufnahmekriterien wie bei den Unternehmen finden sich nicht für zivilgesellschaftliche Organisationen. Aber im Unterschied zur Privatwirtschaft existiert ein striktes Auswahlverfahren. Die Voraussetzungen, dass NGOs am Global Compact teilnehmen können, sind,

- dass sie global operieren;
- dass es sich nicht um Organisationen handelt, die nur ein Thema bearbeiten („single-issue-organisations“);
- dass sie mit allen Akteuren in der Gesellschaft kooperieren können;
- dass sie zum Wandel beitragen können;
- dass sie Informationen über ihre Mitgliedschaft und die Finanzierung bereitstellen.

Die Vereinten Nationen kennzeichnen den Global Compact gern als Multi-Stakeholder-Initiative. Wenn man aber eine solche Initiative vor allem durch Gleichberechtigung und gleiche Regeln für alle definiert, dann erscheint angesichts unterschiedlicher Aufnahmekriterien und des zahlenmäßigen Ungleichgewichts eine solche Charakterisierung doch eher fraglich. Sie ist vermutlich eher dem Wunsch der Vereinten Nationen zuzuschreiben, dem Global Compact eine zivilgesellschaftliche Legitimierung zu verleihen. In dieser Hinsicht äußert

5 Vgl. http://www.unglobalcompact.org (20.04.06).

6 J. Bendell, Flags of Convenience? The Global Compact and the Future of the United Nations, in: ICCSR Research Paper 22 (2004), S. 10.

sich die Generalsekretärin der Internationalen Handelskammer, *Maria L. Cattaui*, klarer, als sie bereits 2001 feststellte:

> „The UN tends to present the Compact as involving all 'stakeholders', (but) the Global Compact was launched as a challenge for business and the UN to work together. (…) We must make sure other players don't dilute it."[7]

Die operative Leitung des Global Compact obliegt dem Global Compact Office in New York, das dem UN-Generalsekretär angegliedert ist. Innerhalb des Office arbeiten derzeit 12 Festangestellte, vier Berater und ein Praktikant. Auf der horizontalen Ebene ist das Office vor allem nach funktionalen Aufgaben organisiert (z.B. issue areas, geographical groupings of local networks). Finanziert wird es durch freiwillige Beiträge von Regierungen an den Global Compact Trust Fund. Zurzeit werden zehn Regierungen als Hauptgeber benannt: Brasilien, Dänemark, Deutschland, Frankreich, Großbritannien, Italien, Norwegen, Schweden, Schweiz und Spanien.[8]

3. Zur Geschichte des Global Compact

Die Idee, einen Pakt zwischen den Vereinten Nationen und der Privatwirtschaft zu schließen, stellte UN-Generalsekretär *Kofi A. Annan* erstmals 1999 auf dem Weltwirtschaftsforum in Davos vor. Allerdings wird in der Global Compact-kritischen Literatur darauf verwiesen, dass diesem offiziellen Statement eine gezielte Lobby-Arbeit von Konzernen und Unternehmerverbänden, insbesondere der ICC, vorausging. Vor allem zwei Zusammenkünfte werden hervorgehoben:

- im Februar 1998 fand ein Treffen zwischen 25 wichtigen Vorstandsmitgliedern und *Kofi A. Annan* und anderen höheren UN-Vertretern statt;
- im September 1998 folgte der Genfer Business Dialogue, initiiert von der ICC; dort wurde die Forderung nach einer effektiveren Global Governance erhoben, um einen drohenden Rückschlag bei der wirtschaftlichen Globalisierung zu vermeiden; erforderlich seien stärkere und reformierte Vereinte Nationen mit einer besseren Beteiligung der Privatwirtschaft.[9]

Im Juli 2000, also rund eineinhalb Jahre nach der Ankündigung in Davos, wurde der Global Compact in New York offiziell ins Leben gerufen. Die ICC gilt nicht

---

7 Corporate Europe Observatory (CEO), High Time for UN to Break „Partnership" With the ICC (2001), http://www.corporateeurope.org/un/icc.html (20.04.06), S. 4.

8 E-mail von Ursula Whyhoven (Global Compact Office) vom 26.10.2005 an die Verfasserin.

9 CEO (Fn. 7), S. 1.

nur als besonderer Wegbereiter und Förderer des Global Compact, sondern sie wurde auch sein erstes Mitglied.

Nach einer Pilotphase bis zum Oktober 2001, die einige NGOs z.T. äußerst kritisch begleitet hatten, wurde im Januar 2002 – offiziell als Antwort auf das Wachstum des Global Compact und seine Erfolge – ein sogenannter Advisory Council eingerichtet. Dieser Beirat setzte sich aus 17 Führungspersonen aus unterschiedlichen Stakeholder-Gruppen zusammen.[10]

Dieser Rat wurde als erstes Gremium innerhalb der Vereinten Nationen beschrieben, das Aktivisten und Führungskräfte aus Unternehmen zusammenführt.[11] Als Ziel wurde damals angegeben, dass er sich den zentralen Fragen der Steuerung (Governance) und Strategie widmen soll und zwar langfristigen Kernfragen, um die Initiative des Global Compact zu stärken. Dazu zählten:

- die Standards für die Mitgliedschaft im Pakt zu verbessern;
- die Beratung der Mitglieder;
- das Engagement von teilnehmenden Vorstandsmitgliedern zu stärken;
- das Unternehmensverhalten, das inkonsistent mit dem Geist des Global Compact ist, zu bestimmen.

Doch auch diesem Beirat gelang es nicht wirklich, die Kritik am Global Compact einzudämmen. Im April 2003 wandten sich vier große zivilgesellschaftliche Mitglieder des Global Compact, nämlich OXFAM, amnesty international, das Lawyers Committee for Human Rights und Human Rights Watch an die stellvertretende UN-Generalsekretärin und brachten ihre Besorgnis über Umsetzungsdefizite zum Ausdruck. Deutlich wird in dem Schreiben, dass dies auf Druck in diesen Organisationen geschah. Der Beirat wurde schließlich 2004 aufgelöst.[12]

III. Neuere Entwicklungen beim Global Compact

Für neuere Entwicklungen beim Global Compact bildet der Global Compact Leaders Summit, der am 24. Juni 2004 in New York stattfand, einen Meilen-

---

[10] Zehn kamen aus der Wirtschaft, zwei aus den Gewerkschaften sowie schließlich fünf Personen aus der Zivilgesellschaft und der Wissenschaft. Sie nahmen als unabhängige Experten und Expertinnen und nicht als Vertreter und Vertreterinnen ihrer Organisationen am Beirat teil.

[11] Secretary-General to Convene First Meeting of Global Compact – Advisory Council at Headquarters 8 January, UN Note No. 5705 vom 7.01.2002.

[12] Rieth (Fn. 4), S. 156f.

stein. Bei diesem Treffen betonte *Kofi A. Annan*, dass der Global Compact vor neuen Herausforderungen stehe und unterstrich, dass sich die internationale Situation gegenüber 2000 grundlegend gewandelt habe. Die Bedrohung durch den internationalen Terrorismus sei zu einer Bedrohung des Friedens, der Stabilität und der offenen Grenzen geworden. Die Angst vor religiösen, ethnischen und kulturellen Unterschieden sei gestiegen. *Annan* sieht die Rolle der Vereinten Nationen, die Wirksamkeit der Charta und das System der kollektiven Sicherheit unter einer großen Belastung und dies zu einer Zeit, in der die internationale Staatenorganisation besonders gebraucht werde.

1. Die Reden *Kofi A. Annans* auf dem Global Compact Leaders Summit 2004

Kofi A. Annan richtete einen dringenden Appell an die Privatwirtschaft, die vor allem von der wirtschaftlichen Globalisierung profitiert habe. Für die Zukunft hätte die Privatwirtschaft weitere Gewinne zu erwarten. Nun werde die schwache globale Ordnung zunehmend in Frage gestellt. Um die Zukunft zu sichern, forderte *Annan* die Privatwirtschaft auf, Ressourcen, Kapazitäten, Engagement und Führung einzubringen. Die Privatwirtschaft solle zu der Schaffung gemeinsamer öffentlicher Werte (public values) zu Hause und im Ausland beitragen. Der Generalsekretär betonte, dass der Global Compact, aufgrund der Universalität der zehn Prinzipien und der internationalen Legitimität, über die nur die Vereinten Nationen verfügten, das Potenzial habe, zu einer wirklich globalen Plattform mit großem Anreiz nicht nur für die Industrieländer, sondern auch für die Entwicklungsländer zu werden. Mit dieser Aussage unterstrich *Annan* den Führungsanspruch der Vereinten Nationen beim Global Compact. Für eine Reform des Paktes forderte er u.a. eine verbesserte Governance Structure, in der Führungspersonen aller beteiligten Sektoren eine Rolle spielen. Er verwies darauf, dass freiwillige Initiativen wie der Global Compact letztlich effektive Rechts- und Ordnungssysteme voraussetzten, ansonsten könne der Global Compact nur eine pragmatische Zwischenlösung sein.[13] Die Rede *Annans* bringt in doppelter Hinsicht eine Dringlichkeit zum Ausdruck, nämlich Unterstützung der Privatwirtschaft für die Vereinten Nationen und für die Verbesserungen des Global Compact. Deutlich wird auch, dass der Global Compact bisher hinter den Erwartungen zurückblieb.

Kofi A. Annan gab bei diesem Anlass bekannt, dass ein Sonderberater (special advisor) einen Konsultationsprozess mit den verschiedenen Stakeholder-

---

[13] K.A. Annan, „Opening Remarks“ aus seiner Rede beim Global Compact Leader Summit, UN Press Release SG/SM/9383 ECO/69 vom 24.06.2004 sowie ders., „Closing Remarks“, UN Press Release SG/SM/9387 ECO/71 vom 24.06.2004.

Gruppen durchführen wird, um die weitere Zukunft des Global Compact genauer zu bestimmen. Dieses Amt hatte zunächst der sogenannte geistige Vater des Global Compact, der Harvard-Professor, *John G. Ruggie,* inne. Der Arbeitsauftrag des UN-Generalsekretärs für *John G. Ruggie* und *Georg Kell* umfasste fünf Punkte zur Verbesserung des Global Compact und zur Steigerung seiner Integrität.[14] Dazu zählt u.a., dass ein klares Verständnis der Rollen und der Verantwortung der beteiligten Akteure geschaffen wird. Ein neuer Governance Framework stärkt die Institutionalisierung des Global Compact und soll darüber hinaus den lokalen Netzwerken mehr Bedeutung zuweisen.

Basierend auf dem Bericht von *Ruggie* und *Kell* wurde am 6. September 2005 offiziell „The Global Compact´s Next Phase" eingeleitet. Das neue Rahmenwerk wird als „constitutional milestone" gepriesen und wurde von *Kofi A. Annan* bereits am 12. August 2005 bewilligt. Es besteht aus zwei Teilen:

- einer reformierten Governance-Struktur des Global Compact;
- überarbeiteten sogenannten Integrity Measures, die sich auf die COPs, also die Berichterstattung, sowie auf den Umgang mit Beschwerden und dem Logo des Global Compact und der Vereinten Nationen beziehen.

2. Neuer Governance-Rahmen für den Global Compact

Die neue Governance-Struktur des Global Compact besteht im Wesentlichen aus folgenden fünf Elementen:

- Global Compact Leaders Summit;
- Local Networks;
- Annual Local Networks Forums;
- Global Compact Board;
- Global Compact Office und Inter-Agency-Team (vgl. Schaubild 4).

---

14 Vgl. United Nations Global Compact, The Next Stages of Development, http://www.unglobalcompact.org/AboutTheGC/stages_of_development.html (20.04.06).

Schaubild 4: Neue Governance-Struktur des Global Compact

Global Compact Leaders Summit

Er findet alle drei Jahre statt, um Fortschritte zu erörtern und allgemeine strategische Leitlinien für den Global Compact zu geben.

Local Networks

Die Netzwerke nominieren Mitglieder für die Wahl des Global Compact Board. Sie geben Input für die Aktivitäten des Global Compact und versammeln sich jährlich zum Local Network Forum. Sie unterstützen die Erstellung der COPs und die Durchführung der Integrity Measures. Alle Netzwerke streben die Stärkung des Multi-Stakeholder-Engagements an.

Annual Local Networks Forums

Der Status dieser Treffen und ihre Rolle in der Governance-Struktur des Global Compact werden erhöht. Das Forum dient dem Austausch von Erfahrungen, Fortschritte zu vergleichen, best practices zu identifizieren und Empfehlungen abzugeben, damit die Effektivität der lokalen Netzwerke wächst.

Global Compact Board (GCB)

Der Ausschuss setzt sich aus 20 Mitgliedern der vier konstituierenden Gruppen – Privatwirtschaft, Zivilgesellschaft, Arbeitnehmer/innen und Vereinte Nationen – zusammen. Der Generalsekretär und der Leiter des GCO sind *ex officio* in dem Gremium vertreten. Die Leiter der sechs beteiligten UN-Organisationen haben Beobachterstatus. Die Kriterien für die Wählbarkeit (z.B. regionaler Proporz) der Repräsentanten aus den verschiedenen Gruppen sind genau festgelegt. 11 Mitglieder der Privatwirtschaft werden von den Lokalen Netzwerken und den beteiligten Unternehmen nominiert. Vier Mitglieder vertreten die Zivilgesellschaft (jeweils eine Person aus den Bereichen Menschenrechte, Umwelt, Korruptionsbekämpfung und Entwicklung). Zwei Mitglieder stehen für die Internationale Arbeitnehmerschaft; sie werden vom Internationalen Bund der Freien Gewerkschaften (ICFTU) ausgewählt.[15] Der Ausschuss tritt einmal im Jahr zusammen. Die Gruppen sollen im ständigen Kontakt zum GCO stehen. Zu den Aufgaben des Ausschusses gehört die strategische und politische Beratung der Initiative. Er assistiert bei der Beschaffung von Geldmitteln und Sachleistungen für globale Veranstaltungen, Aktivitäten und Publikationen von tool kits und action guides.

Global Compact Office (GCO) und Inter-Agency-Team

GCO: Allgemeine Verantwortung für brand management und Implementierung der Integrity Measures. Daneben obliegt dem GCO die Entwicklung der Netzwerke und Aufrechterhaltung der Kommunikationsinfrastruktur sowie die Betreuung des Leader Summit, des Board und des Local Networks Forum. Finanziert wird das GCO über den Global Compact Trust Fund. **Inter-Agency-Team**: Verantwortung für die Verinnerlichung der Prinzipien des Global Compact in den UN und bei allen Beteiligten. Das Inter-Agency-Team berät bei der Durchsetzung der Integrity Measures und bei Beschwerdeverfahren.

---

[15] Global Compact Office (GCO) (Hrsg.), The Global Compact's Next Phase (2005), http://www.corporate-accountability.org/docs/gc_gov_framew.pdf (20.04.06), S. 6f.

Mit dieser neuen Governance-Struktur wird eine stärkere Institutionalisierung des Global Compact und seine Verankerung im UN-System vorgenommen. Sie unterstreicht das Streben nach größerer Transparenz und Legitimität des Global Compact auch bei den eigenen Mitgliedern.[16] Die institutionelle Verankerung des Global Compact im UN-System ist nicht nur Ausdruck für den Führungsanspruch der Vereinten Nationen, sondern auch für Bestrebungen, den Global Compact von der Person *Kofi A. Annans* unabhängig zu machen.

3. Integrity Measures zur Qualitätssicherung

Zusätzlich zu den Neuerungen der Governance-Struktur widmen sich zwei Anhänge des Papiers vom 6. September 2005 der Verbesserung der Qualität des Engagements der teilnehmenden Unternehmen.[17] Anhang 1 dieses Dokuments thematisiert sogenannte Integrity Measures für die Berichterstattung und den Umgang mit systematischen Verstößen gegen die Prinzipien des Global Compact. Anhang 2 widmet sich dem Umgang mit dem Namen und dem Logo des Global Compact.

Die Verbesserung der Berichterstattung richtet sich auf die jährlich einzureichenden COPs. In diesen Mitteilungen soll jedes teilnehmende Unternehmen seine Unterstützung der Global Compact-Prinzipien veröffentlichen. Die COPs sollen ein Statement der Unternehmensleitung beinhalten, um zu verdeutlichen, dass der Global Compact einen hohen Grad an Aufmerksamkeit erhält. Von den Unternehmen wird erwartet, dass bei der Präsentation ihrer Erfahrungen die Erfolge und/oder Schwierigkeiten transparent werden und so die Möglichkeit des Lernens für alle Beteiligten entsteht. Dabei sollten möglichst standardisierte Indikatoren, beispielsweise die Global Reporting Initiative`s Sustainability Reporting Guidelines, verwendet werden. Da viele Unternehmen sich bisher nicht an diese Vorgaben gehalten haben, werden zukünftig Unternehmen, die ihr COP zwei Jahre hintereinander nicht eingereicht haben, von Juli 2005 als inaktiv eingestuft und als solche auf der Global Compact-Website bekannt gemacht. Inaktive dürfen nicht an Global Compact-Veranstaltungen teilnehmen. Außerdem dürfen weder Logo noch Name des Global Compact verwendet werden. Eine Ausnahme kann für kleine und mittlere sowie andere Unternehmen eingeräumt werden, deren Kapazitäten die regelmäßige Einreichung von COPs nicht zulassen.

---

[16] K. Nowrot, The New Governance Structure of the Global Compact. Transforming a „Learning Network" into a Federalized and Parliamentarized Transnational Regulatory Regime, in: C. Tietje/G. Kraft/R. Sethe (Hrsg.), Beiträge zum Transnationalen Wirtschaftsrecht Heft 47 (2005), S. 18.

[17] GCO (Fn. 15), attachment 1, S. 1-4 sowie attachment 2, S. 1-5.

Bereits auf der Netzwerk-Konferenz im September 2005 in Barcelona wurde über das Problem der Inaktiven diskutiert. Dabei zeigte sich, dass der Anteil inaktiver Unternehmen in einigen Industrie- und Entwicklungsländern sehr hoch ist. Insgesamt liegt der Anteil eingereichter COPs bei transnationalen Konzernen deutlich höher als in den Gruppen der großen bzw. kleinen und mittleren Unternehmen. Dies deutet auf ein Kapazitätsproblem hin. Gemessen an den eingereichten COPs kommen die aktivsten Global Compact-Teilnehmer aus Westeuropa und die inaktivsten aus Afrika. Auch dies könnte auf ein Kapazitätsproblem hinweisen.

Graphik 1: Länder mit einem hohen Anteil inaktiver Global Compact-Teilnehmer

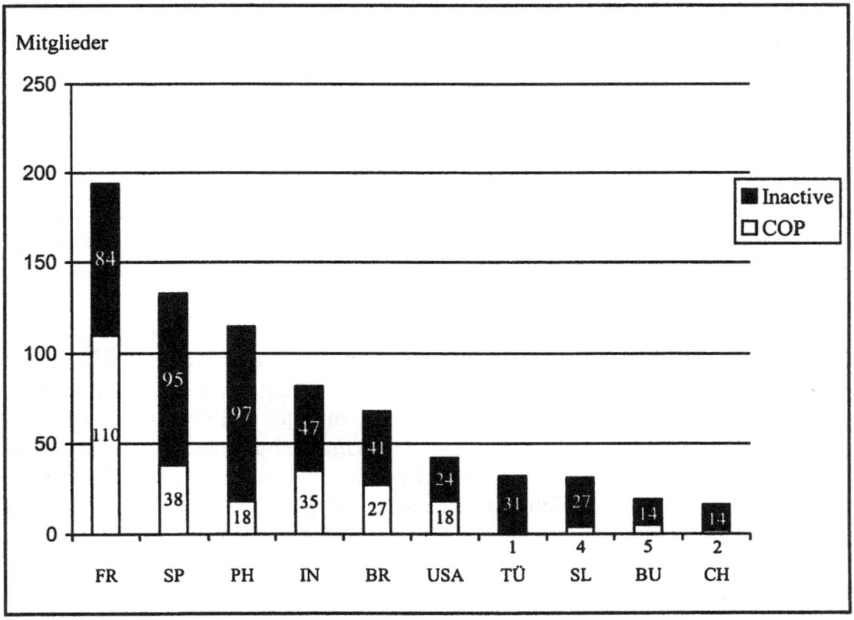

Legende:
BR: Brasilien; BU: Bulgarien; CH: China; FR: Frankreich; IN: Indien; PH: Philippinen; SP: Spanien; SL: Sri Lanka; TÜ: Türkei; USA: Vereinigte Staaten von Amerika.

Nachgebildete Graphik auf der Grundlage von: Global Compact Office (GCO) (Hrsg.), Communication on Progress. The Situation Today, Annual Network Conference, Barcelona (2005).

Weitere Vorschläge richten sich auf die Einrichtung eines Beschwerdeverfahrens, wenn beteiligte Unternehmen systematisch und in großem Umfang in Aktionen verwickelt sind, die dem Bekenntnis zu den Prinzipien des Global Compact zuwiderlaufen.

Zukünftig sind fünf Verfahrensschritte vorgesehen:

- Bearbeitung einer Beschwerde durch das GCO;
- Unterstützung durch das jeweilige Global Compact-Netzwerk oder andere teilnehmende Organisationen;
- Weiterleitung der Beschwerde an für das Thema zuständige UN-Einrichtungen;
- Hinzuziehung der Verfahren der OECD-Leitsätze für multinationale Unternehmen und bei Verstößen gegen Sozialstandards des ILO-Mechanismus für die „Dreigliedrige Grundsatzerklärung über multinationale Unternehmen und Sozialpolitik";
- Behandlung der Beschwerde durch das Global Compact Board.

Zwar versteht sich der Global Compact auch zukünftig nicht als „compliance based initiative",[18] aber ein solches Verfahren soll die Reputation und Integrität des Global Compact und der Teilnehmer schützen. In Deutschland wurde für die Behandlung schwerwiegender Verstöße gegen die Prinzipien des Global Compact die Kooperation mit der nationalen Kontaktstelle der OECD-Leitsätze für multinationale Unternehmen vereinbart.

Ausführlich behandelt Anhang 2 des Dokuments den Umgang mit dem Namen und dem Logo des Global Compact, welche nicht identisch mit jenen der Vereinten Nationen sind. Global Compact-Name und -Logo dürfen nicht für kommerzielle Zwecke eingesetzt werden. Zugleich wird ein sogenanntes modifiziertes Logo für die Verbreitung des Global Compact mit dem Titel „We Support the Global Compact" empfohlen.[19]

Nachdem *John G. Ruggie* im Juni 2005 zum Sonderbeauftragten für die sogenannten UN-Normen (Norms on the Responsibility of Transnational Corporations and Other Business Enterprises With Regard to Human Rights) ernannt wurde, beauftragte *Kofi A. Annan* im Oktober 2005 den Vorsitzenden der Novartis Stiftung für Nachhaltige Entwicklung, *Klaus M. Leisinger*, das Amt des Sonderberaters für den Global Compact zu übernehmen.

---

[18] GCO (Fn. 15), attachment 1, S. 2.
[19] GCO (Fn. 15), attachment 2, S. 2f.

Der Global Compact befindet sich somit nach der Pilotphase und nach der Begleitung durch den Beirat erneut in einer Phase der Neuausrichtung. Dies zeigt, dass der Global Compact noch immer nicht wirklich etabliert ist. Es macht aber auch deutlich, dass sich die Vereinten Nationen nicht mit einem blue oder green washing zufrieden geben wollen und dass das Projekt Global Compact ernst genommen wird. Ein Beweggrund für diese Reformbestrebungen ist auch vermutlich der zivilgesellschaftliche Druck, den der Global Compact sowohl durch teilnehmende Organisationen, aber auch durch die kritische Begleitung von außen erfährt.

IV. Regulierung oder Selbstregulierung

Bei den Diskussionen über den Global Compact wird häufig die Komplementarität verbindlicher und freiwilliger Regulierung für die Steuerung der globalen Wirtschaft betont. Dieser Anspruch wird jedoch inhaltlich nicht gefüllt. Verbindliche Regelwerke werden nicht in gleicher Weise wie freiwillige Instrumente diskutiert und vorangetrieben. Dies zeigt sich auch auf UN-Ebene. Die sogenannten UN-Normen, die auf die Regulierung von transnationalen Konzernen bis hin zu Sanktionen setzen, werden kritisiert und in einen langwierigen Diskussionsprozess abgeschoben.[20] Der Global Compact hingegen, der – will man ihn überhaupt als Steuerungsinstrument einstufen – ein Instrument der Selbststeuerung oder allenfalls der Co-Steuerung ist, wird von den Vereinten Nationen, vielen Staaten und natürlich der beteiligten Privatwirtschaft vorangetrieben.

Letztlich kommt hierin ein Paradigmenwechsel für die Regulierung der globalen Wirtschaft zum Ausdruck, wie ihn *Peter Utting* vom Forschungsinstitut der Vereinten Nationen für soziale Entwicklung (UNRISD) beschreibt.[21] *Utting* sieht unterschiedliche Phasen in den Regulierungsbemühungen der Privatwirtschaft, nämlich von der staatlichen Command- und Control-Regulierung in den 60er und 70er Jahren des letzten Jahrhunderts über die bereits erwähnte privatwirtschaftliche Selbstregulierung, die mit der neoliberalen Deregulierung einherging, hin zu einer Art Co-Regulierung, die heute typisch sei, wobei zwei oder mehrere Stakeholder das Kontrollinstrument konzipieren und für die Durchfüh-

---

[20] Siehe auch den Beitrag von U. Fastenrath, Die Verantwortlichkeiten transnationaler Unternehmen und anderer Wirtschaftsunternehmen im Hinblick auf die Menschenrechte, in diesem Konferenzband.

[21] P. Utting, Neue Ansätze zur Regulierung Transnationaler Unternehmen. Potenzial und Grenzen von Multi-Stakeholder-Initiativen, in: T. Brühl/H. Feldt/B. Hamm *et al.* (Hrsg.), Unternehmen in der Weltpolitik. Politiknetzwerke, Unternehmensregeln und die Zukunft des Multilateralismus, Stiftung Entwicklung und Frieden (SEF), EINE Welt Bd. 19, (2004), S. 96-121, 231.

rung verantwortlich zeichnen. Aus seiner Sicht werden solche co-regulatorischen Übereinkünfte zunehmend durch NGOs geprägt, weshalb er auch von civil regulation (ziviler Regulierung) spricht.

Auch aus der Sicht von *Virginia Haufler* steht heute für die Privatwirtschaft die Selbstregulierung im Vordergrund.[22] Dabei hebt sie vier unterschiedliche Typen hervor, die sowohl Selbst- als auch Co-Regulierung umfassen, aber alle freiwillig sind:

- Corporate Governance auf der Ebene einzelner Unternehmen;
- interessengeleitete Selbstregulierung auf sektoraler Ebene oder durch Zusammenschlüsse der Industrie;
- Multi-Stakeholder-Regulierung;
- Co-Regulierung von Staaten und Unternehmen.

V. Interessen der beteiligten Akteure

Die Frage nach der heute vorherrschenden Art der Regulierung spielt eine wesentliche Rolle, wenn es im Folgenden um die Interessen der beiden wichtigsten Akteure im Global Compact geht. Interessen lassen sich als Handlungsmotive beschreiben, wobei sie offen formuliert oder als hidden agenda handlungsleitend sein können. Bei der Frage nach den Interessen für die Beteiligung am Global Compact stehen nicht individuelle, sondern Gruppeninteressen im Vordergrund, nämlich der Vereinten Nationen sowie der beteiligten Unternehmen und ihrer Verbände.[23]

1. Interessen der Vereinten Nationen

In früheren Jahrzehnten war es ein wichtiges Interesse der Vereinten Nationen – oder zumindest von Teilen der Organisation – Instrumente zur Regulierung der globalen Wirtschaft zu entwickeln. Die Steuerung stand somit im Vordergrund. Hier ist besonders das Zentrum der Vereinten Nationen für transnationale Unternehmen (UNCTC) hervorzuheben, das seit 1974 zu transnationalen Konzernen gearbeitet und versucht hatte, verbindliche Regeln auf der internationalen Ebene für diese durchzusetzen. Diese Bestrebungen waren ein wichtiger Grund

---

[22] V. Haufler, Globalization and Industry Self-Regulation, in: M. Kahler/D.A. Lake (Hrsg.), Governance in a Global Economy, Political Authority in Transition (2003), S. 226-254.

[23] Bei den Interessen von NGOs ist möglicherweise zwischen jenen, die am Global Compact teilnehmen und jenen, die ihn von außen kritisch begleiten, zu unterscheiden. Die Interessen der NGOs werden im Folgenden aber nicht diskutiert.

dafür, dass sich transnationale Konzerne und ihre Organisationen gegen die Vereinten Nationen stellten.[24] Als der frühere UN-Generalsekretär *Boutros Boutros-Ghali* das Zentrum 1992 noch vor dem ersten Umweltgipfel auflöste, war der Weg frei für ein besseres Klima zwischen den Vereinten Nationen und den Konzernen.

Die verschiedenen Weltkonferenzen der 1990er Jahre wurden von beiden Seiten dafür genutzt, eine engere Kooperation zwischen den Vereinten Nationen und der Privatwirtschaft anzubahnen. Der Erdgipfel 1992 in Rio lässt sich dabei als ein Wendepunkt beschreiben, weil die Privatwirtschaft ein Agieren im Hintergrund zugunsten eines zunächst zögerlichen offenen Auftretens aufgab. Die ICC spielte auch hier eine herausragende Rolle. Auf der internationalen Konferenz zur Entwicklungsfinanzierung 2002 in Monterrey und ebenfalls 2002 auf dem Weltgipfel für nachhaltige Entwicklung in Johannesburg traten einzelne Unternehmen, die als solche keinen Beraterstatus beim ECOSOC hatten, als akzeptierte Akteure auf. Dieses Vorgehen der Vereinten Nationen wird als ein absolutes Novum beschrieben und bedeutet eine Aufwertung einzelner Unternehmen in der internationalen Arena.[25]

Was sind die zugrunde liegenden Interessen für diese Politik der Vereinten Nationen? Neben den prinzipiellen Zielen, die auch für den Global Compact angeführt werden, nämlich die Globalisierung nach menschlichem Antlitz zu gestalten, scheinen vor allem drei Bereiche relevant zu sein:

- Governance: Bessere Beziehungen zur Privatwirtschaft lassen sich verstehen als Teil der Reformbemühungen der Vereinten Nationen; angesichts der wirtschaftlichen Globalisierung und sich wandelnder staatlicher Funktionen will die Staatenorganisation Steuerungskapazität durch die freiwillige Einbindung der Global Player zurückgewinnen;
- Burden Sharing: Die Kooperation soll zur Einbindung des nichtstaatlichen Akteurs Privatwirtschaft in die globale Verantwortung beitragen;
- Financing: Es geht um die Erschließung neuer Finanzierungsquellen für die Aufgaben der Vereinten Nationen.

---

[24] J.A Paul, Der Weg zum Global Compact. Zur Annäherung von UNO und multinationalen Unternehmen, in: T. Brühl/T. Debiel/B. Hamm *et al.* (Hrsg.), Die Privatisierung der Weltpolitik (2001), S. 111.

[25] J. Martens, Ergebnisse und Perspektiven globaler Entwicklungszusammenarbeit nach der Monterrey-Konferenz, in: DGB-Bildungswerk/dbb – beamtenbund und tarifunion/Diakonisches Werk der EKD *et al.* (Hrsg.), Soziale Entwicklung in den Zeiten der Globalisierung, Social Watch Report Deutschland Nr. 2 (2002), S. 32-39, http://www2.weed-online.org/uploads/Social_Watch_D_Report_2002.pdf (20.04.06).

2. Interessen der Privatwirtschaft

In der Analyse von *Virginia Haufler* machen transnationale Konzerne für die Bedingungen der globalen Wirtschaft eine neue Kostenrechnung auf.[26] Danach können vor allem zwei Faktoren, nämlich Regulierung und eine schlechte Reputation, beträchtliche Kosten verursachen.[27] Aus dieser Sicht gefährden verbindliche Regeln die Flexibilität und transnationale Mobilität, die als wichtige Wettbewerbsvorteile in der globalen Wirtschaft gelten. Verbindliche Regeln führen somit zu Kosten, die die Privatwirtschaft durch das Bekenntnis zur Selbstregulierung vermeiden will.

Graphik 2: Kosten aus Sicht des Privat-Sektors

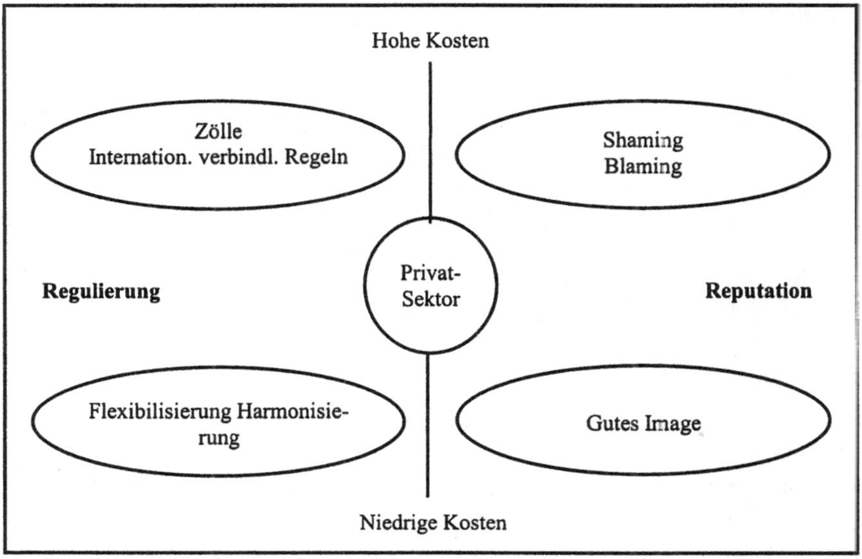

Eigene Darstellung (2004).

Diese Erwägungen bestimmen die sogenannten hidden und die offenen Interessen der Unternehmen für eine Kooperation mit den Vereinten Nationen.

[26] V. Haufler (Fn. 22), S. 231.
[27] Vgl. Graphik 2.

Vor allem zwei Interessen sind hier zu erwähnen:

- Vermeidung verbindlicher Regeln für die Privatwirtschaft;
- Nutzung der Reputation der Vereinten Nationen für die eigene Selbstdarstellung.

Bereits die Weltkonferenzen boten den Unternehmen und ihren Verbänden die Möglichkeit, ihre Agenda in den Vordergrund zu rücken. Dazu zählt insbesondere die Verhinderung verbindlicher Regelwerke, aber auch der freie Zugang zu den Märkten in Entwicklungsländern, wie in Monterrey betont wurde. Der Global Compact ist somit nur ein Glied in der Kette von PPPs zwischen den Vereinten Nationen und der Privatwirtschaft. Für die Privatwirtschaft liegt eine wichtige Bedeutung des Global Compact in der Freiwilligkeit des Instruments als Alternative zu verbindlichen Regeln.

Darüber hinausgehend lässt sich die Zusammenarbeit im Global Compact für die eigene Imagepflege, einem weiteren wichtigen Kostenfaktor, nutzen. Das Bild, das von Unternehmen in der Öffentlichkeit gezeichnet wird, ist für die erfolgreiche Vermarktung von Produkten zunehmend bedeutsam. Deshalb ist die Marke zu einem wichtigen Bestandteil des Kapitals und der Kostenkalkulation großer Markenkonzerne geworden. Vor diesem Hintergrund bietet die Teilnahme am Global Compact eine Möglichkeit, sich als Good Corporate Citizen zu präsentieren. Sie erzeugt einen positiven Imageeffekt und wirkt sich trotz möglicher Zusatzkosten günstig auf die allgemeine Kostenkalkulation, wie sie *Haufler* vorschlägt, aus.

VI. Ergebnisse des Global Compact und Ausblick

Nimmt man die Teilnehmerzahl als Maßstab für den Erfolg des Global Compact, dann ist nach fünf Jahren Global Compact die Teilnehmerzahl von rund 2.300 Unternehmen bei weltweit agierenden 63.000 transnationalen Konzernen sehr niedrig. Hinzu kommt, dass unklar ist, wie diese Mitgliedsunternehmen sich in große, kleine und mittlere Unternehmen einerseits und transnationale Konzerne andererseits ausdifferenzieren. Vor dem Hintergrund dieser geringen Beteiligung lässt sich der Global Compact auch kaum als Steuerungsinstrument für die globale Wirtschaft beschreiben. Trotz dieser Einschränkungen ist zunächst festzuhalten, dass der Global Compact keine sogenannte Todgeburt, sondern noch immer eine lebendige Baustelle ist, auf der vor allem die Vereinten Nationen gestalterisch tätig sind.

Betrachtet man die Ergebnisse des Global Compact vor dem Hintergrund der Interessen der Teilnehmer, dann ist das bisher Erreichte vermutlich positiv einzustufen. Den Vereinten Nationen ist es gelungen, im Global Compact ihren Führungsanspruch zu wahren, wie das Dokument vom 6. September 2005 verdeutlicht. Die neue Governance-Struktur ist Ausdruck für eine verstärkte Institutionalisierung des Global Compact und zugleich für das Bemühen um eine Loslösung des Global Compact von der Person *Kofi A. Annan*. Unterschiedliche funktionale PPPs sind im Rahmen des Global Compact entstanden oder wurden vertieft. Hier führt *Wolfgang H. Reinicke* vom Global Public Policy Institute Partnerschaften sowohl in den Bereichen von advocacy, Normen und Standardsetzung sowie des Austausches von Ressourcen und Expertise als auch der Marktentwicklung an.[28]

Für die beteiligten Unternehmen bedeutet die Stärkung des Global Compact, dass Diskussionen über verbindliche Regeln in den Hintergrund treten. Zugleich nutzen sie die Kooperation mit den Vereinten Nationen für die eigene Selbstdarstellung als Good Corporate Citizens.

Soll sich der Global Compact aber wirklich zu einer globalen Plattform entwickeln, wie es die Vision von *Kofi A. Annan* ist, dann müssten noch entschiedenere Maßnahmen für das Monitoring über die Einhaltung der zehn Prinzipien ergriffen werden. Zugleich geht es um eine demokratische Öffnung des Global Compact für zivilgesellschaftliche Organisationen.

Jem Bendell schlägt darüber hinausgehend vor, dass die am Global Compact beteiligten UN-Organisationen eine stärkere UN-interne Vernetzung beginnen, um eine gemeinsame UN-Strategie zu entwickeln. Dazu fordert er auch ein eigenes Budget für den Global Compact.[29] Dieser Vorschlag wurde in der neuen Governance-Struktur durch die Einrichtung des Inter-Agency-Team bereits aufgegriffen.

Schließlich sollte der Anspruch der Komplementarität unterschiedlicher Instrumente stärker ins Blickfeld genommen und die Karte nicht allein auf freiwillige Verfahren gesetzt werden. Eine eigenständige Entwicklung der UN-Normen kann hier ein wichtiger Beitrag sein. Alle Versuche, die Normen gegen den Global Compact auszuspielen oder sie sogar dem Global Compact unterordnen zu wollen, wären langfristig schädlich für die Bemühungen der Vereinten Nationen zur Steuerung der globalen Wirtschaft.

---

[28] W. Reinicke/J.M. Witte (Hrsg.), Business UNusual. Facilitating United Nations Reform Through Partnerships (2005), http://globalpublicpolicy.net/businessUNusual (20.04.06).

[29] J. Bendell (Fn. 6).

Die Vereinten Nationen und Unternehmen in bewaffneten Konflikten

Christian W. Much*

I. Einleitung

Am 15. April 2004 befasste sich der UN-Sicherheitsrat erstmals, und zwar auf Initiative der damaligen deutschen UN-Sicherheitsrats-Präsidentschaft, mit der Rolle von Unternehmen in der Konfliktprävention, der Friedenserhaltung und der Errichtung einer Nachkonflikt-Friedensordnung (The Role of Business in Conflict Prevention, Peacekeeping and Post-Conflict Peacebuilding).[1] Damit begab sich der UN-Sicherheitsrat sowohl protokollarisch als auch thematisch auf Neuland. Protokollarisch, weil erstmals – in Person des Siemens-Aufsichtsratsvorsitzenden *Heinrich von Pierer* – ein Unternehmensvertreter vor dem UN-Sicherheitsrat auftrat. Thematisch, weil der UN-Sicherheitsrat sich erstmals der Rolle, welche die Privatwirtschaft bei der Verwirklichung des öffentlichen Gutes „Frieden" spielen kann, zuwandte und die Privatwirtschaft damit als Partner bei der Verfolgung eines herausragenden UN-Ziels akzeptierte. Dies ging weit hinaus über alle bisherigen, Unternehmen betreffenden Beschlüsse des Sicherheitsrates. In ihnen hatte der Sicherheitsrat sich mit dem Diamanten-, Edelholz- und Waffenhandel und dessen negativen Auswirkungen auf bestimmte Konflikte beschäftigt, diesen Handel mit Sanktionen belegt und die an diesem Handel beteiligten Unternehmen zumindest mittelbar als Friedensstörer angesehen.

Dass es sich bei dieser UN-Sicherheitsrats-Sitzung um eine deutsche Initiative handelte, begründete auch die Erwartung, dass Deutschland sich in den Vereinten Nationen des Themas „Rolle von Unternehmen in Konflikt- und Nachkonflikt-Situationen" besonders prominent annehmen werde. Diese Erwartung ist berechtigt. Die deutsche UN-Sicherheitsrats-Initiative als solche wie auch ihre konzeptionellen Grundlagen entsprechen dem von der Bundesregierung im Mai

---

* Christian W. Much studierte Rechtswissenschaften und Anthropologie. Er ist seit 24 Jahren im Auswärtigen Amt beschäftigt und hatte verschiedene Posten in New York, Costa Rica, El Salvador, Jordanien, Saudi Arabien und Ungarn inne. Zur Zeit ist Christian Much Leiter des Arbeitsstabes „Globale Fragen" im Auswärtigen Amt.

1 Zu den Ergebnissen der Sitzungen vgl. die (unter den Sicherheitsrats-Mitgliedern inhaltlich abgestimmte) Zusammenfassung des UN-Sicherheitsrats-Präsidenten Botschafter Gunter Pleuger, UN Doc. S/2004/441 vom 15.04.2004 sowie die UN-Presseveröffentlichung zur selben Sitzung, UN Doc. SC/8058 vom 15.04.2004, die stärker auch auf divergierende Debattenelemente eingeht.

2004 beschlossenen Aktionsplan „Zivile Krisenprävention, Konfliktlösung und Friedenskonsolidierung".[2] In dessen Abschnitt IV. 3 (Lebenschancen sichern – Wirtschaft, Soziales, Umwelt und Ressourcen) steht als ein Aktionsvorhaben: „Die Bundesregierung wird die friedensfördernde Rolle des Privatsektors in Konflikt-/Post-Konflikt-Situationen systematisch fördern."

Abschnitt III. 1. 4 (Globale Partnerschaften) präzisiert, dass:

> „(d)ie Bundesregierung eine Initiative im UN-Sicherheitsrat einbringen (wird), durch die die verschiedenen bereits bestehenden Ansätze zur Unternehmensverantwortung in Konfliktregionen in einer UN-Sicherheitsrats-Resolution zusammengeführt werden."

Dieses Vorhaben ist freilich alles andere als leicht zu verwirklichen. Im Folgenden sollen einige grundlegende Parameter einer zukünftigen deutschen Initiative im Bereich der Rolle von Unternehmen in Konflikt- und Nachkonflikt-Situationen geklärt werden. Dabei wird zunächst auf den aktuellen Diskussionsstand in und außerhalb der Vereinten Nationen eingegangen, sodann soll versucht werden, vernünftige erreichbare Ziele einer deutschen Initiative zu definieren und deren Umsetzungschancen zu analysieren. Konkret: Welche Ziele können in welchem UN-Gremium zu welchem Preis erreicht werden?

Kennzeichnend für die Komplexität des Themas ist, dass fast alle Variablen der Problembearbeitung im Fluss sind und das Thema erst am Anfang der theoretischen Durchdringung wie auch der empirischen Aufbereitung steht. Dem „interessierten Laien" möchte ich zur Einführung zwei äußerst instruktive Publikationen empfehlen: Aus dem UN-Bereich handelt es sich um die von der Global Compact-Arbeitseinheit des UN-Sekretariats in Auftrag gegebene Studie „Enabling Economies of Peace – Public Policy for Conflict-Sensitive Business".[3] Aus dem deutschen akademischen Bereich möchte ich hinweisen auf die u.a. von *Volker Rittberger* im Frühjahr 2004 herausgegebene, weiterhin aktuelle Nummer der Friedens-Warte zum Schwerpunktthema „Unternehmensverantwortung in Konflikten",[4] die den internationalen Diskussionsstand exemplarisch zusammenfasst.

---

2 Der Aktionsplan stammt vom 12.05.2004 und ist abrufbar unter http://www.auswaertiges-amt.de/www/de/aussenpolitik/friedenspolitik/ziv_km/aktionsplan.pdf (20.04.06).

3 Im April 2004 veröffentlichte Studie von K. Ballentine/V. Haufler, http://www.unglobalcompact.org/docs/news_events/8.1/enabling_econ.pdf (20.04.06).

4 Vgl. insbesondere den Einführungsbeitrag von V. Rittberger, Transnationale Unternehmen in Gewaltkonflikten, in: FW 79 (2004), S. 15 ff. sowie die Beiträge von K. Ballentine/H. Nitzschke, Unternehmen in Konfliktregionen: Problemfelder und Handlungsmöglichkeiten, in: FW 79 (2004), S. 35 ff., D. Ganser, Brauchen wir eine Ökonomie des Friedens? Eine Schweizer Perspektive auf die Verbindung der Wirtschaft mit Gewaltkonflikten, in:

II. Problembeschreibung

1. „Ökonomie des Friedens"

Wunschziel hinsichtlich des unternehmerischen Verhaltens wäre, dass Unternehmen sich vor, während und nach einem Konflikt im Sinne einer „Ökonomie des Friedens" (als Gegensatz zur „Ökonomie des Krieges" – in UN-Diktion: political economy of armed conflict) so verhalten, dass sie die gewaltsame Austragung von Konflikten weder mittelbar noch unmittelbar fördern und, soweit sie dazu in der Lage sind, einen Beitrag zur Eindämmung bestehender gewaltsamer Konflikte und zur Prävention zukünftiger Gewalt leisten. Die Forschung zu den einzelnen Implikationen dieses Desiderats steckt noch in ihren Anfängen. Zu den elementaren, nun wohl weitgehend akzeptierten Prämissen gehört dabei die Annahme, dass ökonomische Interessen auf die Dynamik von gewaltsamen Konflikten einwirken – im Guten wie im Bösen. Im positiven Sinne bedeutet das, dass – von den Ausnahmen der „Kriegsgewinner" abgesehen – Unternehmen in der Regel ein friedliches, gesellschaftlich stabiles und hinsichtlich des Ordnungsrahmens vorhersehbares Umfeld bevorzugen und somit ein Interesse an der friedlichen Austragung von Konflikten haben. Im negativen Sinne ist freilich auch festzuhalten, dass Rivalitäten, bei denen es um ein wirtschaftliches Gut geht oder bei denen Kontrolle über das Gut einen entscheidenden Vorteil verschafft, umso mehr zur gewaltsamen Austragung neigen, je wertvoller oder strategisch bedeutsamer das Gut ist. Als Musterbeispiele hierfür stehen Erdöl, Diamanten und Rauschgift. Auch der Reform-Bericht des von UN-Generalsekretär *Kofi A. Annan* eingesetzten High-level Panel wies auf die Rolle von natürlichen Ressourcen in Bürgerkriegen hin und empfahl den Vereinten Nationen:

> „(to) work with national authorities, international financial institutions, civil society organizations *and the private sector* (Hervorhebung durch Verfasser) to develop norms governing the management of natural resources for countries emerging from, or at risk of conflict."[5]

Ein Sonderfall von Unternehmen mit potenziell konfliktverschärfendem Gebaren sind private Sicherheitsunternehmen. Soweit sie in Situationen, auf die das Humanitäre Völkerrecht anwendbar ist (d.h. in internationalen und innerstaatlichen bewaffneten Konflikten), im staatlichen Auftrag Handlungen vornehmen, die im Normalfall durch die Streitkräfte einer Konfliktpartei vorgenommen werden, ist die Rechtslage an sich klar: Staaten können in ihre Streitkräfte paramili-

---

FW 79 (2004), S. 57ff. und L. Rieth/M. Zimmer, Unternehmen der Rohstoffindustrie – Möglichkeiten und Grenzen der Konfliktprävention, in: FW 79 (2004), S. 75ff.

5 A More Secure World: Our Shared Responsibility, Report of the High-level Panel on Threats, Challenges and Change, UN Doc. A/59/565 vom 2.12.2004, Ziff. 92 und Empfehlung Nr. 13 im Annex I.

tärische oder bewaffnete Vollzugsorgane aufnehmen, müssen das jedoch den anderen am Konflikt beteiligten Parteien mitteilen.[6] Für diese Vollzugsorgane gelten dann die Rechte und Pflichten des Humanitären Völkerrechts. Die eigentlichen politischen Probleme liegen darin, der in der Praxis zu beobachtenden Tendenz entgegenzuwirken, durch Privatisierung von Streitkräfte-Funktionen die Bindung an das Humanitäre Völkerrecht zu umgehen, sowie darin, Staaten zur innerstaatlichen Umsetzung der völkerrechtlichen Vorgaben anzuhalten.

Für die Fragestellung dieses Vortrags ist eine andere Konstellation relevanter, nämlich dass ein privates Sicherheitsunternehmen in einer Situation, auf die das Humanitäre Völkerrecht nicht anwendbar ist, im Auftrag eines Unternehmens Sicherheitsmaßnahmen ergreift – in der Praxis hat dies wiederholt zu Menschenrechtsverletzungen geführt. Mit dieser Frage möchte ich mich im Folgenden jedoch nicht näher beschäftigen, da sie über das eigentliche Thema dieses Vortrags hinausgeht. Denn dass der Staat als Bereitsteller und Garant des öffentlichen Gutes „Sicherheit" ausfällt und insoweit durch private Unternehmen vertreten wird, ist ein Problem, das sich nicht nur während oder im Gefolge von Konflikten zeigt, sondern sehr viel genereller ist. Hier wollen die von USA und Großbritannien im März 2000 gemeinsam mit Unternehmen und Nichtregierungsorganisationen entwickelten „Voluntary Principles on Security and Human Rights"[7] Abhilfe schaffen. Sie stellen Handlungsempfehlungen dafür auf, wie Unternehmen ihre legitimen Sicherheitsinteressen wahren können, ohne gleichzeitig in Menschenrechtsverletzungen verwickelt zu werden.

2. An Unternehmen gerichtete Erwartungen

Zur Frage, was genau man von Unternehmen vor, während und nach einem Konflikt erwarten sollte, und wie man sie am Besten dazu bringt, das erwünschte Verhalten zu zeigen, gehen die Ansichten auseinander.

Hinsichtlich der an Unternehmen gerichteten Erwartungen ist am extremsten die Forderung, Unternehmen – vor allem transnationale – sollten sich aus Konflikten grundsätzlich heraushalten und gegebenenfalls aus der Konfliktregion abziehen. Abgesehen von Unternehmen, die sich eindeutig kriminell oder kriegstreiberisch verhalten, ist die Forderung nach pauschalem Abzug aus den verschiedensten Gründen keine von den Vereinten Nationen (oder der Bundesregierung)

---

6 Art. 43 Abs. 3 des 1. Zusatzprotokolls zu den Genfer Abkommen vom 12.08.1949 über den Schutz der Opfer internationaler bewaffneter Konflikte (Protokoll I) vom 8.06.1977 (BGBl. 1990 II S. 1551).

7 Zu den Voluntary Principles (mit weiteren Literaturnachweisen) vgl. V. Rittberger (Fn. 4), S. 26.

ernsthaft verfolgte Option. Insbesondere spricht gegen die pauschale Abzugsforderung, dass der Abzug von Unternehmen nicht zwangsläufig zu einer Entschärfung des Konflikts oder zur Verbesserung der sozialen und menschenrechtlichen Verhältnisse führt – unter Umständen sogar zum Gegenteil. Hinzu kommt, dass die pauschale Abzugs-Forderung implizit negiert, dass Unternehmen in und nach Konflikten eine positive Rolle spielen können oder, anders ausgedrückt, dass Unternehmen bei der Verwirklichung der UN-Ziele Frieden und Entwicklung ein tauglicher Partner sein können. Aus Sicht der Vereinten Nationen sind daher nur solche an die Adresse von Unternehmen gerichteten Erwartungen „politikfähig", die die Partnerschaftsfähigkeit zwischen Vereinten Nationen und Unternehmen grundsätzlich bejahen. In diesem Rahmen können an Unternehmen gerichtete Erwartungen wie folgt abgestuft werden: Zunächst können Unternehmen sich „formal korrekt" verhalten, indem sie gültiges nationales und internationales Recht einhalten (compliance); zweitens können sie die Wechselbeziehung zwischen ihrem unternehmerischen Verhalten und dem Konflikt analysieren und hieraus spezifische, auf Minimierung der negativen Einflüsse gerichtete Maßnahmen ergreifen (do no harm); schließlich können sie aktiv zum Peacebuilding beitragen, vor allem durch strukturell krisenpräventive Maßnahmen (z.B. Investitionen in soziale Infrastruktur; Politikdialog mit den Konfliktakteuren; sozial, menschenrechtlich und ökologisch verantwortungsbewusstes Unternehmensgebaren).[8]

3. Formen der Regulierung

Hinsichtlich der Wege, wie man Unternehmen am besten dazu bringt, das erwünschte Verhalten zu zeigen, gibt es ebenfalls unterschiedliche Ansichten. Unter den Gesichtspunkten der Gerechtigkeit und der Wettbewerbsneutralität würden internationale – verbindliche, mit Sanktionen bewehrte Regeln – den Vorzug verdienen; in der Praxis spielt diese Option jedoch keine große Rolle. Das gilt auch für Bemühungen, transnationalen Unternehmen Völkerrechtssubjektivität zuzusprechen und sie damit den zwingenden Regeln der Menschenrechte zu unterwerfen. Vertreter dieser Ansicht verweisen durchaus plausibel darauf, dass die Position transnationaler Unternehmen gerade in schwachen, konfliktgeschüttelten Staaten *de facto* mit derjenigen der Staatsmacht ebenbürtig, ja sogar überlegen sein kann.[9] Diese Argumentation zieht letztlich die Konsequenzen aus dem der Globalisierung inhärenten Trend der Verschiebung der Verantwortung zwischen öffentlichen und privaten Akteuren; sie begegnet aber weiterhin prinzipiellem Widerstand und definitorischen Problemen und ist sicherlich nicht

---

8 Näheres hierzu bei L. Rieth/M. Zimmer (Fn. 4), S. 80f.

9 Stellvertretend für andere: K. Nowrot, Nun sag, wie hast du's mit den Global Players?, in: FW 79 (2004), S. 119ff.

herrschende Lehre. Praktische politische Fortschritte bei der Konkretisierung von Unternehmensverantwortlichkeiten nahmen im vergangenen Jahrzehnt regelmäßig die Gestalt unternehmerischer Selbstregulierung bzw. von den Unternehmen freiwillig akzeptierter Fremdregulierung an. Aus der kaum noch überschaubaren Fülle von – oftmals rein unternehmens- bzw. sektorspezifischen – Regulierungen ragen zwei heraus: Die „OECD-Leitsätze für multinationale Unternehmen"[10] und die zehn Prinzipien des Global Compact.[11] Gewisse Prominenz erlangten in jüngster Vergangenheit auch die von Großbritannien initiierte, auf Korruptionsverhütung zielende Extractive Industry Transparency Initiative (EITI)[12] sowie der von der Unterkommission der UN-Menschenrechtskommission erstellte, von der UN-Menschenrechtskommission (UNCHR) bislang noch nicht gebilligte Entwurf von „Normen für die Verantwortlichkeit transnationaler Unternehmen und anderer Wirtschaftsunternehmen im Hinblick auf die Menschenrechte".[13] Auch diese Normen würden, einmal verabschiedet, kein bindendes Recht darstellen, sondern – auch über den vorgesehenen Beschwerdemechanismus – politischen Konformitätsdruck erzeugen.

Die von der UN-Menschenrechtskommission vorgelegten Normen wie auch die Befürworter einer unmittelbaren Unterwerfung von Unternehmen unter die Menschenrechte müssen sich freilich fragen lassen, ob ein Menschenrechtskatalog im Hinblick auf das angestrebte Ziel – Unternehmen auf konfliktpräventives, konfliktminderndes und konfliktüberwindendes Verhalten zu verpflichten – hinreichend ist. Denn dass ein bestimmtes Unternehmensverhalten nicht die Menschenrechte verletzt, bedeutet nicht zwangsläufig, dass das Verhalten in Bezug auf das soeben genannte Ziel förderlich oder zumindest neutral ist. Bezeichnenderweise gehen der Global Compact und noch deutlicher die OECD-Richtlinien über rein menschenrechtliche Forderungen hinaus. So ist in der Präambel (Einführung) der OECD-Richtlinien vom „positiven Beitrag" die Rede, „den die multinationalen Unternehmen zum ökonomischen, ökologischen und sozialen Fortschritt leisten können."[14]

---

[10] Abrufbar unter http://www.oecd.org/dataoecd/56/40/1922480.pdf (20.04.06).

[11] Weitere Informationen zu Inhalt und Prozedere des Global Compact unter http://www.unglobalcompact.org (20.04.06); vgl. dazu auch den Beitrag von B. Hamm, Neuere Entwicklungen des Global Compact, in diesem Konferenzband.

[12] Näheres hierzu siehe unter http://www.eitransparency.org (20.04.06).

[13] UN Doc. E/CN.4/Sub.2/200/12/Rev.2 vom 26.08.2003. An jüngerer deutschsprachiger Literatur zu den Normen sei verwiesen auf E. Strohscheidt, UN-Normen zur Unternehmensverantwortung, in: VN 53 (2005), S. 138ff.; vgl. auch den Beitrag von U. Fastenrath, Die Verantwortlichkeiten transnationaler Unternehmen im Hinblick auf die Menschenrechte, in diesem Konferenzband.

[14] OECD-Leitsätze (Fn. 10), Ziff. 10 der Einführung.

4. Praktische Erwägungen

Zur Skizzierung der Gesamtproblematik gehört schließlich auch noch die Mahnung, dass am Schreibtisch geborene Wunschvorstellungen aufgeklärter corporate citizenship letztlich auch den Realitätstest bestehen müssen. Unter dieser Rubrik sind folgende, in der Praxis gewonnene Hinweise von Nöten:

- kleine, lokale und ephemere Unternehmen dürften für Grundsätze der sozialen Unternehmensverantwortung weitaus weniger (wenn überhaupt) zugänglich sein als große, auf ihre Reputation und die längerfristige Rentabilität ihrer oftmals hohen Investitionen bedachte Unternehmen;
- partnerschaftliche Hilfe zur Bereitstellung der öffentlichen Güter Frieden, Sicherheit und Wohlstand ist für Unternehmen, anders als für den Staat, kein Selbstzweck, sondern der Versuch, ein nachhaltig günstiges Umfeld zu schaffen für die Verfolgung des eigentlichen Unternehmenszwecks: gewinnbringend zu wirtschaften; dies setzt den Erwartungen, die vernünftigerweise an Unternehmen gerichtet werden können und sollen, gewisse Grenzen;
- Unternehmen werden in der Praxis immer wieder mit Situationen konfrontiert werden, in denen sie nicht zwischen einem von außen abstrakt definiertem Guten und Bösen zu entscheiden haben, sondern zwischen konkurrierenden Erwartungen von Interessensträgern, wie z.B. Unternehmenseigentümer, Belegschaft, lokale Gemeinschaften, staatliche Behörden, ggf. Vertreter von Konfliktparteien;
- schließlich sei daran erinnert, dass adäquates unternehmerisches Verhalten letztlich an seinem realen Effekt, nicht an seiner Etikettierung gemessen werden muss; damit ist zum einen gemeint, dass die Frage, ob Unternehmen sich adäquat verhalten, in angemessener Weise überprüfbar sein muss; zum anderen ist im Hinblick auf die weiter oben erwähnte Forderung, Unternehmen könnten durch Investitionen in soziale Infrastruktur des Gastlandes zum Peacebuilding beitragen, anzumerken, dass die Begriffe „Beitrag zum Peacebuilding" und „Konfliktprävention" nicht überladen werden sollten; zur Friedenssicherung trägt eine Investition in den sozialen Sektor nur dann bei, wenn sie nachhaltig und auf die besonders komplexen politischen und gesellschaftlichen Verhältnisse einer Nachkonflikt-Gesellschaft zugeschnitten ist.

III. Die Rolle der Vereinten Nationen

Die Positionen und das bisherige Tätigwerden der Vereinten Nationen zum Thema der Rolle von Unternehmen in bewaffneten Konflikten lassen sich wie folgt resümieren: Der UN-Sicherheitsrat beschäftigte sich in den 1990er Jahren mehrfach mit der Verwicklung privatwirtschaftlicher Akteure in Bürgerkriegen und ergriff in den Konflikten in Sierra Leone, Angola und in der Demokratischen Republik Kongo Sanktionen gegen den Handel mit einigen für die „Ökonomie des Krieges" besonders wichtigen Rohstoffen (insbesondere Diamanten und Edelholz). Wohlgemerkt handelte es sich nicht um Sanktionen gegen einzelne Unternehmen. Im Jahre 2002 schlug das vom UN-Sicherheitsrat eingesetzte Experten-Panel zur Untersuchung der illegalen Ausbeutung von Rohstoffen in der Demokratischen Republik Kongo in seinem Abschlussbericht vor, Sanktionen auch gegen Unternehmen und Einzelpersonen zu verhängen.[15] Dem ist der UN-Sicherheitsrat bislang nicht gefolgt.

Gegenüber dieser rein auf die Repression von Friedensstörern gerichteten Praxis des UN-Sicherheitsrates vollbrachte UN-Generalsekretär *Kofi A. Annan* 1999 einen konzeptionellen „Quantensprung", als er auf dem Davoser Weltwirtschaftsgipfel den Global Compact und damit das Konzept öffentlich-privater Partnerschaften zum Zwecke der besseren Erfüllung der in der UN-Charta verankerten Ziele einführte.[16] Seitdem hat das UN-Sekretariat, vor allem das Global Compact Office, an der weiteren Ausgestaltung nicht nur des Global Compact, sondern der Beziehungen zwischen Vereinten Nationen und Unternehmen, auch in Konfliktsituationen, weitergearbeitet. *Annan* vermittelt immer wieder den Eindruck, dieses Thema mit besonderem persönlichem Interesse zu verfolgen. In die Operationalisierung öffentlich-privater Partnerschaften haben sich inzwischen auch das Entwicklungsprogramm der Vereinten Nationen (UNDP), die UN-Regionalkommissionen, das Kinderhilfswerk der Vereinten Nationen (UNICEF), die Organisation der Vereinten Nationen für Industrielle Entwicklung (UNIDO) und andere UN-Agenturen eingeschaltet.[17] Dabei gehen die Vereinten Nationen offenkundig davon aus, dass Unternehmen über die reine compliance hinaus auch spezifische, pro-aktive Maßnahmen im Sinne eines conflict-sensitive business ergreifen können.[18] Bemerkenswert – wenn auch nicht untypisch – ist, dass diese Innovationen vom UN-Sekretariat, den UN-Fonds und den UN-Sonderorganisationen angetrieben werden und sympathisierende Staaten sich in den intergouvernementalen Gremien – UN-Generalversammlung, UN-Sicherheitsrat und UN-Wirtschafts- und Sozialrat (ECOSOC)

---

[15] UN Doc. S/2002/1146 vom 16.10.2002.

[16] Näher dazu auch der Beitrag von B. Hamm, Neuere Entwicklungen des Global Compact, in diesem Konferenzband.

[17] Einen aktuellen Überblick über diese Aktivitäten verschafft der Bericht des UN-Generalsekretärs zu Enhanced Cooperation Between the United Nations and all Relevant Partners, in Particular the Private Sector, UN Doc. A/60/214 vom 10.08.2005.

[18] Hierzu gab das Global Compact Office im Juni 2002 einen eigenen Leitfaden heraus, nämlich: Business Guide to Conflict Impact Assessment and Risk Management, http://www.unglobalcompact.org/docs/issues_doc/7.2.3/BusinessGuide.pdf (20.04.06).

– darum bemühen, diesen Innovationen nachholende politische Legitimierung zu verschaffen. Hierin liegt eine wichtige politische Funktion der von Deutschland im Jahre 2000 initiierten UN-Generalversammlungs-Resolution „Auf dem Wege zu globalen Partnerschaften" (Towards Global Partnerships)[19] und der unter deutscher UN-Sicherheitsrats-Präsidentschaft im April 2004 abgehaltenen thematischen UN-Sicherheitsrats-Sondersitzung zur Rolle von Unternehmen in der Konfliktprävention, der Friedenserhaltung und der Errichtung einer Nachkonflikt-Friedensordnung.[20] In den Debattenbeiträgen der UN-Sicherheitsrats-Sitzung wurde die Rolle des Privatsektors bei der Verhütung und Bewältigung von Konflikten anerkannt. *Annan* sowie mehrere UN-Mitgliedstaaten verlangten konkretes, systematisches Follow-up; auch die USA erklärten – bei Betonung der Hauptverantwortung der Staaten für die Konfliktbearbeitung – ihre Unterstützung für „policy mechanisms that specifically focus on business in conflict". Mehrere Mitglieder des UN-Sicherheitsrates lobten die Berliner Afghanistan-Konferenz als Vorbild für die frühzeitige Einbeziehung des Privatsektors in den Wiederaufbau.

Annan kündigte die Einrichtung einer, mehrere UN-Gremien einbeziehenden Studiengruppe zur Ökonomie des Krieges an (Inter-Agency Group to Study the Political Economy of Armed Conflict). Als Follow-up zur UN-Sicherheitsrats-Sitzung fand im Dezember 2004 in New York ein Symposium statt, bei dem u.a. eine vom Global Compact Office beauftragte und vom Auswärtigen Amt finanzierte Studie „Enabling Economies of Peace: Public Policy for Conflict-Sensitive Business"[21] vorgestellt wurde. Diese Studie enthält neben detaillierten und ausgewogenen Sachdarlegungen auch zehn Politikempfehlungen an die Adresse von Staaten, Unternehmen, internationalen Finanzinstitutionen und an die Vereinten Nationen.

IV. Deutsche Handlungsoptionen in den Vereinten Nationen

Dies ist in etwa der Hintergrund, vor dem sich weitere deutsche Initiativen zur Präzisierung der Rolle von Unternehmen in der Konfliktprävention, der Friedenserhaltung und der Errichtung einer Nachkonflikt-Friedensordnung entfalten müssten.

---

[19] Zuletzt UN Doc. A/RES/60/215 vom 22.12.2005; Schwerpunkt der Resolution war abermals, den im Bereich der Partnerschaften und insbesondere beim Global Compact erzielten acquis politisch abzusichern. Die Resolution enthielt wiederum keine spezifischen Aussagen zur Rolle von Unternehmen in bewaffneten Konflikten.

[20] G. Pleuger (Fn. 1).

[21] K. Ballentine/V. Haufler (Fn. 3).

Das Ziel einer deutschen Initiative ist, wie in der Einleitung dieses Vortrages schon erwähnt, durch den Aktionsplan „Zivile Krisenprävention, Konfliktlösung und Friedenskonsolidierung" weitgehend vorgegeben: Es geht darum, bereits bestehende Ansätze zur Unternehmensverantwortung in Konflikt- und Post-Konflikt-Situationen zusammenzuführen. Es geht also nicht darum, neues Regelwerk aufzustellen, sondern bestehende Regeln, Verfahren und Erfahrungen zu konsolidieren und politisch abzusichern. Es liegt auf der Hand, dass ein derartiges, auf Konsolidierung eines bestimmten programmatischen und praktischen acquis zielendes Unterfangen nur dann sinnvoll ist, wenn es von einer breiten Zustimmung der UN-Mitgliedstaaten, aber auch der durch die Initiative betroffenen Akteure, getragen wird. Nur breite Zustimmung eröffnet die Chance, dass breit akzeptierte Regeln politische, auf Dauer eventuell sogar juristische, Verbindlichkeit erlangen.

Einer anerkannten Faustregel zufolge bedarf es der Erfüllung von fünf Faktoren, um UN-Initiativen, die breite juristische oder politische Akzeptanz anstreben, zum Erfolg zu führen:

- verbreitetes Empfinden der dringenden Regelungsbedürftigkeit;
- Mindestmaß an gemeinsamen Vorstellungen über den Gegenstand der Regelung;
- hinreichende Praxis (von Staaten, der Vereinten Nationen) zur Unterfütterung der zu vereinbarenden Regelungen;
- ein Kern von Staaten, die die politische Führerschaft übernehmen;
- durch Experten, Interessenvertreter oder NGOs multiplizierte Dynamik in Richtung der angestrebten fachlichen Lösung; d.h.: Keine „feindliche Dynamik" einflussreicher Interessengruppen.[22]

Als zusätzliche Komplikation für eine deutsche Initiative tritt hinzu, dass es gilt, das richtige Forum der Initiative zu wählen. Hier stehen nicht weniger als vier Alternativen zur Wahl, nämlich der UN-Sicherheitsrat, die UN-Generalversammlung, der ECOSOC sowie in absehbarer Zukunft die neue UN-Kommission für Friedenskonsolidierung (UNPBC).

Die Erfahrungen seit der UN-Sicherheitsrats-Sitzung im April 2004 berechtigen allenfalls zu gedämpftem Optimismus. Seinem deklamierten Problembewusstsein zum Trotze ist derzeit nicht feststellbar, dass der UN-Sicherheitsrat gewillt wäre, sich mit dem Thema der Unternehmensverantwortung in Konflikt- oder

---

[22] Vgl. hierzu einen sehr anschaulichen und praxisnahen Artikel der stellvertretenden Leiterin des Kodifizierungs-Referats in der Rechtsabteilung des UN-Sekretariats: M. Arsanjani, The Negotiations on a Treaty on Cloning: Some Reflections, in: S. Vöneky/R. Wolfrum (Hrsg.), Human Dignity and Human Cloning (2004), S. 146.

Post-Konflikt-Situationen erneut zu beschäftigen. Die Empfehlung der Studie „Enabling Economies of Peace – Public Policy for Conflict-Sensitive Business“,[23] dass der UN-Sicherheitsrat insbesondere in seiner Praxis der Mandatierung von UN-Friedensmissionen dem Problem der „Ökonomie des Krieges“ größere Aufmerksamkeit schenken sollte, würde vermutlich leer laufen. Zum einen fehlt es dem UN-Sicherheitsrat an Zeit und Expertise, um sich mit derart komplexen Fragen zu beschäftigen, zum anderen kann nicht ausgeschlossen werden, dass einzelne wichtige UN-Sicherheitsrats-Mitglieder insoweit befangen sind. Das Ringen im Sommer 2004 um eine UN-Sicherheitsrats-Resolution zur Eindämmung der sudanesischen „Ökonomie des Krieges“ lieferte dafür interessantes Material. Eine fundierte Auseinandersetzung mit der „political economy of armed conflict“ und der Ableitung politischer Konsequenzen hieraus wäre also allenfalls von der zukünftigen Peacebuilding Commission zu erwarten. Aber auch hier sollten keine übertriebenen Erwartungen gehegt werden, denn das angestrebte Konsenserfordernis in der Peacebuilding Commission und ihre enge Bindung an den UN-Sicherheitsrat könnten im Einzelfall bewirken, dass der UNPBC Knüppel in den Weg geworfen werden.

Aus deutscher Sicht ist bislang der ECOSOC das bevorzugte Gremium für die Propagierung einer Initiative zur Rolle von Unternehmen in der Konfliktprävention, der Friedenserhaltung und der Errichtung einer Nachkonflikt-Friedensordnung. Dies stünde im Einklang mit der vom High-level Panel gemachten und vom UN-Gipfel im September 2005 indossierten Empfehlung, dass der ECOSOC seine wirtschafts- und entwicklungspolitische Koordinierungsfunktion stärker im Hinblick auf soziale und wirtschaftliche Aspekte der Friedensbedrohung ausübt.[24] Allerdings haben die USA auch gegen die Befassung des ECOSOC Bedenken angemeldet. Dabei machen die USA geltend, dass Initiativen zur Unternehmensverantwortung in Konflikt- und Post-Konflikt-Situationen keine neuen Verpflichtungen zu Lasten von Unternehmen beinhalten sollten und die Initiative zu derartigen Vorstößen in den Vereinten Nationen bei Unternehmensverbänden selber liegen sollte.

Eine nüchterne Zusammenschau der verschiedenen Interessen ergibt also, dass die Voraussetzungen für eine deutsche Initiative zur Rolle von Unternehmen in Konflikt- und Nach-Konflikt-Situationen derzeit noch nicht optimal sind. Statt für hektischen Aktionismus möchte ich an dieser Stelle für ein wenig Geduld plädieren. Der Fortschritt liegt nicht in programmatisch-vorauseilenden Resolutionen, sondern in der Rezeption der best practices der verschiedenen UN-

---

[23] K. Ballentine/V. Haufler (Fn. 3).

[24] Näher dazu auch der Beitrag von T. Fues, Die aktuellen Reformbestrebungen der Vereinten Nationen: Implikationen für eine repräsentative Gestaltung der Weltpolitik, in diesem Konferenzband.

Akteure und der hieraus sprießenden, sich noch in Gärung befindenden, aber allmählich konsolidierenden Programmatik. Verfrühte programmatische Zuspitzung wäre vermutlich eher schädlich. Eine deutsche Resolutions-Initiative sollte es erst dann geben, wenn drei Vorbedingungen in höherem Maße als bisher erfüllt sind:

- die empirischen Grundlagen für eine konzeptionell konsolidierende Resolution sollten noch ausgeprägter sein; hierbei können das Global Compact-Büro im UN-Sekretariat, die vom UN-Generalsekretär eingesetzte „Arbeitsgruppe zur politischen Ökonomie von Konflikten", weitere von interessierten Staaten ausgerichtete Veranstaltungen am Rande des eigentlichen UN-Sitzungskalenders sowie, natürlich, die Praxis aufgeschlossener und sozial engagierter Unternehmen beitragen;
- die Reihen der Befürworter einer Initiative sollten sich noch stärker schließen; dies betrifft die Unterstützung durch Staaten, Sozialpartner (einschließlich der Internationalen Handelskammer) und NGOs; es sei daran erinnert, wie entscheidend deren Unterstützung für das Gelingen progressiver Vorhaben im Zeitraum des vergangenen Jahrzehnts waren (Stichworte: Landminen, Kleinwaffen, Internationaler Strafgerichtshof);
- es muss schließlich abgewartet werden, wie sich im Zuge der Verhandlungen über die Errichtung der neuen Peacebuilding Commission die Arbeitsteilung zwischen dieser und ECOSOC, aber auch UN-Sicherheitsrat und UN-Generalversammlung gestaltet.

Auf diese Fragen dürfte es spätestens in zwei Jahren hinreichende Antworten geben.

V. Vereinte Nationen im Wandel

Zuletzt soll anlässlich des 60. Geburtstages der Vereinten Nationen darauf eingegangen werden, inwiefern die Auseinandersetzung mit dem vorliegenden Thema – der Integration nichtstaatlicher Akteure in die Verwirklichung von UN-Zielen – auch ein Indiz für den Reifungsprozess der Vereinten Nationen ist.

Die UN-Charta betrachtete die Bereitstellung der öffentlichen Güter Frieden, Sicherheit, Menschenrechte und Wohlstand als Obliegenheit der Staaten, und es ist bis heute herrschende Ansicht, dass die Staaten in dieser Hinsicht weiterhin die Hauptverantwortlichen sind. Die amtliche Zusammenfassung der Sicherheitsrats-Sitzung vom 15. April 2004[25] und die Generalversammlungs-Resolu-

---

[25] G. Pleuger (Fn. 1).

tion Towards Global Partnerships[26] bestätigen das. Die in der Präambel der Allgemeinen Erklärung der Menschenrechte enthaltene Aufforderung, dass nicht nur Staaten, sondern auch „alle Organe der Gesellschaft" – was wohl Unternehmen beinhaltet – „sich diese Erklärung stets gegenwärtig halten", ist Ausdruck eines nach dem Zweiten Weltkrieg vorherrschenden Zeitgeistes, demzufolge die Sicherung des Friedens eines neuen, auf die Menschenrechte verpflichteten Gesellschaftsvertrages bedarf. Diese Vision wurde freilich durch den Ost-West-Konflikt verdrängt und erlebte ihre Renaissance erst durch die etwa zeitgleich auftretenden Phänomene der Überwindung des Ost-West-Konflikts und der Globalisierung.

Man würde die UN-Charta und die Allgemeine Erklärung der Menschenrechte überstrapazieren, wenn man in sie hineinläse, dass sie schon immer die „Organe der Gesellschaft", sprich – die Zivilgesellschaft, als gleichberechtigte politische Akteure – betrachtet hätten. Ebenso würde man nicht unbedingt die UN-Charta, aber doch die Staatenpraxis in den ersten fünfzig Jahren nach Beendigung des Zweiten Weltkrieges überinterpretieren, wenn man ihr einen umfassenden Sicherheitsbegriff unterstellte.

Erweiterter Sicherheitsbegriff und Öffnung der politischen Entscheidungsprozesse in Richtung der Zivilgesellschaft sind nicht die politische Perzeption des Jahres 1945, sondern erst der Jahre ab 1989. Umso bedeutender erscheint es, dass die Vereinten Nationen sich unter Generalsekretär *Kofi A. Annan* in prononcierter Weise für die neuen, durch die Globalisierung geschaffenen Realitäten, nämlich den Eintritt nichtstaatlicher Entitäten in den Kreis der politisch relevanten Akteure, geöffnet haben.

Die Vereinten Nationen vollzogen damit einen Schritt, der auch bisher für ihr Wirken symptomatisch war: Legitimität durch Inklusivität anzustreben.[27] Das Konzept der öffentlich-privaten Partnerschaften zwischen den Vereinten Nationen und privatwirtschaftlichen Unternehmen ist eine konsequente Operationalisierung des Leitbildes der Inklusivität. Neben dem Zuwachs an Legitimität versprechen sich die Vereinten Nationen von der Einbeziehung nichtstaatlicher Akteure auch einen Gewinn an Steuerungsfähigkeit. Die Partnerschaft der Vereinten Nationen mit der Privatwirtschaft ist hierfür ein besonders prägnantes Beispiel: Gegen den Widerstand der Wirtschaft ließe sich das Ideal einer „Ökonomie des Friedens" mit Sicherheit nicht realisieren.

---

[26] Siehe UN Doc. A/RES/60/215 (Fn. 19).

[27] Vgl. auch den Beitrag von V. Rittberger, Der Wandel im internationalen System und die Tendenz zu inklusiveren Vereinten Nationen, in diesem Konferenzband.

Kommentar

Hans-Heinrich Wrede*

Im Folgenden soll aus einer begrenzten Zeit Praxis in der UNESCO berichtet werden, in der ich zwei Jahre lang den Vorsitz des Exekutivrates innehatte.

Gestern in der Diskussion sind mir in Bezug auf die UNESCO zwei „provozierende“ Anmerkungen aufgefallen, die ich gern aufgreife: Einmal wurde gesagt, die Sonderorganisationen, z.B. die UNESCO, seien erpressbar, weil die Sonderorganisationen unmittelbar von den Mitgliedstaaten ihre Beiträge empfangen. Die UNESCO ist eine Sonderorganisation mit 191 Mitgliedern, die direkt auch Mitgliedsbeiträge zahlen. Zum anderen wurde die UNESCO wegen ihres „Erfolges“ kritisiert.

Vielleicht wurden da ein paar Dinge durcheinander gebracht und eigentlich mit Erstaunen registriert, dass bei der UNESCO durch die nationalen Kommissionen eine erfreuliche Einbeziehung von Expertise aus der Zivilgesellschaft und aus vielen Organisationen, die innerstaatlich mit Bildung, Wissenschaft, Kultur, Kommunikation befasst sind, stattfindet.

Die UNESCO heute ist mit einem geradezu skandalös geringen Haushalt ausgestattet: 610 Mio. Dollar für zwei Jahre. Das sind pro Jahr 305 Mio. Dollar. Meine Universität Heidelberg hat einen Jahresetat von 350 Mio. Euro. Wir haben etwa 2.200 Angehörige im Sekretariat, davon rund 600 in Regionalbüros oder „field offices“, wovon es 53 in der ganzen Welt gibt. Da bleibt für Programme außerhalb der Personal- und Administrativkosten nicht viel übrig.

---

* Botschafter Hans-Heinrich Wrede studierte Rechtswissenschaften und trat 1977 in den diplomatischen Dienst ein. Nach Tätigkeiten in verschiedenen Botschaften gehörte er seit 1986 der deutschen Delegation bei der KSZE-Konferenz in Wien an. Danach bekleidete er verschiedene Positionen im Auswärtigen Amt und leitete von 1994 bis 1995 das Büro des ehemaligen Außenministers Hans-Dietrich Genscher. Zwischen 1995 und 1998 war Botschafter Wrede u.a. für die Deutsche Botschaft in London und das Royal College of Defence Studies tätig. Von 1999 bis 2002 war er Leiter des Arbeitsstabs „Globale Fragen“ im Auswärtigen Amt. Seit Juli 2002 ist er Ständiger Vertreter Deutschlands bei der Organisation der Vereinten Nationen für Bildung, Wissenschaft und Kultur (UNESCO) in Paris und wurde am 20. Oktober 2003 für zwei Jahre zum ersten deutschen Präsidenten des UNESCO-Exekutivrates gewählt.

Was kann die UNESCO also schaffen?

Sie ist seit 1945 – auch wir feiern 60 Jahre Jubiläum! – die international anerkannte, zuständige Organisation für Bildung, Wissenschaft, Kultur und neuerdings auch für Kommunikation. Aber sie hat nicht die Mittel, das auch voll inhaltlich auszuführen. Sie nennt sich „lead agency“. Sie hat in vielen Kooperationen mit anderen UN-Organisationen, mit Nationalstaaten, aber auch mit Partnern aus dem Privaten Sektor und der Zivilgesellschaft die Führungsrolle in der Koordinierung. Aber sie kann eben nicht allein bestimmen, obwohl sie die Expertise hat, obwohl sich langjährige gute Erfahrungen angesammelt haben und obwohl gerade die UNESCO in langen kritischen Zeiten dazugelernt hat. Die Amerikaner blieben nicht umsonst 19 Jahre – von 1984 bis 2003 – fern. In dieser Zeit hat sich zuletzt einiges getan, insbesondere bzw. vor allem unter dem gegenwärtigen Generaldirektor *Koïchiro Matsuura.* Dieser ist jetzt über sechs Jahre im Amt und vor kurzem auf der Generalkonferenz für eine weitere Amtsperiode von vier Jahren wiedergewählt worden.

Wir haben 191 Mitglieder und den Exekutivrat, der 58 Mitglieder hat, besetzt aus den sechs verschiedenen Regionalgruppen. Dieser Exekutivrat hat große Aufgaben, die er nicht alle immer unbedingt perfekt erfüllen kann. Er soll sich um den Haushalt kümmern; er gibt Empfehlungen zur Ausgestaltung des Haushalts an die alle zwei Jahre stattfindende Generalkonferenz. Er organisiert die Vorwahl des Generaldirektors – das fand auf der letzten Sitzung statt – und er diskutiert fortwährend – er trifft sich zweimal pro Jahr – über die Programmprioritäten und versucht, die Arbeit des Sekretariats zu kontrollieren, nachzufragen und Weichen zu stellen. Das ist nicht immer einfach.

Wie machen wir das?

Der Exekutivrat mit 58 Mitgliedern, dem ich zwei Jahre vorstand, muss gezielt Forderungen formulieren, die der Generaldirektor mit seinem Sekretariat auszuführen hat. Wir haben unter meinem Vorsitz die „Spielregeln“ ein wenig geändert. Bei jedem Exekutivrat gibt es, wie in den Vereinten Nationen, eine Art „general debate“, innerhalb derer einige scheinbar eher harmlos wirkende Änderungen eingeführt wurden, die aber nachhaltige Wirkung haben. Jeder Mitgliedstaat von diesen 58 darf zu Beginn der „general debate“ einen einzigen Beitrag von nur acht Minuten leisten. Das führt dazu, dass nunmehr ein ganzer Tag – das gab es vorher nicht – zur Verfügung steht, an dem die Mitgliedstaaten – nach Antwort des Generaldirektors auf die 58 Interventionen – nachfragen können – nachfragen in der Weise, dass zwei oder drei Staaten eine Frage stellen und er dann direkt antwortet. Dieses Frage- und Antwortspiel – wir nennen das vornehm den „interaktiven Dialog" – gibt es kaum in anderen Organisationen. Und es hat sich bewährt. Das hat auch dazu geführt, dass wir bei den Wahlverfahren für den Generaldirektor auf unserem Exekutivrat im September, bei dem nur ein einziger Kandidat, nämlich der bisherige Generaldirektor, vorgeschlagen war, ebenfalls eine Frage- und Antwortsitzung hatten, die zeitlich nicht begrenzt war, und bei dem der Generaldirektor auf jede Frage, die ihm gestellt wurde, direkt antworten musste und dann auch Nachfragen möglich waren. Das hat der Generaldirektor, der Japaner *Koïchiro Matsuura*, bravourös geleistet. Während er dies tat, konnten die Mitglieder aus den übrigen 191 Mitgliedstaaten in einem Nebensaal auf Video-Leinwand die „Show" miterleben, so dass es im Sinne der Öffentlichkeit durchaus gut und ansehnlich für die Sichtbarkeit („visibility") der UNESCO war. Danach gab es, auch in öffentlicher Sitzung, die geheime Abstimmung. Er bekam von den 58 Stimmen, von denen 56 gültig waren, 55 (also 55 von 56 Stimmen). Das war ein überwältigender Vertrauensbeweis für den Generaldirektor, der dafür belohnt wurde, dass er in den sechs Jahren seiner Amtszeit das Management gestrafft, Personal reduziert und die weltweite Struktur der UNESCO durch die Ablösung vieler „field offices" nationaler Art hin zu „regional offices" geändert hat.

Natürlich ist damit in der Sache noch nicht viel geschehen. Dies betrifft an erster Stelle den entscheidenden Beitrag, den die UNESCO zur Erfüllung der UN Millennium Development Goals (MDGs) leisten soll. Zu nennen sind vor allem die Primärerziehung, die Grundschulausbildung und die Geschlechtergleichstellung. In diesem Bereich steht die UNESCO mit an der Spitze im UN-System, aber natürlich nicht allein. Wir sind angewiesen auf die Zusammenarbeit mit den vielen anderen Global Players: Sowohl die Staaten als auch Organisationen, wie z.B. die Weltbank, die massiv für die Grundbildungsprogramme engagiert ist, aber auch der Private Sektor. Bei der UNESCO ist z.B. auch Microsoft vertreten. *Bill Gates* war vor einem Jahr bei uns und hat auf eine schöne, öffentlich sehr wirksame Art und Weise, Computer und Ausbildungsprogramme für Schulen in Afrika zur Verfügung gestellt. Damals wurde auch die Frage thematisiert, ob nicht künftig die Computersysteme von Microsoft Afrika beherrschen würden. Da erwiderte der Generaldirektor, das müsse nicht sein, da auch jede andere Computerfirma eingeladen sei, uns ihre Computer zu geben. Und wir werden sie sinnvoll einsetzen! Entscheidend ist natürlich die nachvollziehbare Kontrolle dessen, was zwischen UNESCO und Microsoft vereinbart worden ist. Diese Vereinbarungen sind transparent und für Jedermann/frau einsehbar. Jeder Mitgliedstaat und jeder Repräsentant der Zivilgesellschaft kann sich darüber informieren, ob es einen unangemessenen Einfluss von Seiten dieses Unternehmens gibt.

Zurück zur UNESCO und zum UN-System:

Da die großen Fragen der Welt, Krieg und Frieden, in New York „entschieden“ werden, haben wir die Angewohnheit, immer nach New York zu schauen. Und natürlich fand auch in New York der wichtige Reformgipfel Mitte September 2005 statt. Trotzdem merken wir von Seiten der UNESCO, wie auch von anderen Organisationen, dass wir nicht immer nach New York blicken müssen, um gute Beispiele zu entwickeln. Im Gegenteil, es ist sinnvoll, sich die einzelnen Organisationen anzuschauen und zu prüfen, ob sie nicht auch etwas zu bieten haben, was von den anderen Organisationen übernommen werden kann. Ich bin zudem der Auffassung, dass sich New York überlädt. Es wurde mit Recht erwähnt, dass im UN-Sicherheitsrat über HIV/Aids diskutiert wird. Das ist wichtig wegen der Visibilität und damit gesehen wird, dass HIV/Aids ein weltweit ernstes Problem ist, was auch die internationale Sicherheit berührt. Im Prinzip haben wir ein sehr ausgewogenes, komplexes UN-System, in dem es Organisationen gibt, die bestimmte Zuständigkeiten haben, zum Thema HIV/Aids vor allem die Weltgesundheitsorganisation (WHO). Umgekehrt sehen wir an den kritischen Berichten von *Paul Volcker*, dass die Vereinten Nationen, ja sogar ihr Generalsekretär, teilweise überfordert sind. Ich plädiere daher für eine sinnvolle, bewusstere Arbeitsteilung, innerhalb derer man sich entsinnt, bei wem die eigentlichen Zuständigkeiten für die verschiedenen Tätigkeiten liegen.

Lassen Sie mich schließen:

Die UNESCO ist nicht spektakulär, sie ist politisch nicht „sexy“. Deswegen kommt sie auch nicht in das Licht der Öffentlichkeit. Wir haben kaum CNN-Soundbites zu bieten, weil die Arbeit der UNESCO langfristig ist. Denn irgendwelche Alphabetisierungsprogramme in Schulen in uns nicht bekannten afrikanischen Dörfern kommen nicht in die Schlagzeilen. Aber die UNESCO verdient Unterstützung und sollte – das ist auch eine Selbstkritik – effektvollere Öffentlichkeitsarbeit machen, wie es z.B. UNICEF tut. UNICEF, das Kinderhilfswerk der Vereinten Nationen, wird oft mit UNESCO verwechselt – UNICEF setzt sehr effektvoll Schauspieler und großartige Weltsportler ein, um auf ihre Projekte aufmerksam zu machen.

Die UNESCO hat begonnen, in der Öffentlichkeitsarbeit, aber auch in vielen anderen Bereichen dazuzulernen. Sie begnügt sich nicht mit ihren Erfolgen; sie bleibt auf der Suche nach neuen Wegen, ihr globales Mandat zu erfüllen. Und ich bin fest davon überzeugt: Die Organisation verdient unsere volle Unterstützung.

Der Wandel im internationalen System und die Tendenz zu inklusiveren Vereinten Nationen

Volker Rittberger*

I. Einleitung

Die gegenwärtige Weltpolitik ist durch fundamentale Wandlungsprozesse gekennzeichnet, die gemeinhin durch das Phänomen der Globalisierung beschrieben werden. Diese Wandlungsprozesse haben die Rahmenbedingungen kollektiven Handelns in und durch die Vereinten Nationen nachhaltig verändert. Kollektives Handeln auf Weltebene bezieht sich nicht mehr exklusiv auf den Regelungsbedarf von und Regierungsleistungen für staatliche Akteure, sondern umfasst Akteure der Staaten-, Wirtschafts- und Gesellschaftswelt. Mit anderen Worten: Die Vereinten Nationen werden inklusiver.

Ursächlich hierfür ist der fortschreitende Prozess der „dichten Globalisierung",[1] der zu einer verstärkten Verflechtung und Verdichtung der wirtschaftlichen, aber auch der sozialen und politischen Handlungszusammenhänge über die Grenzen von nationalen Gesellschaften hinaus führt. Auf diese Weise wird das Staatensystem westfälischer Prägung transformiert. Denn Staaten und ihre zwischenstaatlichen Institutionen weisen infolge der Globalisierungsprozesse zunehmend einen Verlust an Fähigkeiten zu Steuerung und Gestaltung der grenzüberschreitenden Handlungszusammenhänge auf, obschon die zwischenstaatlichen Institutionen gerade dazu geschaffen worden sind.

---

* Prof. Volker Rittberger, Ph.D., studierte von 1961 bis 1965 Rechts- und Politikwissenschaften an den Universitäten Freiburg i.Br. und Genf. Nach dem Ersten Juristischen Staatsexamen war er von 1966 bis 1973 als Doktorand und wissenschaftlicher Mitarbeiter an den Universitäten Freiburg i.Br. und Stanford (USA) sowie bei der Hessischen Stiftung Friedens- und Konfliktforschung (HSFK), Frankfurt a.M., tätig. Seither hat er den Lehrstuhl für Politikwissenschaft und Internationale Beziehungen der Universität Tübingen inne. Von 1978 bis 1998 war er Forschungsbeauftragter beim Ausbildungs- und Forschungsinstitut der Vereinten Nationen (UNITAR). Professor Rittberger ist seit 1989 Mitglied im Präsidium der Deutschen Gesellschaft für die Vereinten Nationen (DGVN), seit 2001 Mitglied des Stiftungsrats der Deutschen Stiftung Friedensforschung (DSF) und seit 2003 dessen Vorsitzender.

1 R.O. Keohane/J.S. Nye, Power and Interdependence (2001), S. 233.

Insbesondere zwei Entwicklungstendenzen tragen zur mangelnden Effektivität staatlicher und zwischenstaatlicher Regelungsmechanismen bei.[2] Erstens hat die Zunahme der grenzüberschreitenden Austauschprozesse in den letzten 15 Jahren neue „transsouveräne Probleme"[3] – wie etwa grenzüberschreitende Umweltprobleme, die Weiterverbreitung von Massenvernichtungswaffen, transnationaler Terrorismus und transnational organisierte Kriminalität – hervorgebracht und alte grenzüberschreitende Problembündel – wie die überregionale Ausbreitung von Krankheiten und Seuchen – verstärkt. Transsouveräne Probleme werden in immer höherem Maße von gesellschaftlichen Akteuren verursacht und zugleich in ihrer neuen Qualität einschließlich ihrer Ambivalenz mit Blick auf ihre gewaltmindernden oder gewaltsteigernden Implikationen von diesen wahrgenommen. Sie entziehen sich (einzel-)staatlicher Kontrolle und können nicht mehr unilateral, aber auch durch zwischenstaatliche (Regierungs-)Organisationen, d.h. in der Form des „Exekutiv-Multilateralismus"[4] wie den Vereinten Nationen, nicht mehr effektiv bearbeitet werden.

Somit hat die Globalisierung, zweitens, zu einer „Privatisierung" (besser: Vergesellschaftung) der Weltpolitik geführt. Damit ist gemeint, dass sich das Akteursspektrum auf internationaler Ebene erheblich ausdifferenziert hat. Neben den Akteuren der Staatenwelt treten weitere Akteursgruppen als autonom handelnde, grenzüberschreitende Mitspieler auf der Bühne der Weltpolitik auf: Die Marktkräfte bzw. deren Vertreter, also privatwirtschaftliche Unternehmen, und zivilgesellschaftliche Akteure, auch Akteure des dritten Sektors genannt. Diese nichtstaatlichen Akteure nehmen Aufgaben wahr oder üben Tätigkeiten aus, die in der Weltpolitik wegen ihrer Wirkung auf die Zuteilung von Werten in und zwischen Gesellschaften von Bedeutung sind und mit deren Erfüllung die nichtstaatlichen Akteure als mögliche „Konkurrenten" oder „Kooperationspartner" in originär staatlichen Handlungsfeldern auftreten.

Im Folgenden werde ich diese skizzierten Entwicklungslinien aufnehmen und eingehender betrachten. Zunächst stelle ich die veränderten Struktur- und Prozessmuster des internationalen Systems in ihren Grundzügen dar. Diese veränderten Muster haben die Bedingungen kollektiven Handelns in den internationalen Beziehungen und damit die Handlungs- und Gestaltungsmöglichkeiten der

---

[2] T. Brühl/V. Rittberger, From International to Global Governance: Actors, Collective Decision-Making, and the United Nations in the World of the Twenty-First Century, in: V. Rittberger (Hrsg.), Global Governance and the United Nations System (2001), S. 1-47.

[3] M.K. Cusimano, Beyond Sovereignty: The Rise of Transsovereign Problems, in: dies. (Hrsg.), Beyond Sovereignty: Issues for a Global Agenda (2000), S. 3.

[4] M. Zürn, Global Governance und Reflexive Denationalisierung: Outline eines Forschungsprogramms der Abteilung „Interkulturelle Konflikte, Gewalt und Menschenrechte" am Wissenschaftszentrum Berlin für Sozialforschung (2003).

Vereinten Nationen nachhaltig verändert. Vor dem Hintergrund dieser veränderten Rahmenbedingungen, so die daran anschließend entfaltete These, ist das Erscheinen neuer, innovativer Steuerungs- und Regelungsmechanismen in den Tätigkeiten der Vereinten Nationen jenseits der traditionellen Formen des Weltregierens, des globalen „Exekutiv-Multilateralismus", wie er sich im Sicherheitsrat oder in der Internationalen Atomenergie-Organisation (IAEA) manifestiert, zu analysieren (siehe unten II.). Im Abschnitt III. werde ich darauf hinweisen, dass sich gegenwärtig empirisch-analytisch ein neuer, wenn auch noch zaghafter Trend zu innovativen Steuerungs- und Regelungsmechanismen beobachten lässt, die als „inklusive Institutionen" beschrieben werden können.[5] Das Merkmal der „Inklusion" bezieht sich hier auf die institutionalisierte Einbeziehung von gesellschafts- und wirtschaftsweltlichen Akteuren in die Tätigkeiten von Organen und Organisationen des Verbands der Vereinten Nationen. Weltregieren mit und durch „inklusive Institutionen" ist somit ein tripartistischer politischer Prozess, an dem staatliche und zwischenstaatliche Akteure, Unternehmen und Organisationen der Zivilgesellschaft in nicht-hierarchischer, genauer: Heterarchischer Anordnung, beteiligt sind. Die angesprochene Tendenz zu inklusiveren Vereinten Nationen kann empirisch-analytisch bereits als eine Tatsache verbucht werden. Sie ist normativ-präskriptiv, zugleich aber auch eine Bestrebung, wie ich im Abschnitt IV. darlegen werde. Denn die institutionalisierte Einbeziehung nichtstaatlicher Akteure in die Entscheidungsprozesse und Tätigkeiten der Vereinten Nationen ist ein Maßstab, an dem sich zukünftige Reformansätze messen lassen müssen.

II. Strukturveränderungen des internationalen Systems und neue Rahmenbedingungen für die Vereinten Nationen

Die am tiefsten greifende Veränderung im internationalen System ist die fortschreitende Globalisierung der Welt, in der wir leben. Mit „Globalisierung" verbinden sich sehr unterschiedliche Bedeutungen.[6] Einigkeit besteht freilich darin, dass „Globalisierung" als (noch) nicht abgeschlossener, u.U. auch reversibler Prozess begriffen werden muss. Am weitesten ging hierbei *Reimut Jochimsen*, der Globalisierung als umfassendes soziales Entgrenzungsphänomen be-

---

[5] V. Rittberger/C. Huckel/L. Rieth/M. Zimmer, Inclusive Global Institutions for a Global Political Economy, Paper prepared for „Offene Sektionstagung der Sektion Internationale Politik der Deutschen Vereinigung für Politische Wissenschaft", Mannheim, 6./7.10.2005.

[6] J. Badura/B. Höhenrieder, Kultur, Differenz und ihre Überbrückung – Sondierungen zwischen Philosophie und Sinologie, in: ders./L. Rieth/F. Scholtes (Hrsg.), Globalisierung. Problemsphären eines Schlagwortes im interdisziplinären Dialog (2005), S. 115-139.

schreibt,[7] während *Michael Zürn*[8] „Entgrenzung" durch „Ausweitung sozialer Räume" ersetzt und vor allem deren Folgen für die Neustrukturierung politischer Räume entfaltet.

Diese, durch Globalisierung bedingte Entgrenzung politischer Räume heißt: Die im Nationalstaat der Neuzeit zum Ausdruck kommende Kongruenz von Territorium und legitimer öffentlicher Herrschaft löst sich auf:

- öffentliche Herrschaft unter den Bedingungen der Globalisierung führt zum einen zu deren Diffusion in der Vertikalen (nach unten und nach oben) – nach unten auf substaatliche Einheiten („Regionen", „Länder") und nach oben auf suprastaatliche Einheiten (z.B. Europäische Union (EU)) – ohne dass diese freilich „Staatsqualität" annehmen müssen;
- diese Entbündelung (Entgrenzung) von territorial verwurzelter Herrschaft geht aber noch über die Grenzen der Staatenwelt hinaus; es finden auch in der Horizontalen sowohl eine neue Herrschaftsteilung als auch Ansätze für eine darauf aufbauende – alles andere als widerspruchsfreie – Herrschaftssynthese zwischen Staatenwelt und Gesellschaftswelt statt.

1. Neue Akteure

Diese neue Herrschaftsteilung zwischen Staatenwelt und Gesellschaftswelt setzt voraus, dass Staaten nicht mehr die einzigen politikmächtigen Akteure auf globaler Ebene sind. Genauer kann auf globaler Ebene von einer Triade von Akteuren ausgegangen werden; diese besteht aus:

- staatlichen Akteuren (Staaten und zwischenstaatlichen Organisationen);
- zivilgesellschaftlichen Akteuren (wie z.B. NGOs) sowie
- privatwirtschaftlichen Akteuren (wie z.B. transnationalen Unternehmen).

Diese neue Herrschaftsteilung und die darauf ruhende emergente Herrschaftssynthese zwischen Staaten- und Gesellschaftswelt zeigen sich etwa in der zunehmenden Zahl von Partnerschaften zwischen staatlichen und nichtstaatlichen Akteuren (Public Private Partnerships (PPPs), globale Politiknetzwerke) oder in

---

[7] R. Jochimsen, Globalisierung heute. Was ist neu, wo liegen die Risiken?, in: ders. (Hrsg.), Globaler Wettbewerb und weltwirtschaftliche Ordnungspolitik, Stiftung Entwicklung und Frieden (SEF), EINE Welt Bd. 10 (2000), S. 14 ff.

[8] M. Zürn, Political Systems in the Postnational Constellation: Societal Denationalization and Multilevel Governance, in: V. Rittberger (Hrsg.), Global Governance and the United Nations System (2001), S. 48-87.

der damit einhergehenden Zunahme von Selbstregulierungsinitiativen von Akteuren der Gesellschafts- und Wirtschaftswelt (z.B. Verhaltenskodizes).[9]

Freilich verläuft diese Entwicklung nicht ohne Konflikte. Die entstehende Herrschaftsteilung und darauf basierende neue Herrschaftssynthese zwischen Staaten- und Gesellschaftswelt schlägt sich zunehmend in Forderungen der nichtstaatlichen Akteure nieder, in politische Entscheidungsprozesse auf internationaler Ebene einbezogen zu werden. Ein Beispiel hierfür ist die häufige Kritik an begrenzten formalen Beteiligungs- und Mitwirkungsmöglichkeiten für nichtstaatliche Akteure in internationalen Organisationen oder Organen (wie etwa der Welthandelsorganisation (WTO) oder im UN-Sicherheitsrat).[10] In der Staatenwelt wiederum gibt es Widerstände gegen den steigenden Einfluss nichtstaatlicher Akteure und zugleich Versuche, mit und in zwischenstaatlichen Institutionen den Primat der Staatenwelt aufrechtzuerhalten.

In der Gesellschaftswelt gibt es Konflikte vor allem zwischen zivilgesellschaftlichen Gruppen und dem privatwirtschaftlichen Sektor über das Maß der externen Kontrolle von Selbstregulierungsinitiativen. Diese Kontrolle der privatwirtschaftlichen Akteure wollen zivilgesellschaftliche Akteure vorzugsweise internationalen Organisationen (z.B. den Vereinten Nationen) mit der Maßgabe übertragen, dort mehr Mitbestimmung zu erreichen. Der privatwirtschaftliche Sektor betont dagegen das Freiwilligkeitsprinzip von Selbstregulierung oder Public Private Partnerships. Als Beispiel sei hier der Global Compact der Vereinten Nationen genannt.[11] In diesem Rahmen verpflichten sich Unternehmen, die Beachtung von zehn Prinzipien des Schutzes der Menschen- und Arbeitnehmerrechte, des Umweltschutzes und der Korruptionsbekämpfung in ihrem Tätigkeitsbereich mit eigenen Projekten zu fördern. NGOs fordern gleichwohl wirksame Überwa-

---

9 A.C. Cutler/V. Haufler/T. Porter (Hrsg.), Private Authority and International Affairs (1999); R.B. Hall/T.J. Biersteker (Hrsg.) The Emergence of Private Authority in Global Governance (2002); V. Haufler, A Public Role for the Private Sector. Industry Self-Regulation in a Global Economy (2001).

10 Die Proteste und Forderungen (vor allem von NGOs) zur formalen Öffnung dieser Organisationen werden von Staaten oft zurückgewiesen oder zumindest übergangen. Dennoch können diese Proteste und Forderungen einen Einfluss auf Politikergebnisse auf globaler Ebene haben, man erinnere sich z.B. an die Proteste von Seattle oder (aktuell) die Aktivitäten von NGOs im Rahmen der Kampagne für einen Schuldenerlass für Entwicklungsländer.

11 B. Hamm, Neuere Entwicklungen des Global Compact, in diesem Konferenzband; K. Nowrot, The New Governance Structure of the Global Compact. Transforming a „Learning Network" into a Federalized and Parliamentarized Transnational Regulatory Regime, in: C. Tietje/G. Kraft/R. Sethe (Hrsg.), Beiträge zum Transnationalen Wirtschaftsrecht Heft 47 (2005); S. von Schorlemer, Der „Global Compact" der Vereinten Nationen – ein Faust'scher Pakt mit der Wirtschaftswelt?, in: dies. (Hrsg.), Praxishandbuch UNO – Die Vereinten Nationen im Lichte globaler Herausforderungen (2003), S. 507 ff.

chungsverfahren zur Stärkung der Verantwortlichkeit (Accountability) der teilnehmenden Unternehmen. Unternehmen dagegen verweisen auf die Freiwilligkeit der Selbstregulierungsinitiativen und lehnen ein Monitoring durch Dritte ab.

2. Neue Problembündel

Die Globalisierung hat zum Aufkommen neuer, „transsouveräner" Probleme und zugleich zur Intensivierung alter Probleme geführt. Die terroristischen Anschläge vom 11. September 2001 auf das World Trade Center in New York und das Pentagon in Washington, D.C. waren diesbezüglich die negativen Höhepunkte. Zu diesen Problemen zählen u.a. grenzüberschreitende Umweltzerstörung, Flüchtlingsströme, sich globale ausbreitende Infektionskrankheiten und transnational organisiertes Verbrechen.

Der Reformbericht der Hochrangigen Gruppe („Eine sicherere Welt: Unsere gemeinsame Verantwortung")[12] unterscheidet zwischen „hard threats" und „soft threats" und identifiziert sechs gleichwertige Kategorien von Bedrohungen:

- sozioökonomische Bedrohungen (inklusive Armut, Krankheiten, Umweltzerstörung);
- zwischenstaatliche Kriege;
- innerstaatliche Gewaltkonflikte;
- Massenvernichtungswaffen;
- Terrorismus und
- organisierte Kriminalität.

Die Bearbeitung von „hard threats" und „soft threats" werden somit als gleichermaßen wichtige, ernstzunehmende Herausforderungen für Frieden und Sicherheit erachtet.

Diesen Bedrohungen kann von einzelnen Staaten und selbst von zwischenstaatlichen Organisationen nicht mehr mit Aussicht auf Erfolg begegnet werden. Sie stoßen bei der Bearbeitung dieser Probleme an die Grenzen ihrer Leistungsfähigkeit oder sie verzichten von vornherein darauf, Lösungen für bestimmte Probleme zu suchen. Gleichzeitig haben nichtstaatliche Akteure zunehmend die Fähigkeiten erworben, internationale Politik zu beeinflussen. Beispielhaft sei hier an die Einflussnahme von NGOs auf die Konferenz von Rom zur Einrichtung des Internationalen Strafgerichtshofes (ICC) oder die Kampagne zum Ver-

[12] Eine sicherere Welt: Unsere gemeinsame Verantwortung, Bericht der Hochrangigen Gruppe für Bedrohungen, Herausforderungen und Wandel, UN Doc. A/59/565 vom 2.12.2004.

bot von Landminen, die zur Unterzeichnung des Ottawa-Vertrages führte, erinnert.

Zusammenfassend lässt sich feststellen, dass in der internationalen Politik ein tiefgreifender Strukturwandel stattgefunden hat und noch stattfindet: Die Globalisierung hat dazu geführt, dass neben staatlichen und zwischenstaatlichen auch nichtstaatliche Akteure vermehrt auf globaler Ebene grenzüberschreitend relativ autonom agieren. Diese Ereignisse und Trends haben jedoch zu wiederkehrenden Lücken des – staatlichen oder zwischenstaatlichen – Regierungshandelns (Governance Gaps) im Bereich des Weltregierens in den und durch die Vereinten Nationen geführt.

Zum einen überfordern die heute dominierenden Problembündel auf globaler Ebene eine auf rein zwischenstaatliche Kooperation, geschweige denn auf unilaterales Handeln gestützte Politik. Trotz der Zunahme und der Zuspitzung von globalen Problemen sind die staatenweltlichen Kapazitäten zur Problembearbeitung diesen (harten und weichen, alten und neuen) Bedrohungen kollektiver Sicherheit schwerlich gewachsen. Es bestehen somit wiederkehrende Lücken auf Seiten der Effektivität („Output"-Legitimität). Effektivität wird hier definiert als die Fähigkeit einer Institution, zur Lösung eines Problems beizutragen, zu dessen Bearbeitung sie geschaffen wurde (Problemlösungseffektivität).

Zum anderen ist die Effektivität einer Institution auch davon abhängig, ob sie von allen nachhaltig Betroffenen (Stakeholder) als legitim wahrgenommen wird. Obgleich nichtstaatliche Akteure von den Entscheidungen zwischenstaatlicher Organisationen betroffen sind, wird ihnen eine angemessene Beteiligung und Mitwirkung an der Entscheidungsfindung verwehrt. Es besteht somit eine Legitimitätslücke („Input"-Legitimität). Unter Legitimität soll hier die Akzeptanz gesellschaftlicher Regeln und Strukturen durch die Regelungsbetroffenen verstanden werden; sie kann durch die Partizipation (und die Erlangung des aktiven Konsens) der Regelungsbetroffenen erhöht werden.

III. Die empirisch-analytische Dimension: Steigerung von Effektivität und Legitimität durch „inklusive Institutionen"

In diesem Abschnitt werde ich darlegen, dass in den vergangenen Jahren bemerkenswerte institutionelle Innovationen auf den Weg gebracht worden sind, welche die wiederkehrenden Lücken des Regierungshandelns in den und durch die Vereinten Nationen zu schließen vermögen, indem sie die herrschaftsfunktionale Trennung von Staatenwelt und Gesellschaftswelt ein Stück weit wieder aufheben, d.h. eine neue – begrenzte, keineswegs konfliktfreie – Herrschaftssynthese zwischen Staatenwelt und Gesellschaftswelt ermöglichen.

Diese neuen Institutionen zeichnen sich durch das Merkmal der „Inklusivität" aus. Dieses Merkmal bezieht sich auf die institutionalisierte Einbeziehung von gesellschafts- und wirtschaftsweltlichen Akteuren in die Tätigkeiten der Vereinten Nationen. Nichtstaatlichen Akteuren werden vertiefte Mitwirkungs- und Beteiligungsrechte eingeräumt, die über einen formalen Konsultativstatus, wie für NGOs beim Wirtschafts- und Sozialrat der Vereinten Nationen (ECOSOC) vorgesehen, hinausgehend erstens den Mitgliedstatus und zweitens bestimmte Rechte im Entscheidungsprozess zuerkennen. Neben Staaten und zwischenstaatlichen Institutionen sind somit auch nichtstaatliche (zivilgesellschaftliche und/oder privatwirtschaftliche) Akteure Mitglieder der Organisation.

Als Beispiele für inklusive Institutionen können das Programm der Vereinten Nationen zur Bekämpfung von HIV/Aids (UNAIDS), der Global Compact sowie der Globale Fonds zur Bekämpfung von Aids, Tuberkulose und Malaria (GFATM) angeführt werden. UNAIDS wurde 1996 gegründet und hat die Aufgabe, die bestehenden Initiativen innerhalb des Verbands der UN-Organisationen zur HIV/Aids-Bekämpfung zu koordinieren und Überlappungen zu reduzieren. Der Global Compact wurde im Jahre 2000 zwischen dem Generalsekretär der Vereinten Nationen und Wirtschaftsunternehmen geschlossen. Er hat zum Ziel, Wirtschaftsunternehmen zu Einhaltung und Förderung der Menschenrechte im Umfeld ihrer Geschäftstätigkeiten sowie auf soziale und ökologische Mindeststandards zu verpflichten. Der im Jahre 2002 gegründete Global Fund zielt darauf ab, zusätzliche finanzielle Ressourcen zu mobilisieren und nach Bedürftigkeit zu verteilen, um die genannten weit verbreiteten und ansteckenden Krankheiten nachhaltiger einzudämmen.

Inklusive Institutionen tragen zur Steigerung der „Input"-Legitimität bei, indem sie eine stärkere Beteiligung der Regelungsbetroffenen am Regieren auf globaler Ebene erlauben. Denn in ihnen wird eine problemfeldspezifische Verantwortungsteilung zwischen Staaten- und Gesellschaftswelt praktiziert. Beispielsweise sind im Hauptentscheidungsorgan von UNAIDS, dem Programme Coordinating Board, sowohl Staaten und UN-Organisationen als auch NGOs (darunter auch Repräsentanten der von der Krankheit Betroffenen) vertreten[13] und dem entsprechenden Organ des Global Fund, dem Foundation Board, gehören darüber hinaus auch Vertreter der Wirtschaftswelt mit Stimmrecht an.

---

[13] Das „Programm Coordinating Board" hat eine dreigliedrige Struktur; es besteht aus 22 Regierungsvertretern, zehn Vertretern internationaler Organisationen und fünf Vertretern von zivilgesellschaftlichen Organisationen. Stimmrecht haben jedoch nur die Vertreter von Staaten und von internationalen Organisationen.

Inklusive Institutionen tragen zugleich zur Steigerung der „Output"-Legitimität bei, indem sie die Mobilisierung gesellschaftsweltlicher Kapazitäten ermöglichen. Diese Kapazitäten sind Ergänzungsmittel, um die Bereitstellung der für das gesellschaftliche Zusammenleben wichtigen oder unverzichtbaren öffentlichen Güter (z.B. Frieden und Sicherheit, Umweltschutz, öffentliche Gesundheit, Menschenrechte) zu gewährleisten. Sie umfassen sowohl das Wissen und die praktische Expertise als auch die finanziellen Ressourcen nichtstaatlicher Akteure, durch deren Erschließung die Effektivität der Vereinten Nationen, also ihr Beitrag zur Lösung globaler Probleme gestärkt wird.

IV. Die normativ-präskriptive Dimension: Reformvorschläge

In der empirisch-analytischen Dimension lässt sich somit in unterschiedlichen Politikfeldern ein Trend zu inklusiven Institutionen im Rahmen der Vereinten Nationen feststellen. Inklusive Institutionen als neue, innovative Steuerungs- und Regelungsmechanismen sind in dieser Hinsicht eine Tatsache. In der normativ-präskriptiven Dimension ist die Inklusion von nichtstaatlichen Akteuren in die Tätigkeiten der Vereinten Nationen freilich auch eine von ihrem Ziel noch weit entfernte Bestrebung.

Die Herrschaftsteilung und darauf ruhende Herrschaftssynthese zwischen Staatenwelt und Gesellschaftswelt hat im UN-System zwar schon ihre Spuren hinterlassen, wird aber in der Reformdebatte nicht ausreichend gewürdigt, obgleich sich bereits weit reichende Reformvorschläge im Bericht des *Cardoso*-Panel,[14] der sich dem Verhältnis zwischen den Vereinten Nationen und der Zivilgesellschaft widmet, finden. Anschließend werde ich einige dieser Vorschläge aufgreifen und diskutieren und danach auf die Frage eingehen, ob, und wenn ja, auf welche Weise das bestehende Defizit der Legitimierung globaler zwischenstaatlicher Machtausübung durch die Gesellschaftswelt mittels einer Parlamentarisierung der Vereinten Nationen gelöst werden könnte.[15]

Im Juni 2004 wurde der Bericht der „Gruppe namhafter Persönlichkeiten für die Beziehungen zwischen den Vereinten Nationen und der Zivilgesellschaft", nach ihrem Vorsitzenden, dem früheren brasilianischen Staatspräsidenten *Fernando E. Cardoso*, auch *Cardoso*-Panel genannt, der Öffentlichkeit vorgestellt. Hintergrund der Einsetzung dieser Expertengruppe war, dass sich in der Vergangenheit

---

[14] We the Peoples: Civil Society, the United Nations and Global Governance, Report of the Panel of Eminent Persons on United Nations – Civil Society Relations, UN Doc. A/58/817 vom 11.06.2004.

[15] C. Zöpel, Vereinte Nationen und Parlamente, in: VN 53 (2005), S. 97-99; ders., Vereinte Nationen und Parlamente (II), in: VN 53 (2005), S. 145-148.

die Mitwirkung von NGOs an der Arbeit der Vereinten Nationen als ebenso konfliktreich wie produktiv erwiesen hat (z.B. im Rahmen der Weltkonferenzen der 1990er Jahre), und auch privatwirtschaftliche Akteure zunehmend in die Arbeit der Vereinten Nationen einbezogen wurden (z.B. durch den Global Compact und den Global Fund). Neben diesen wenigen inklusiven Institutionen gibt es aber in den meisten Organisationen und Organen des UN-Systems nur sehr beschränkte, formal geregelte Mitwirkungsmöglichkeiten für nichtstaatliche Akteure in den Beratungs- und Entscheidungsprozessen (Konsultativarrangement des UN-Wirtschafts- und Sozialrats gemäß Art. 71 der UN-Charta; „*Arria*-Formel" als informeller Konsultationsmechanismus im UN-Sicherheitsrat), wenngleich die Praxis durchaus schon über die in der UN-Charta niedergelegten Bestimmungen hinausgeht.[16]

Der *Cardoso*-Bericht plädiert für einen Ausbau der Beziehungen zwischen den Vereinten Nationen und NGOs, Privatwirtschaft und Parlamenten. Nach Ansicht von *Fues*[17] zeichnet der Bericht freilich:

> „das Wunschbild einer gewandelten UN, die allen Akteursgruppen als transnationales Weltforum dient. Die UN sollen sich vom traditionellen Multilateralismus lösen und externe Akteure als unverzichtbare Verbündete begreifen."

Im Einzelnen formuliert der Bericht Empfehlungen zu so unterschiedlichen Bereichen, wie dem Zugang von NGOs zur UN-Generalversammlung, der Zusammenarbeit des UN-Sicherheitsrates mit Organisationen der Zivilgesellschaft, der Zusammenarbeit der Vereinten Nationen mit nationalen Parlamenten und substaatlichen Gebietskörperschaften, einer Neuordnung des Akkreditierungsverfahrens für NGOs und einer Teilreform des Sekretariats, in dem der Posten eines Untergeneralsekretärs geschaffen werden soll, dem die Leitung eines neu zu errichtenden „Büro(s) für zivilgesellschaftliches Engagement und Partnerschaften"[18] übertragen wird.[19] Der Bericht hat jedoch verhaltene Reaktionen

---

[16] K. Martens, NGOs and the United Nations. Institutionalization, Professionalization and Adaptation (2005); UN-Non Governmental Liaison Service (NGLS)/G. Sidhu, Intergovernmental Negotiations and Decision-Making at the United Nations – A Guide (2003), http://www.unsystem.org/ngls/DMUN-prelim%20bprev1(PDF).pdf (20.04.06).

[17] T. Fues, Stärkung der Vereinten Nationen durch vertiefte Zusammenarbeit mit NGOs, Privatwirtschaft und Parlamenten, in: Deutsches Institut für Entwicklungspolitik (DIE) (Hrsg.), Analysen und Stellungnahmen, Heft 1 (2005), S. 3.

[18] T. Fues (Fn. 17), S. 3; H. Volger, Mehr Partizipation nicht erwünscht. Der Bericht des Cardoso-Panels über die Reform der Beziehungen zwischen den Vereinten Nationen und der Zivilgesellschaft, in: VN 53 (2005), S. 12-18.

[19] Auch von vielen NGOs wurde der Bericht nur sehr verhalten aufgenommen. Sie begrüßten zwar einzelne Vorschläge, kritisierten aber insbesondere das geplante Büro für Zivilgesellschaft und Partnerschaften, weil es die Zusammenarbeit mit den NGOs mit der Zusam-

hervorgerufen. Während viele Mitgliedstaaten zum Ausdruck bringen, dass sie nicht bereit seien, zivilgesellschaftlichen Akteuren größere, institutionell garantierte Mitwirkungsrechte einzuräumen, geht er letzteren in vielerlei Hinsicht nicht weit genug.

Eine bislang noch zu wenig diskutierte Frage, die der *Cardoso*-Bericht aufgeworfen hat, ist die Möglichkeit der Steigerung der Inklusivität durch eine Parlamentarisierung der Vereinten Nationen. Immerhin vier (Vorschläge 13-16) von dreißig Vorschlägen des *Cardoso*-Berichts sind dem Bereich „Zusammenarbeit mit gewählten Vertretern" gewidmet. Die Vorschläge bestehen aus einer auf vier Säulen aufbauenden Strategie:

- die Parlamente der Mitgliedstaaten sollen die UN-Politik systematischer behandeln;
- Parlamentarier sollen im Rahmen von UN-Konferenzen eine strategisch bedeutsame Rolle spielen;
- die Parlamente sollen sich stärker in internationale Politikprozesse einbringen;
- engagierte Parlamentarier sollen eine institutionalisierte Anlaufstelle bei den Vereinten Nationen erhalten.

Zugleich hat auch der Unterausschuss Vereinte Nationen des Auswärtigen Ausschusses des Deutschen Bundestages hierzu einen Bericht vorgelegt, auf dessen Grundlage der Bundestag am 16. Juni 2005 den Beschluss „Für eine parlamentarische Mitwirkung im System der Vereinten Nationen" fasste.[20] Der Beschluss bezieht sich erstens auf den „Ausbau der parlamentarischen Kontroll- und Mitwirkungsrechte durch den Deutschen Bundestag"; zweitens wird darin die „Gestaltung einer parlamentarischen Dimension der Vereinten Nationen" gefordert.

Eine solche Parlamentsfunktion auf der Ebene der Vereinten Nationen müsste die Gestalt eines Kontrollorgans annehmen, indem es zu mehr Transparenz in der Entscheidungsfindung beiträgt. Einer Kontrolle durch eine möglichst alle Mitgliedstaaten repräsentierende Parlamentarische Versammlung könnte insbesondere bei der Schaffung von Völkerrecht eine wichtige Legitimationsfunktion zufallen. Denn die Legitimationsproblematik hat eine neue Dimension erreicht, seitdem der UN-Sicherheitsrat im Rahmen der Bekämpfung des transnationalen

menarbeit mit anderen Gruppen (z.B. privatwirtschaftlichen Unternehmen) vermenge, obwohl diese sehr unterschiedliche Interessen und Voraussetzungen hätten.

20 Deutscher Bundestag, Antrag der Fraktionen SPD und BÜNDNIS 90/DIE GRÜNEN, Für eine parlamentarische Mitwirkung im System der Vereinten Nationen, BT-Drs. 15/5690 vom 15.06.2005.

Terrorismus[21] und der Weiterverbreitung von Massenvernichtungswaffen an nichtstaatliche Akteure[22] verbindliches Völkerrecht ohne Ratifizierung gesetzt und die Mitgliedstaaten zu dessen unmittelbarer innerstaatlicher Umsetzung verpflichtet hat.[23]

Eine Parlamentarisierung der Vereinten Nationen könnte, ergänzend zu der verbesserten Mitwirkung von nichtstaatlichen Akteuren, neue gesellschaftliche Legitimationsstrukturen entwickeln. Für volle parlamentarische Funktionen, wie Wahl und Kontrolle der Exekutive, Gesetzgebung und Repräsentation (welt-)gesellschaftlicher Interessen, fehlen auf globaler Ebene freilich noch die Voraussetzungen einer genügend weitgehenden Weltvergemeinschaftung. Denkbar wäre daher die Schaffung eines Vertretungsorgans, eine Art von Beratender Parlamentarischer Versammlung der Vereinten Nationen, zunächst als Unterorgan der UN-Generalversammlung konstituiert (vgl. Art. 22 der UN-Charta), dessen Mitglieder durch die Interparlamentarische Union (IPU)[24] unter Berücksichtigung regionaler und funktionaler Kriterien bestimmt würden. Mitglieder dieses Vertretungsorgans würden somit gewählte Delegierte der in der IPU zusammengeschlossenen Parlamente sein, d.h. der Parlamente jener Staaten, die ein unhintergehbares Mindestmaß der Demokratisierung erreicht haben. In Anbetracht dessen, dass in einigen UN-Mitgliedstaaten ein notwendiges demokratisches Grundverständnis nicht vorzufinden ist, bleibt die Frage nach ausreichender repräsentativer Funktion eines solchen Organs jedoch offen.[25]

V. Fazit und Ausblick

In den zurückliegenden Jahrzehnten haben sich signifikante Machtverschiebungen[26] zwischen der Staatenwelt, der Welt der wirtschaftlichen Akteure und der (Zivil-)Gesellschaft vollzogen. Deren Ergebnis besteht darin, dass die Staaten an exklusiver Normsetzungs-, Überwachungs- und Sanktionskompetenz eingebüßt

---

[21] UN Doc. S/RES/1373/2001 vom 28.09.2001.

[22] UN Doc. S/RES/1540/2004 vom 28.04.2004.

[23] V. Rittberger/H. Baumgärtner, Die Reform des Weltsicherheitsrats – Stand und Perspektiven, in: FW 80 (2005), S. 313-318.

[24] Zur IPU näher C. Kissling, Die Interparlamentarische Union im Wandel: Zu den Möglichkeiten repräsentativ-parlamentarischer Organisationen bei der Gestaltung von Global Governance, in diesem Konferenzband.

[25] Vgl. insbesondere R.A. Dahl, Can International Organizations Be Democratic? A Sceptic's View, in: I. Shapiro/C. Hacker-Cordon (Hrsg.), Democracy' Edges (1999), S. 19-36.

[26] J. Mathews, Power Shift, in: Foreign Affairs 1 (1997), S. 50-66.

haben.[27] Vor dem Hintergrund dieser veränderten Rahmenbedingungen ist das Erscheinen neuer, innovativer Steuerungs- und Regelungsmechanismen zu erklären, die ich als „inklusive Institutionen“ beschrieben habe. Inklusive Institutionen vermögen, die wiederkehrenden Lücken des Regierungshandelns zu schließen, indem die Regelungsbetroffenen selbst an der sie betreffenden Regelsetzung teilhaben. Sie tragen somit zu einer effektiven und legitimen Bearbeitung drängender globaler Probleme oder – mit anderen Worten – zu einer Steigerung der „Input“- und „Output“-Legitimität von Weltregieren in den und durch die Vereinten Nationen bei.

Die Errichtung und Verbreitung inklusiver Institutionen ist aber nicht nur ein empirischer Trend, sondern bietet sich zugleich als Bewertungsmaßstab für künftige Reformschritte in den Vereinten Nationen an. Die öffentliche Debatte konzentriert sich hauptsächlich auf die Reform des UN-Sicherheitsrates und anderer zwischenstaatlicher Organe der Vereinten Nationen. Die Auseinandersetzung über die Verteilung von Mitwirkungs- und Entscheidungsrechten zwischen den UN-Mitgliedstaaten in den Hauptorganen der Vereinten Nationen ist zweifellos ein wichtiger Bestandteil von Reformbemühungen, spiegelt aber ausschließlich das Bild einer staatenweltlich geprägten internationalen Politik wider; sie blendet die Realität einer zunehmend durch gesellschaftsweltliche Akteure geprägten transnationalen Politik aus. Die Vorschläge des *Cardoso*-Panel zur stärkeren Einbeziehung der Zivilgesellschaft in die Arbeit der Vereinten Nationen haben im Reformbericht von UN-Generalsekretär *Kofi A. Annan*[28] und erst recht im Ergebnisdokument des UN-Weltgipfels 2005[29] nur geringen Widerhall gefunden. Insoweit die Reformdebatte die politikmächtige Realität einer gesellschaftsweltlich verankerten transnationalen Politik nahezu völlig ausblendet, kann sie den auf das UN-System wartenden Herausforderungen nicht gerecht werden.

Will man die Vereinten Nationen jedoch ernsthaft für eine Bearbeitung der heutigen Weltprobleme „fit machen“, wird man innovative institutionelle Modelle als zukunftsfähige Leitbilder nicht aus der Reformdebatte ausblenden können. Nicht diese oder jene Veränderungen der Hauptorgane sollten Dreh- und Angelpunkt der Reform sein, sondern institutionelle Innovationen wie der Global

---

[27] V. Rittberger, „Ein problematisches Streben“. Ständiger Sitz für Deutschland im Sicherheitsrat?, in: WZB-Mitteilungen 105 (2004), S. 20-22; V. Rittberger/H. Baumgärtner (Fn. 23).

[28] In größerer Freiheit: Auf dem Weg zu Entwicklung, Sicherheit und Menschenrechten für alle, Bericht des Generalsekretärs der Vereinten Nationen, UN Doc. A/59/2005 vom 21.03.2005.

[29] Ergebnis des Weltgipfels 2005, UN Doc. A/RES/60/1 vom 24.10.2005 (Sitzung am 15.09.2005).

Compact, UNAIDS oder der Global Fund als Vorschein einer Zukunft erkannt werden, in der die Vereinten Nationen aus dem allzu starren Korsett der Staatenwelt herauswachsen und ihr neue, pragmatische Verantwortungsteilungen zwischen Staatenwelt und Gesellschaftswelt für ein passables Weltregieren gelingen.

Mit anderen Worten: Der bislang zaghafte Trend zu inklusiveren Vereinten Nationen muss als entschiedener Reformweg fortgeführt werden.

Gewaltenteilung im politischen System der Weltgesellschaft

Christoph Zöpel*

I. Einleitung

Die Präambel der UN-Charta sagt, dass die Völker der Vereinten Nationen durch ihre Regierungen eine Internationale Organisation errichtet haben, die den Namen „Vereinte Nationen“ führen soll. Sie wollten dadurch „die Menschheit“ vor der Geißel des Krieges bewahren, sie bekräftigten ihren Glauben „an die Grundrechte des Menschen“, „an Würde und Wert der menschlichen Persönlichkeit“, an „die Gleichberechtigung von Mann und Frau sowie von allen Nationen, ob groß oder klein“, sie waren entschlossen, „die Achtung vor den Verpflichtungen aus Verträgen und anderen Quellen des Völkerrechts“ zu wahren und „den sozialen Fortschritt“ in „größerer Freiheit“ zu fördern.

Die Begriffswahl der UN-Charta hat Bezüge zum Völkerrecht, wie es sich seit der frühen Neuzeit, vor allem seit dem Westfälischen Frieden, entwickelt hat; Internationale Organisationen auf dieser Grundlage waren 1945 nichts Neues.[1] Und sie hat Bezüge zu globalen Gemeinsamkeiten aller Menschen, zu universellen Wertgrundlagen von Demokratie. Traditionell völkerrechtliche wie neuere global-demokratische Begriffe gehen ineinander über: Die Gleichberechtigung von Mann und Frau wie die Gleichberechtigung großer und kleiner Nationen sind in einem Satz miteinander verbunden.

Auf dieser historisch-begrifflichen Grundlage ihrer Charta lassen sich die Entwicklung wie die zukünftigen Perspektiven der Vereinten Nationen als Weltorganisation unterschiedlich darstellen.

---

* Nach dem Studium der Wirtschaftswissenschaften, der Philosophie und des Öffentlichen Rechts war Dr. Christoph Zöpel von 1974 bis 1979 Vorsitzender des SPD-Unterbezirks Bochum und von 1975 bis 1995 Mitglied des Landesvorstands Nordrhein-Westfalen. Von 1972 bis 1990 war er Mitglied des Landtages Nordrhein-Westfalen, wo er von 1978 bis 1990 verschiedene Ministerposten innehatte. Von 1990 bis 2005 war Dr. Zöpel Mitglied des Deutschen Bundestages und von September 1999 bis Oktober 2002 Staatsminister beim Bundesminister des Auswärtigen. Von Oktober 2002 bis September 2005 war er Vorsitzender des Unterausschusses Vereinte Nationen. Dr. Zöpel ist seit Dezember 2003 Vorsitzender der Deutschen Gesellschaft für die Vereinten Nationen (DGVN).

1 D.N. Addy, Zur Geschichte Internationaler Organisationen, in: U. Albrecht/H. Volger (Hrsg.), Lexikon der Internationalen Politik (1997), S. 245-250.

Die Pole solcher interpretativen Darstellungen sind:

- die Vereinten Nationen als eine Organisation der Staaten bzw. der Staatengemeinschaft auf völkerrechtlicher Basis und
- die Vereinten Nationen als der institutionelle global-politische Rahmen und der zentrale global-politische Akteur der Weltgesellschaft.

Unterschiedliche Darstellungen zwischen diesen Polen sind abhängig von den wissenschaftlichen Disziplinen, die sie vornehmen, und innerhalb der Disziplinen von konkurrierenden Theorien, die ihnen zugrunde liegen. Leitdisziplin für die Analyse der Vereinten Nationen ist die Internationale Politik. Ihre Theorien sind seit ihren Anfängen nach dem Ersten Weltkrieg, und damit gleichzeitig seit der Gründung des Völkerbundes, bestimmt vom Gegensatz der realistischen und der idealistischen Schule. Allerdings ist die Weiterentwicklung der Theorien in starkem Maße von der Geschichte bzw. der Politik des Völkerbundes und der Vereinten Nationen beeinflusst.

Die realistische Theorie der Internationalen Politik hat methodischen Vorlauf in der Geschichtswissenschaft, in der Geschichtstheorie *Leopold von Rankes*, seiner „Lehre von den großen Mächten", orientiert am System und der Praxis der Internationalen Politik in der Ära nach 1815, der „Wiener Ordnung".[2] Die idealistische Schule hat methodischen Vorlauf in der Politischen Philosophie der Aufklärung, vor allem *Immanuel Kants*, und sie findet Ergänzung durch die Soziologie, vor allem durch die soziologische Systemtheorie. Politische Wissenschaft wie Geschichtswissenschaft und Politische Philosophie laufen Gefahr verengter Erklärungen, wenn sie allgemeine gesellschaftliche Entwicklungen zu wenig beachten. Alle Sozial- und Kulturwissenschaften tun dies, wenn sie, bedingt durch die methodologische Dichotomie zwischen ihnen und den Naturwissenschaften, technologische Entwicklungen ausblenden. Diese theoretischen wie wissenschaftstheoretischen Aspekte gehören zu einer umfassenderen Analyse und Prognose der Entwicklung der Vereinten Nationen. Dabei wird aber immer – explizit oder implizit – Position bezogen, hier für die sozialwissenschaftlich begründbare Position, dass sich „die Menschheit" im Verlauf des 20. Jahrhunderts zu einer „Weltgesellschaft" integriert hat. Die Kontroversen um diesen Begriff und seinen Realitätsgehalt sind vor allem bestimmt von der sozialwissenschaftlichen Auffassung, dass Gesellschaften dadurch politisch integriert werden, dass sie staatlich organisiert sind.[3] Da mit guten Gründen von den Ver-

---

[2] G.T. Mollin, Internationale Beziehungen als Gegenstand der deutschen Neuzeit – Historiographie seit dem 18. Jahrhundert. Eine Traditionskritik in Grundzügen und Beispielen, in: W. Loth/J. Osterhammel (Hrsg.), Internationale Geschichte (2000), S. 3-30.

[3] V. Bornschier, Weltsystem, in: D. Nohlen (Hrsg.), Lexikon der Politik, Bd. 6, Internationale Beziehungen (1994), S. 615-622.

einten Nationen als einem „Staat" der „Weltgesellschaft" nicht gesprochen werden kann, stellt sich die ganz prinzipielle Frage nach der politischen Integration und damit dem politischen System der Weltgesellschaft. Gedankliche Konstrukte von der Verflüchtigung des Politischen im Zusammenhang der Globalisierung sind feuilletonistische Fiktion, der Mensch als *zóon politikon*, von *Aristoteles* begrifflich definiert, wird eine geschichtsunabhängige anthropologische Konstante bleiben.

II. Weltgesellschaft

Im Verständnis der Soziologie ist Gesellschaft, so exemplarisch *Karl-Heinz Hillmann*,

> „die umfassende Ganzheit eines dauerhaft geordneten, strukturierten Zusammenlebens von Menschen innerhalb eines bestimmten räumlichen Bereichs."[4]

Aus der Vielfalt sozialtheoretischer Konzeptionen von Gesellschaft sind für die Perspektive der Weltgesellschaft und ihres politischen Systems fünf Aspekte von besonderer Bedeutung:

- die Umwelt der Gesellschaft, die aus der Natur und anderen Gesellschaften bestehen kann;
- die gesellschaftsintegrativen Gemeinsamkeiten wie Werte, Normen, Institutionen;
- ihre Sanktionsmechanismen;
- der Zusammenhang von Kultur und Gesellschaft;
- ihr Funktionieren durch Handeln – vor allem *Talcott Parsons* – oder durch Kommunikation – vor allem *Niklas Luhmann* und *Jürgen Habermas*.

1. Theorien der Internationalen Politik und die Weltgesellschaft

Der erste Aspekt, die Umwelt von Gesellschaft, hat Bezug zur realistischen Theorie der Internationalen Politik wie zur Geschichtstheorie des Rankeschen Historismus wie auch zur Politischen Philosophie.[5] Konstitutiv für diese Theo-

---

[4] K.-H. Hillmann, Gesellschaft, in: G. Reinhold (Hrsg.), Soziologie-Lexikon (2000), S. 215-225.

[5] Siehe O. Höffe, Demokratie im Zeitalter der Globalisierung (2002), S. 14: „Von den ersten großen Vertretern, Platon und Aristoteles, (...) bis weit in unser Jahrhundert liegt die entscheidende Bezugsgröße der Rechts- und Staatsphilosophie im partikularen Gemeinwesen."

rien ist das unabhängige Nebeneinander von Staaten, die ihre Gesellschaften politisch integrieren. Umwelt dieser Gesellschaften sind dementsprechend andere Gesellschaften, ihre Beziehungen untereinander werden durch die Beziehungen ihrer Staaten zueinander bestimmt, Beziehungen, die im „chaotischen" Machtspiel bestehen, im „unlimitierten Nullsummenspiel um Macht, Einfluss, Ressourcen".[6]

Die Verbindung von geschichts- mit sozialwissenschaftlichen Forschungsansätzen hat zu Veränderungen dieser politik- und geschichtswissenschaftlichen Konzepte geführt. Dazu beigetragen haben die neuere Internationale Geschichte,[7] Darstellungen der Geschichte der Internationalen Beziehungen[8] und der Geschichte der Globalisierung[9] sowie aktualisierte oder neuere Theorien der Internationalen Politik. Gerade schematisierte Darstellungen dieser Theorieentwicklung geben wichtige Hinweise für die sozialwissenschaftliche Konzipierung der Weltgesellschaft.

Die Gegenüberstellung der „Akteure" und der „Milieus" der Internationalen Beziehungen in den „Großtheorien" Realismus und Idealismus durch *Reinhard Meyers*[10] zeigt die Grundlage dieser beiden paradigmatischen Ansätze auf: Es stehen sich gegenüber der Nationalstaat und das Individuum sowie die Staatenwelt als internationaler anarchischer Naturzustand und international verbundene Gesellschaften von Menschen als Individuen. Die Orientierung an den Grundrechten dieser Menschen führt zur gesellschaftstheoretischen Analyse der Internationalen Beziehungen und nimmt dem Staat seine sozialtheoretische oder geschichtsphilosophische Sonderstellung. Das bleibt in der Schematisierung *Meyers* gültig für die „individuellen" oder „gesellschaftlichen Akteure" und die „transnationale Gesellschaft" in der Theorie des interdependenzorientierten Globalismus, für Akteure, die Klasseninteressen vertreten und die internationale Klassengesellschaft der Imperialismustheorien, für die Theorien eines kapitalistischen Weltsystems wie für die Dependenztheorien, die Abhängigkeiten der Peripherien von den Metropolen der Welt erklären. Alle diese Theorien weisen über den Nationalstaat hinaus und damit perspektivisch über die „nationalstaatliche" Gesellschaft – und das lange bevor die postnationale Konstellation der Internationalen Beziehungen unter diesem Begriff thematisiert wurde.[11]

---

6 R. Meyers, Internation. Beziehungen/Internationale Politik, in: D. Nohlen (Hrsg.) (Fn. 3).

7 Dazu umfassend W. Loth/J. Osterhammel (Fn. 2).

8 H.H. Nolte, Die eine Welt. Abriss der Geschichte des internationalen Systems (1992); H. Kleinschmidt, Geschichte der internationalen Beziehungen (1998).

9 J. Osterhammel/N.P. Petersson, Geschichte der Globalisierung (2003).

10 R. Meyers (Fn. 6), S. 226.

11 J. Habermas, Die postnationale Konstellation (1998); politiktheoretisch dazu B. Zangl/M. Zürn, Frieden und Krieg. Sicherheit in der nationalen und postnationalen Konstellation (2003).

Derartige Paradigmenwechsel in der Erklärung historischer Sachverhalte vollziehen sich interdependent in der Realität wie in der Reflexion. Realität in der Internationalen Politik seit der Gründung der Vereinten Nationen sind die Überwindung des Kolonialismus, der Ost-West-Konflikt und sein Ende mit der Implosion der kommunistischen Staaten in Europa, die europäische Integration in die Europäische Union (EU), die Zunahme internationaler Institutionen und Verträge, das grenzüberschreitende, weltweit ausgerichtete Engagement unzähliger Menschen für humane Werte, die so eine globale (Zivil-)Gesellschaft entstehen ließen. All das ist in den Theorien der Internationalen Politik reflektiert worden, der Einfluss innen- bzw. gesellschaftspolitischer Interessen auf die Außenpolitik durch liberale wie marxistische Konzepte, die Bedeutung der globalen Institutionalisierung durch institutionalistische Ansätze, der Einfluss von Normen auf die Außenpolitik der Staaten wie auf die Bildung und die globale Politik dieser Institutionen durch den Sozialkonstruktivismus.

2. *Niklas Luhmann*: Weltgesellschaft

Das führt für die Theorie der Internationalen Politik zur postnationalen Konstellation, etwa ein Vierteljahrhundert nach der systemtheoretischen Ableitung des Konzepts der Weltgesellschaft durch *Niklas Luhmann* 1971.[12]

In seinem Beitrag „Weltgesellschaft" im Archiv für Rechts- und Sozialphilosophie konstatiert *Luhmann*, „die These, dass die Angelegenheiten aller Menschen irgendwie zusammenhängen", dürfte „heute kaum Widerspruch finden".[13] Als Möglichkeit, kontingent, können alle Menschen miteinander in Kommunikation und in Interaktion treten. Die dabei entstandene Weltgesellschaft ist ein evolutionär völlig neuartiges Phänomen. Sie unterscheidet sich von den „traditionellen Regionalgesellschaften", die ihre Grenzen hatten und politisch konstituiert waren.[14] Hier trifft sich *Luhmann* mit den Prämissen der realistischen Theorie der Internationalen Politik, dem Rankeschen Historismus und der Tradition der Politischen Philosophie. Für *Luhmann* sind diese Regionalgesellschaften aus vor allem zwei Gründen evolutionär überholt:

- erstens, für die sich mehr und mehr funktional in Teilsysteme wie Wirtschaft, Wissenschaft, Religion, ausdifferenzierenden Gesellschaften gibt es keine einheitlichen Grenzen mehr – Wissenschaftler kommunizieren über die Grenzen ihrer Staaten hinweg;

---

[12] N. Luhmann, Soziologische Aufklärung, Bd. 2 (1986).
[13] N. Luhmann (Fn. 12), S. 51.
[14] N. Luhmann (Fn. 12), S. 57.

- zweitens, die Integration über Politik und Normen versagt für die Weltgesellschaft.

Das ist eine sozialwissenschaftlich-programmatisch herausragende These, weil nach *Luhmann* Theorie der Gesellschaft nur noch „Theorie der Weltgesellschaft" sein kann. Die „Einheit einer alle Funktionen umfassenden Gesellschaft ist nur in der Form der Weltgesellschaft möglich."

Die wesentliche Begründung für diese These mit schwerwiegenden Implikationen für die theoretische Perzeption und praktische humane Gestaltung der Weltgesellschaft heißt:

> „Offensichtlich ist mit Hilfe der normativen Mechanismen, vor allem des Rechts, auf der Ebene politisch konstituierter Regionalgesellschaften eine evolutionär unwahrscheinliche Hochleistung stabilisiert und damit erwartbar gemacht worden – nämlich die verlässliche Motivation zu nahezu beliebig spezialisierbarem Handeln. Auf diese Weise konnte ungewöhnlich hohe Kontingenz und Komplexität in sozialen Beziehungen aufgebaut, strukturell stabilisiert und psychisch tragbar gemacht werden – aber in Abhängigkeit von regional konsolidierten politischen Mechanismen. Es könnte sein, dass diese eigentümliche Kombination von Recht und Politik gerade in ihrer besonderen Leistungsfähigkeit eine Fehlspezialisierung der Menschheitsentwicklung war, die sich, vorläufig jedenfalls, nicht auf das System der Weltgesellschaft übertragen lässt."[15]

Luhmann sucht deshalb nach Alternativen für die Überwindung des „prekär unbilanzierten Zustands der Weltgesellschaft". Dazu sollte die Wissenschaft, *Luhmann* konkretisiert die Soziologie,

> „der Tatsache unbefangen gegenübertreten, dass eine Weltgesellschaft sich konstituiert hat, ohne sich auf politische und normative Integration zu stützen."[16]

Der Zustand der Weltgesellschaft wäre dann „weniger einem Versagen der an sich zuständigen politisch-rechtlichen Integrationsmechanismen zuzuschreiben."[17] Das Problem liegt für ihn:

> „in einer weiten Diskrepanz von Möglichkeitsproduktion und Lernfähigkeit, einer Diskrepanz, die nur durch kognitive Mechanismen der Forschung und Planung langsam vermindert werden kann."[18]

---

[15] N. Luhmann (Fn. 12), S. 57.
[16] N. Luhmann (Fn. 12), S. 71.
[17] N. Luhmann (Fn. 12), S. 71.
[18] N. Luhmann (Fn. 12), S. 71.

Offenkundig liegt hier eine zentrale theoretische Grundlage vielfältiger wissenschaftlicher Bemühungen um Erklärung von Regieren bzw. Governance in der postnationalen Konstellation. Es gibt vielfach die Meinung, dass diese Governance prinzipiell anders sein werde oder müsse als in der Nation, in den territorial abgegrenzten Regionalgesellschaften. Anders meint dabei häufig weniger parlamentarisch, weniger institutionalisiert, mehr in der Verantwortung einzelner, global verbundener Akteure, darunter globaler wissenschaftlicher communities.[19]

Dem kann entgegengehalten werden, dass wertbezogene gesellschaftliche Integration und deren institutionalisierte Sicherung eine mehrtausendjährige Tradition haben. Das sieht *Luhmann* durchaus für Europa. Es fragt sich dann, ob diese Art der Gesellschaftsbildung nicht sozialanthropologisch universell ist. Der in den USA lebende indische Nobelpreisträger für Wirtschaftswissenschaften, *Armatya Sen*, zeigt, dass die Werte, die durch die europäische Aufklärung verbreitet wurden, durchaus auch der geistig-kulturellen Tradition asiatischer Denkrichtungen entsprechen. Ihre Gültigkeit auf die geschichtliche Realität konkreter Staaten im 20. Jahrhundert zu reduzieren, sei abwegig.[20] Jeder Deutsche muss dem zustimmen – trotz *Kant* gab es *Hitler*.

Der Beitrag *Luhmanns* ist methodologisch und sozialtheoretisch zentral für das Konzept der Weltgesellschaft im Zusammenhang des neueren Globalisierungsdiskurses. Der Begriff der Weltgesellschaft ist deutlich älter. Er ist einzuordnen in die wissenschaftsgeschichtliche Entwicklung des Weltbegriffs. In diesem Kontext ist auf *Kants* „Weltbürgergesellschaft" zu verweisen, die er nach *Hermann Braun* als „Träger des Postulats von Öffentlichkeit als Prinzip" versteht.[21] Nach *Luhmanns* Aufsatz des Jahres 1971 ist die Arbeit am Konzept der Weltgesellschaft im deutschsprachigen Bereich fortgesetzt worden. Hervorzuheben sind „Die Weltgesellschaft im Spiegel von Ereignissen" von *Peter Heintz,*[22] der Aufsatz „Weltgesellschaft: Identifizierung eines 'Phantoms'" der Forschungsgruppe Weltgesellschaft an der TH Darmstadt und der Universität Frankfurt aus dem Jahre 1996,[23] die von *Ulrich Beck* herausgegebene Aufsatzsammlung „Perspek-

---

19 Exemplarisch: A. Benz, Postparlamentarische Demokratie und kooperativer Staat, in: C. Leggewie/R. Münch (Hrsg.), Politik im 21. Jahrhundert (2001), S. 263-280.

20 A. Sen, Ökonomie für den Menschen (2002).

21 H. Braun, Welt, in: O. Brunner/W. Conze/R. Koselleck (Hrsg.), Geschichtliche Grundbegriffe. Historisches Lexikon zur politisch-sozialen Sprache in Deutschland, Bd. 7 (1992), S. 433-510. Siehe auch R. Stichweh, Weltgesellschaft, in: J. Ritter/K. Gründer/G. Gabriel (Hrsg.), Historisches Wörterbuch der Philosophie, Bd. 12 (2004), S. 486-490.

22 P. Heintz, Die Weltgesellschaft im Spiegel von Ereignissen (1982).

23 Forschungsgruppe Weltgesellschaft, Weltgesellschaft: Identifizierung eines „Phantoms", in: PVS 1 (1996), S. 5-26.

tiven der Weltgesellschaft" 1998,[24] *Richard Münchs* „Globale Dynamik, lokale Lebenswelten. Der schwierige Weg in die Weltgesellschaft"[25] sowie die jeweils „Weltgesellschaft" betitelten, im Jahre 2000 erschienenen Bücher von *Rudolf Stichweh*[26] und *Theresa Wobbe.*[27]

3. Entwicklung der Weltgesellschaft in der Realität

Luhmann bezeichnet Weltgesellschaft als ein evolutionär neuartiges Phänomen. Fast dreißig Jahre später sieht *Wobbe* sie als ein „emergentes Phänomen", das spezifischerweise mit dem bisherigen theoretischen Wissen nicht hinreichend zu erklären ist. Für die weitere sozialwissenschaftliche Arbeit stellt sich also weiter die Frage der Genese der Weltgesellschaft.

Sie erfordert es, nach global relevanten sozialen und technologischen Entwicklungen zu fragen, die im Verlauf der zweiten Hälfte des 20. Jahrhunderts die globale Integration der Menschheit und der nationalstaatlichen Gesellschaften getrieben haben. Nennen lassen sich heuristisch vor allem vier:

- das Bevölkerungswachstum;
- die Kriegstechnik;
- die Mobilitätstechnik;
- die Informationstechnik.

Gesellschaftsbildung setzt wohl einen gewissen Grad von Bevölkerungsdichte auf dem Territorium der jeweiligen Gesellschaft voraus. Ohne die Plausibilität dieser Hypothese quantitativ zu belegen – in der Sahara oder in der Antarktis dürfte Gesellschaftsbildung schwer möglich sein. So gehört zur Evolution der Weltgesellschaft in der zweiten Hälfte des 20. Jahrhunderts die rapide Zunahme der Weltbevölkerung. Als aus europäischer Perspektive die ganze Welt entdeckt war, zu Beginn des 16. Jahrhunderts, betrug sie etwa 0,5 Mrd. Menschen, bei Gründung der Vereinten Nationen knapp weniger als 2,5 Mrd., um 2000 überschritt sie die Zahl sechs Milliarden. Für 2050 werden neun Mrd. Menschen prognostiziert.[28] Dieser Anstieg der Weltbevölkerung dürfte in starkem Maße zur Erweiterung ihrer Kommunikations- und Interaktionsmöglichkeiten und -

[24] U. Beck (Hrsg.), Perspektiven der Weltgesellschaft (1998).
[25] R. Münch, Globale Dynamik, lokale Lebenswelten. Der schwierige Weg in die Weltgesellschaft (1998).
[26] R. Stichweh, Die Weltgesellschaft (2000).
[27] T. Wobbe, Weltgesellschaft (2000).
[28] Deutsche Stiftung Weltbevölkerung (Hrsg.), Bevölkerungsfonds der Vereinten Nationen (UNFPA). Weltbevölkerungsbericht 2004 (2004), S. 11.

notwendigkeiten beigetragen haben, wie auch jede Gesellschaft durch Handeln oder Kommunikation funktioniert – fünfter Aspekt der Gesellschaftsbildung.

Die politische Notwendigkeit zur friedlichen Interaktion ist wesentlich geprägt durch die Entwicklung der Kriegs- und Waffentechnik, die zwischenstaatliche Gewaltanwendung für immer mehr Menschen tödlich werden ließ. Die Bedeutung der Waffentechnologie für das „Spiel der Mächte" analysiert in hervorragender Weise *Paul Kennedy*[29]: Vom Aufstieg der USA zur Weltmacht infolge der waffentechnologischen Innovationen ihres Bürgerkrieges,[30] über die durch die Vernichtungskraft der Waffen verursachten Millionenverluste der Weltkriege, bis zur Möglichkeit der Menschheitsauslöschung durch nukleare Waffen.[31]

1939 begann der Linienluftverkehr über den Atlantik. Die Entwicklung von Militärflugzeugen im Zweiten Weltkrieg selbst und auch der technologische Systemwettkampf zwischen den USA und der Sowjetunion steigerten die Möglichkeiten des Luftverkehrs.[32] Die interkontinentale Mobilität wurde so zu einer Selbstverständlichkeit, im Geschäfts- wie im Freizeitverkehr. Raum und Radius direkter Interaktionen wurden immer größer.

Konzentriert sich sozialtheoretisch die Funktion von Gesellschaft nicht auf Handeln, sondern auf Kommunikation, ist die evolutionäre Entwicklung zur Weltgesellschaft maßgeblich von der Entwicklung der Informationstechnologien im Telekommunikationsbereich bestimmt. Das Internet macht Kommunikation in Echtzeit zwischen beliebigen Menschen überall auf der Welt möglich. Für die wirtschaftliche Entwicklung sind damit vor allem immaterielle Transaktionen in zuvor nicht möglichem Ausmaß Wirklichkeit geworden. Der globale Finanzmarkt ist der virtuelle, nicht territorial bestimmte Ort dafür. Die Kommunikation von Menschen in der Weltgesellschaft vollzieht sich nicht, wie in *Hillmanns*[33] Definition beschrieben, in „einem bestimmten räumlichen Bereich", der Raum ist unbegrenzt global.

Für die Transparenz von gesellschaftlicher Kommunikation ist die mediale Verbreitung von Nachrichten wesentlich, gleichzeitig eine Voraussetzung demokratischer Strukturen. Sie ist dank des Internets ständig und überall möglich.

---

29 P. Kennedy, Aufstieg und Fall der großen Mächte (1989).

30 P. Kennedy (Fn. 29), S. 278ff.

31 Zur Einführung in die technikgeschichtliche Entwicklung: W. König (Hrsg.), Propyläen Technikgeschichte, Bd. 5 (1999); H.J. Braun/W. Kaiser, Energiewirtschaft. Automatisierung. Information. Seit 1914 (1997), S. 172-206; für die anthropologische und weltgesellschaftliche Bedeutung atomarer Vernichtung: J. Schell, Die Abschaffung. Wege aus der atomaren Bedrohung (1984).

32 J. Schell, Die Politik des Friedens (2004).

33 K.-H. Hillmann (Fn. 4), S. 215.

Weltöffentlichkeit ist somit zumindest technologisch Realität. Gesellschaftliches Handeln entscheidet, wer an der Weltöffentlichkeit teilnehmen kann. Sie wird damit konstitutiv für demokratische politische Integration in der Weltgesellschaft. Die Demokratisierung von Regionalgesellschaften und damit von Staaten sind Beitrag und Weg dazu.

III. Gesellschaftliche Integration in der Weltgesellschaft: Menschliche Sicherheit durch Demokratie

Gesellschaften erfordern integrative Gemeinsamkeiten wie Werte, Normen oder Institutionen, das ist der zweite für die Bildung von Gesellschaften wesentliche Aspekt. Die UN-Charta gibt hier für die Weltgesellschaft konkretisierbare Orientierung: Zum einen mit dem Glauben an die Grundrechte des Menschen, an Würde und Wert der menschlichen Persönlichkeit, zum anderen mit den Zielen des Weltfriedens und der internationalen Sicherheit. Dass humane Würde und Rechte im Krieg verloren gehen, ist grausame Erfahrung der Menschheit durch Jahrtausende. Die Verbindung von Menschenrechten und Sicherheit, grenzüberschreitend weltweit, wurde seit 1945 der integrierende Grundwert der entstehenden Weltgesellschaft. Sicherung der Menschenrechte, Eindämmung ihrer Gefährdungen und Sanktionen ihrer Verletzungen – der dritte Aspekt für die Bildung von Gesellschaften – sind eng mit der Verwirklichung der Demokratie verbunden.

Einen heuristisch nützlichen fünfstufigen Weg dazu zeigt in schematischer Darstellung *Bernd Guggenberger.*[34] Anknüpfend an klassische Erklärungen von Demokratie in der Staatsformenlehre charakterisiert er ihre historische Konkretisierung im Verfassungsstaat, wobei Demokratie gesellschaftliche Wertpostulate von Autonomie, Mitbestimmung und sozialer Gleichheit erfüllt. Diese Auffassung korrespondiert mit Konzepten von Gesellschaft, die deren politische Integration im Staat sehen. Entsprechend beginnt Demokratie mit der „institutionenpolitischen" Monopolisierung der legitimen physischen Gewaltmittel, also der Sanktionsmechanismen, durch den Staat zur Abwehr innergesellschaftlicher Gewalt und damit zur Erfüllung der primären „Kernforderung" nach Frieden in der Gesellschaft. Für *Guggenberger* erreicht sie perspektivisch eine fünfte Stufe durch eine „Neue Weltordnung" mit Systemen kollektiver Sicherheit sowie Arten-, Umwelt- und Lebensschutz. Diese nicht mehr nationalstaatliche, sondern globale „institutionenpolitische Konsequenz" ist die Folge der fünften „Kernforderung", der nach „Umwelt, ökologischer Unversehrtheit, globalem Friedenszustand." Zwischen „Frieden" im „Staat" und „globalem Friedenszustand" in einer

[34] B. Guggenberger, Demokratie/Demokratietheorie, in: D. Nohlen (Hrsg.), Lexikon der Politik, Bd. 1, Politische Theorien (1995), S. 36-49.

„Neuen Weltordnung“ gibt es drei Kernforderungen, die bei den institutionellen Konsequenzen der fünften mit erfüllt sein müssen: Freiheit, Gleichheit, Brüderlichkeit.

Der fünften Kernforderung und der entsprechenden fünften „institutionenpolitischen Konsequenz“ entspricht, die Ziele der UN-Charta konkretisierend, das Konzept der menschlichen Sicherheit, das im UN-Bericht über die menschliche Entwicklung 1994 durch das Entwicklungsprogramm der Vereinten Nationen (UNDP) entworfen wurde:

> „Die meisten Menschen verstehen instinktiv, was Sicherheit bedeutet, nämlich Sicherheit vor ständigen Bedrohungen durch Krieg, Krankheit, Verbrechen und Unterdrückung (...)“,

denn für sie „entsteht heute ein Gefühl der Unversehrtheit eher aus der Sorge über das tägliche Leben als aus der Furcht vor der Weltkatastrophe“ durch herkömmliche Kriege. UNDP schlägt deshalb den Aufbau einer „neuen globalen Zivilgesellschaft“ vor,

> „in der das Recht auf Ernährung ebenso geheiligt ist wie das Wahlrecht, in der das Recht auf elementare Bildung ebenso stark verankert ist wie das Recht auf eine freie Presse und wo das Recht auf Entwicklung zu den grundlegenden Menschenrechten gehört.“[35]

Die Verbindung von Menschenrechten und Sicherheit zu einer weltgesellschaftlich integrierenden Norm durch UNDP stellt die Frage nach dem Schutz dieser Norm und der Sanktionierung von Normverletzungen durch die Weltorganisation.

IV. Institutionenpolitische Konsequenzen der demokratischen Kernforderungen in Staaten und im politischen System der Weltgesellschaft

1. Frieden

In „Regionalgesellschaften“ dient die Monopolisierung der legitimen, physischen Gewaltmittel beim souveränen Staat der Eindämmung innergesellschaftlicher Gewalt.

---

[35] Deutsche Gesellschaft für die Vereinten Nationen (DGVN) (Hrsg.), Bericht über die menschliche Entwicklung 1994 (1994).

Für die Weltgesellschaft ist diese Forderung in Art. 1 Ziff. 1 der UN-Charta enthalten mit dem Ziel,

> „den Weltfrieden und die internationale Sicherheit zu wahren und zu diesem Zweck wirksame Kollektivmaßnahmen zu treffen, um Bedrohungen des Friedens zu verhüten und zu beseitigen (...)".

Diese Formulierung entspricht durchaus den Ansprüchen, die Staaten in Bezug auf innergesellschaftlichen Frieden erfüllen sollen. Die Erfüllung dieses Ziels ist den Vereinten Nationen in den vergangenen 60 Jahren offenkundig nicht gelungen. Vor allem fand sie keine wirksamen Sanktionsmechanismen. Fragen nach den Gründen führen aus der Perspektive der Funktionsfähigkeit von staatlich organisierten Gesellschaften zu der Erkenntnis, dass die Verhinderung innergesellschaftlicher Gewalt Ausgewogenheit innergesellschaftlicher wie innerstaatlicher Machtverhältnisse voraussetzt. In Gesellschaften bzw. Staaten, in denen diese Ausgewogenheit nicht besteht, kann Gewaltanwendung durch gesellschaftliche Akteure nicht verhindert werden. Zumeist war Gewalt durch Unterdrückung seitens Mächtiger oder der staatlichen Macht Ausgang gewalttätiger Auseinandersetzungen, der mit revolutionärer Gewaltanwendung begegnet wurde. Unterdrückung und Revolution im Übergang vom russischen Zarenreich zur Sowjetunion ist das vielleicht gängige Beispiel im frühen 20. Jahrhundert, die Aufstände in den Kolonien sind prägend für gleichzeitig innergesellschaftliche wie zwischenstaatliche Auseinandersetzungen nach Gründung der Vereinten Nationen.

Aktuell wird die Krise der Vereinten Nationen, bezogen auf die Sicherung des Weltfriedens, mit der hegemonialen Rolle der USA in Verbindung gebracht. Die USA nehmen für sich das Recht gewaltsamer Interventionen in anderen Staaten zur Prävention möglicher, sie betreffender Gefahren in Anspruch. Sie stellen damit die Gleichberechtigung „von allen Nationen, ob groß oder klein", als souveräne Akteure des globalen politischen Systems in Frage.[36] Aus der Sicht der realistischen bzw. neorealistischen Theorie der Internationalen Politik ist dieses Verhalten in einer Staatenwelt historisch geboten und das geeignete Mittel der Weltfriedensordnung.[37] Wird aber die Perspektive der Weltgesellschaft eingenommen, lässt sich dieses Verhalten des Hegemons als ein Problem der offenkundig nicht ausgewogenen Gewaltenteilung interpretieren. Dabei nehmen die USA als Staat gegenüber anderen Staaten und Gesellschaften Sanktionsmechanismen zugunsten ihrer eigenen Gesellschaft in Anspruch – und enthalten sie der

---

[36] Bei einem Vortrag am 12.01.2006 beim Aspen-Institut in Berlin hat das der UN-Botschafter der USA, John Bolton, unverhohlen getan.

[37] J.W. Davis, Presentation in the Inauguration of the Goi Peace Foundation Lectureship, 8.06.2004.

Weltgesellschaft vor, die damit behindert wird, ein integratives politisches System auszubilden.

2. Freiheit

Die Kernforderung nach Freiheit als Grundlage der Menschenrechte hat die institutionenpolitische Konsequenz der Gewaltenteilung im demokratischen Verfassungsstaat. Die Staaten der jüngeren Neuzeit kennen prototypisch zwei Prinzipien der Gewaltenteilung: Horizontal die *Montesquieu*'sche Trias Legislative, Exekutive, Judikative und vertikal den Föderalismus.[38]

In die UN-Charta sind diese Gewaltenteilungsprinzipien nicht aufgenommen – im Gegenteil. Die Denkkategorien der realistischen Theorie wie die Erfahrungen mit dem Scheitern des Völkerbundes haben Gewaltprivilegien zur Folge, vor allem zugunsten der ständigen Mitglieder des UN-Sicherheitsrates. Diese Bestimmungen sind aber ein Grund der Funktionsschwäche der Vereinten Nationen geworden. Als Konsequenz der Integration der Gesellschaften ihrer Mitgliedstaaten zu einer Weltgesellschaft bedarf das politische System der Weltgesellschaft demokratischer Gewaltenteilung. Voraussetzung dafür ist eine fundamentale völkerrechtlich-politische Entscheidung. Dem Grundsatz der souveränen Gleichheit aller Mitglieder der Vereinten Nationen nach Art. 2 ihrer Charta muss in der Weltgesellschaft die Gleichheit aller Subjekte dieser Weltgesellschaft vorgehen, die Gleichheit aller Menschen oder, in Begriffskategorien eines politischen Systems, die Gleichheit der Weltbürger. Universelle Menschenrechte begründen die Gleichberechtigung aller Menschen.

3. Gleichheit

Die dritte Kernforderung nach Gleichheit ist institutionenpolitisch im Rechtsstaat und in der politischen Demokratie verankert. Aus den unveräußerlichen Grund- und Menschenrechten als Abwehrrechten gegenüber dem Staat werden gesellschaftliche und konkret politische Mitwirkungsrechte. Jedes Subjekt einer Gesellschaft, jeder Mensch, hat das Recht, an deren Gestaltung in ökonomischer, sozialer, politischer und kultureller Dimension mitzuwirken, handelnd und kommunizierend. Die Menschen können dieses einzeln oder in von ihnen gewünschter Gemeinschaft mit anderen tun. Das setzt allerdings Öffentlichkeit und Transparenz politischen Handelns voraus. Der Rechtsstaat garantiert und fördert gemeinschaftliches Wirken seiner Bürger bei der Gestaltung gesellschaftlicher

---

[38] H. Boldt, Gewaltenteilung, in: D. Nohlen (Fn. 34), S. 153-156.

Ziele und Zwecke. Das ist in den demokratischen Gesellschaften Europas oder der USA eine Selbstverständlichkeit, und diese Selbstverständlichkeit gilt normativ auch für die Weltgesellschaft. Die Mitwirkung der Weltbürger und ihrer Vereinigungen, die politische Teilhabe der Zivilgesellschaft, der Nichtregierungsorganisationen wie des privaten Sektors, sind normativ auf der globalen Ebene nicht speziell anders als auf der nationalen zu sehen. Meinungsfreiheit, Informationsfreiheit, Vereinigungsfreiheit, Wissenschaftsfreiheit – das sind auch global in Anspruch zu nehmende aktive Menschenrechte. Auf dieser Grundlage sind NGOs tätig, marktwirtschaftliche Systeme und das Recht zu unternehmerischer Initiative die entsprechenden Grundlagen der Tätigkeit des privaten Sektors. Die politische und wissenschaftliche Debatte über die Teilhabe von NGOs und privatem Sektor im UN-System hat mit der mangelnden politischen Verfasstheit der Weltgesellschaft zu tun. Wie Gesellschaften für diese Teilhabe institutionelle Regeln gefunden haben, Tarifautonomie, staatlich alimentierte Wissenschaftsautonomie, Vereinsrecht, Registrierung von Lobbyisten bei Parlament und Regierung, Anhörungsrechte von Verbänden im Gesetzgebungsverfahren, so wurden sie auch im UN-System von den NGOs erstritten und inzwischen vom UN-System akzeptiert. Der *Cardoso*-Report[39] zeigt die Realität und die Möglichkeiten auf. Komplexe Wissensgesellschaften, zu denen die Gesellschaften in hoch entwickelten Staaten zu Beginn des 21. Jahrhunderts geworden sind, und vielleicht in besonderer Weise auch die Weltgesellschaft, wenn u.a. *Luhmanns* Sozialtheorie gefolgt wird, sind nicht entwicklungsfähig ohne diese aktiven Menschenrechte. Die Implosion der kommunistisch verfassten Gesellschaften am Ende der achtziger Jahre des vergangenen Jahrhunderts ist auf die Unterdrückung dieser Rechte zurückzuführen. Mit bleibender Gültigkeit hat die tschechische Akademie der Wissenschaften im *Richta*-Report[40] von 1968 die Bedeutung von Meinungs-, Informations- und Wissenschaftsfreiheit beschrieben. Dieser Report kann auch als ein politischer Kanon der Entwicklungsfähigkeit zur Weltgesellschaft verstanden werden.

Bei der Beteiligung von NGOs und privatem Sektor im UN-System geht es um die Institutionalisierung notwendiger, global wirksamer Rechte. Angesichts der Entwicklungsunterschiede zwischen den Ländern stellt sich allerdings für die Weltgesellschaft die Frage der Chancengleichheit entsprechender Organisationen aus unterschiedlich entwickelten Ländern und Regionen. Das leitet über zu der Kernforderung nach Brüderlichkeit, die institutionenpolitisch den Sozialstaat bzw. Wohlfahrtsstaat hervorgebracht hat. Für die Gesellschaften bedeutet sie

---

[39] We the Peoples: Civil Society, the United Nations and Global Governance, Report of the Panel of Eminent Persons on United Nations – Civil Society Relations, UN Doc. A 58/817 vom 11.06.2004.

[40] R. Richta und Kollektiv (Hrsg.), Politische Ökonomie des 20. Jahrhunderts. Die Auswirkung der technisch-wissenschaftlichen Revolution auf die Produktionsverhältnisse (1971).

soziale Integration, die zunehmend die politische Integration ergänzt hat. Die Kernforderung nach Gleichheit in der Weltgesellschaft stößt auf die Problematik der unterschiedlichen Identität ihrer Bürger, auf den Zusammenhang von Kultur und Gesellschaft, den vierten Aspekt der Gesellschaftsbildung. Nationen haben eine nationale Identität ausgebildet oder zumindest postuliert. Kulturelle Unterschiede zwischen Ländern sind hingegen eine Realität. *Samuel P. Huntington* erklärt sie im „Kampf der Kulturen" für unintegrierbar.[41] Die Gleichheit in der Weltgesellschaft erfordert also den theoretischen und politisch-praktischen Umgang mit kulturellen Unterschieden.

Die Gefahr der Betonung kollektiver Identitäten hat *Lutz Niethammer* umfänglich analysiert. Der Kern dieses Begriffs – und daraus ableitbaren gesellschaftlichen und politischen Handelns – ist „die Abgrenzung von Nicht-Identischen, in welcher Bestimmung auch immer, und insofern ist er im Kern auf Konflikt hin angelegt."[42]

In der neueren Geschichte dienten kollektive Identitäten der Begründung von Feindschaften, aus Überlegenheit wie der eigenen Rasse oder Nation, oder als Widerstand der Unterlegenen, der Kolonialisierten oder der innergesellschaftlich Unterdrückten, wie der Farbigen in den USA. Soll in der Weltgesellschaft dieses Konfliktdenken oder -handeln überwunden und vermieden werden, sind universelle Gemeinsamkeiten und teilgemeinschaftsbezogene Unterschiede in ein wirklichkeitsnahes und politischrechtliches Verhältnis zu bringen. *Otfried Höffe* formuliert dazu das „Recht auf Differenz".[43] Interkulturell begründbare Gerechtigkeitsprinzipien erfreuen sich einer kulturellen Offenheit und die universalen Prinzipien einer partikularen Gestalt. So erhalten kulturelle Besonderheiten, die sich auf Geschichte, Tradition, Religion, Konventionen stützen, ein Recht. Diese Besonderheiten erfordern eine starke Binnendifferenzierung des politischen Systems der Weltgesellschaft, eine Föderalisierung schon großer Regionalgesellschaften wie der Weltgesellschaft selbst.

4. Brüderlichkeit

Seit Mitte des 20. Jahrhunderts ist sozialer Ausgleich, zumindest Beseitigung von Disparitäten, die sich in extremer Armut niederschlagen, global Gegenstand politischen Handelns, vor allem als Entwicklungshilfe von reicheren in ärmere Staaten. Sie wird zunehmend ergänzt durch multilaterale Politik internationaler

---

[41] S.P. Huntington, Kampf der Kulturen (1997).

[42] L. Niethammer, Kollektive Identität. Heimliche Quellen einer unheimlichen Konjunktur (2000).

[43] O. Höffe, Demokratie im Zeitalter der Globalisierung (1999).

Institutionen innerhalb und außerhalb des UN-Systems. Prävention als medizinische Prophylaxe, vor allem bei HIV/Aids, ist zu einer globalen Notwendigkeit geworden. Die Ergebnisse sind aber unzureichend, von sozialer Integration in der Weltgesellschaft zu sprechen, wäre Hohn. Globale Verteilungsprobleme sind 2005 Gegenstand global-politischer Berichte der Vereinten Nationen[44] wie der Weltbank.[45] Globale Politik sozialen Ausgleichs schafft erst Voraussetzungen dafür, dass die Gleichheit aller Bürger der Weltgesellschaft faktisch realisiert werden kann und damit zur Grundlage globaler Gewaltenteilungsprinzipien im politischen System der Weltgesellschaft wird.

5. Umwelt

Als fünfte Kernforderung für den demokratischen Verfassungsstaat nennt *Guggenberger* den globalen Friedenszustand – dessen Realisierung von der globalen Gewaltenteilung abhängig sein dürfte – und ökologische Unversehrtheit. Der Begriff der Umwelt führt ein weiteres Mal zum ersten Aspekt der sozialtheoretischen Begründung von Weltgesellschaft. Als deren systemtheoretisch verstandener Umwelt entfallen andere Gesellschaften, es bleibt die Natur. Das Verhältnis der Weltgesellschaft zur Natur-Umwelt wird damit sozial-theoretisch konstitutiv, wie es die vielleicht inzwischen wichtigste global-politische Herausforderung ist. Seit dem Gipfel von Rio 1992 setzt sich das UN-System mit dieser Herausforderung auseinander.

V. Globaler Föderalismus als Weg zur Überwindung ungleicher Souveränität der Nationen

Die Krise der Vereinten Nationen bei der Sicherung des Weltfriedens hängt zusammen mit dem hegemonialen Anspruch der USA. Dabei ist aus globaler Perspektive diese Sicht stark eurozentrisch – oder auch „provinziell" europäisch. Die europäische Perzeption der Hegemonialität der USA korrespondiert mit der europäischen Unfähigkeit, durch auch außen- und global-politische regionale Integration ein tatsächlich souveräner Akteur im politischen System der Weltgesellschaft zu sein. Die Eurozentriertheit dieser Sicht wird schnell deutlich, wenn die Aktionsmöglichkeiten Chinas und Indiens in den Blick genommen werden. Chinas Souveränität unter dem Aspekt globaler Gewaltenteilung steht der Souveränität der Vereinigten Staaten nur bedingt nach. China besitzt nicht die Fähigkeit zu präventiver Gewaltanwendung gegenüber vielen Staaten. China dürfte

---

[44] Report on the World Social Situation, 2005, UN Doc. A/60/117 vom 13.07.2005 .

[45] Die Weltbank (Hrsg.), Weltentwicklungsbericht 2005, Ein besseres Investitionsklima für Jeden (2005).

aber vor Gewaltbedrohung durch andere Staaten stärker geschützt sein als die USA. Wenn von der atomaren Vernichtung abgesehen wird, dürfte die Zahl der Einwohner Chinas – 1,3 Mrd. Menschen im Vergleich zu 320 Mio. der USA – ein ausschlaggebenderer Faktor sein als die waffentechnologische Überlegenheit. Die souveränen Fähigkeiten der USA und Chinas lassen aber auch die These der abnehmenden Handlungsfähigkeiten des „Nationalstaats" fragwürdig werden. Die Handlungsfähigkeiten von Nationalstaaten hängen offenkundig stärker denn je von ihrer einwohnerbezogenen und territorialen Größe und ihren militärischen Fähigkeiten ab. Es lässt sich die Hypothese aufstellen, dass es in der Geschichte bislang keine mächtigeren Nationalstaaten gegeben hat, als es die USA und China heute sind. Diese Hypothese steht nicht im Gegensatz zu der abnehmenden Handlungsfähigkeit kleinerer Nationalstaaten, einschließlich der europäischen.

Die europäischen Staaten haben sich auch deswegen auf den Weg der regionalen Integration in die Europäische Union begeben. Es gibt eine breite politikwissenschaftliche Diskussion darüber, was die Europäische Union sei – ein Staat, eine völkerrechtliche Vertragsgemeinschaft, eine politische Entität *sui generis*. Die Antwort mag offen bleiben, sicher ist die Europäische Union im globalen Maßstab eine regionale Föderation. Sie und ihre Mitgliedstaaten sind stolz auf diese integrative Leistung, die aber verblasst im Vergleich mit Indien. Es wird in Europa wenig wahrgenommen, dass es sich bei Indien, UN-Charta-konform als Nationalstaat verstanden, um eine sehr heterogene Föderation handelt, der allerdings eine staatliche Integration gelungen ist, die über den Zustand der Europäischen Union hinausgeht. Indien, mit über einer Mrd. Einwohnern, besteht aus 25 Bundesstaaten, es werden über 1.500 Sprachen und Dialekte gesprochen, die in 14 Hauptgruppen mit zehn verschiedenen Alphabeten gegliedert sind. Dabei ist dieser Staat eine funktionsfähige Demokratie, zu der er in kürzester Zeit nach Beendigung der britischen Kolonialherrschaft wurde.[46] Mit Blick auf die staatliche Zersplitterung anderer Regionen, vor allem Afrikas, aber auch Lateinamerikas, des südöstlichen Asiens sowie der arabischen Länder, zeigen Indien und die Europäische Union die Möglichkeit föderativen Souveränitätsgewinns durch integrierte Staatlichkeit im global-regionalen Maßstab. Die Staaten anderer Regionen können wie die europäischen Staaten einflussreiche Akteure im politischen System der Weltgesellschaft werden, wenn sie sich föderativ integrieren, um so im UN-System einflussreicher handeln zu können.

Die Reform der Zusammensetzung des UN-Sicherheitsrates ist unabweisbar geboten wegen der ungleichen Repräsentanz der Bürger der Weltgesellschaft, durch den Ausschluss der Menschen in Indien, in Afrika, in Lateinamerika. Aktuell ist sie gescheitert, weil es vor allem in Afrika keine wirksamen Mechanis-

---

[46] Görres-Gesellschaft, Staatslexikon, Bd. 7 (1995), S. 720-731.

men der einzelstaatliche Interessen übergreifenden Willensbildung gibt. So mag perspektivisch der geeignete Weg zur Reform des UN-Sicherheitsrates in der Föderationenbildung in den Regionen der Welt liegen, in denen nicht bereits ausreichend einwohnerreiche Mitglieder der Vereinten Nationen, wie es China und die USA sind, im UN-Sicherheitsrat vertreten sind, was Indien in besonderer Weise diskriminiert. Ein UN-Sicherheitsrat, bestehend aus etwa zehn Regionen (Nordamerika, Lateinamerika, Afrika, Europäische Union, Gemeinschaft Unabhängiger Staaten, Mittlerer Osten, Indien, China, Südostasien, Ostasien) könnte eine neuartige Lösung sein. In einem solchen UN-Sicherheitsrat machen auch das Vetorecht, oder qualifizierte Mehrheiten, die zum Beispiel Nordamerika und die EU zu überstimmen unmöglich machen, Sinn. Diese Struktur entspricht nicht der gegenwärtigen UN-Charta, die allerdings in Kapitel VIII „Regionale Abmachungen", die der Wahrung des Weltfriedens dienen, nicht ausschließt. Regionale Abmachungen und föderative Integrationen, die den UN-Sicherheitsrat angemessen gewaltenteilig zusammensetzen, nützen sicher dem Weltfrieden. Die erforderliche Änderung der Charta bedarf desselben Änderungsverfahrens nach Kapitel XVIII wie die konventionelle Veränderung der Zusammensetzung des UN-Sicherheitsrates gemäß Art. 23 UN-Charta. Das Konzept eines UN-Sicherheitsrates föderal integrierter Weltregionen ist angesichts der Tatsache, dass Indien eine solche bereits ist, vielleicht aussichtsreicher als die bislang nicht gelungenen Bemühungen Deutschlands, einen zusätzlichen europäischen UN-Sicherheitsratssitz zu erlangen, den dritten neben Großbritannien und Frankreich, für eine Region auf dem Weg zur föderativen Integration. Deshalb spricht in diesem alternativen Konzept vieles für einen europäischen Sitz. Warum sollte Frankreich nach seinem welthistorischen Beitrag zur demokratischen Gewaltenteilung in Nationalstaaten durch seine Revolution von 1789 nicht einen vergleichbaren Beitrag zur Gewaltenteilung im politischen System der Weltgesellschaft leisten, indem es auf seinen Sitz im UN-Sicherheitsrat zugunsten eines EU-Sitzes verzichtet? Dieser EU-Sitz sollte wahrgenommen werden nach Abstimmung gemeinsamer Positionen der EU-Mitgliedstaaten entsprechend den Verfahren der gemeinsamen EU-Außen- und Sicherheitspolitik. Die Staaten Afrikas sind zumindest völkerrechtlich auf dem Weg zur Integration in der Afrikanischen Union[47] teilweise fortgeschrittener als die Europäische Union, wenn auch nicht faktisch. Aber es könnte ihnen durchaus gelingen, sich auf gemeinsame Repräsentanz im UN-Sicherheitsrat der Vereinten Nationen, gestützt auf geregelte Mechanismen gemeinsamer politischer Willensbildung, zu verständigen. Die Problematik der ungleichen Souveränität der Mitgliedstaaten der Vereinten Nationen, aufgeworfen einerseits durch die tatsächliche Unfähigkeit zu souveränem staatlichen Handeln, wie sie in der Perzeption von failed states wahrgenommen wird, andererseits durch den hegemonialen Anspruch der USA,

---

[47] Außenministerium der Republik Südafrika, Afrikanische Union (AU). Neue Partnerschaft für die Entwicklung Afrikas (NEPAD) (2001).

ist überwindbar durch die Bildung handlungsfähiger, föderal integrierter Regionen im politischen System der Weltgesellschaft.

VI. Die *Montesquieu*'sche Trias im politischen System der Weltgesellschaft

Vertikale Gewaltenteilung, angelegt in Kapitel VIII ihrer Charta, ist die primäre Möglichkeit für die Vereinten Nationen, ihre Krise bei der Sicherung des Weltfriedens zu überwinden und der Implementierung ihres Gewaltmonopols in der Weltgesellschaft näher zu kommen. Aber dieses föderale Prinzip muss und darf die horizontale Gewaltenteilung nicht überflüssig machen. Auch die *Montesquieu*'sche Trias ist im erweiterten UN-System, also im gegenwärtigen politischen System der Weltgesellschaft, bereits angelegt und kann ausgebaut werden. Dazu bedarf es der Stärkung der Exekutive, der Erweiterung und Systematisierung der Judikative und der Einführung einer parlamentarischen Dimension.

1. Exekutive

Die Stärkung der Exekutive im UN-System verlangt zuerst eine integrative Koordinierung der exekutiven Befugnisse seiner Institutionen. Das gilt vor allem für die Kompetenzen des Generalsekretärs der Vereinten Nationen und der Generaldirektoren der internationalen Finanzinstitutionen sowie der Welthandelsorganisation (WTO).

2. Erweiterung und Systematisierung der Judikative

Bereits vor Gründung der Vereinten Nationen sind internationale Gerichtshöfe etabliert worden, so der Ständige Internationale Gerichtshof (ICJ) 1920. Er wurde 1945 als Internationaler Gerichtshof wieder eingesetzt, als Hauptrechtsprechungsorgan der Vereinten Nationen. Ihm folgten 1996 der Internationale Seegerichtshof (ITLOS) in Hamburg und 1998 der Internationale Strafgerichtshof (ICC). Weiter sind die Internationalen Strafgerichte bzw. Tribunale für das ehemalige Jugoslawien (ICTY) und für Ruanda (ICTR) zu erwähnen. Die WTO besitzt Streitschlichtungsinstanzen. Von diesen Ansätzen ausgehend, lässt sich ein verbundenes System globaler Gerichtsbarkeit entwickeln, das zur Lösung von Streitfällen, aber auch für die Prüfung globaler Normen zuständig sein könnte.

3. Parlamentarische Dimension

Die Einführung einer parlamentarischen Dimension[48] der Vereinten Nationen ist geboten wegen der Zunahme legislativer Funktionen des UN-Sicherheitsrates ohne parlamentarische Ratifizierung in den Mitgliedstaaten. Dabei ist von vornherein eine grundsätzliche Erkenntnis zu beachten: Eine Versammlung von Parlamentariern, von wem auch immer zusammengerufen, ist kein Parlament und stellt deshalb auch keine parlamentarische Dimension im politischen System der Weltgesellschaft dar. Parlamente sind bestimmt durch ihre sehr konkreten Funktionen, nämlich die Gesetzgebung, die Finanzhoheit, die Wahl der Regierung und die Regierungskontrolle. In Bezug auf die Exekutiven des UN-Systems und die legislativen Funktionen von Regierungsvertretern im UN-Sicherheitsrat ist deren effektive Kontrolle derzeit die größte Notwendigkeit. Eine Parlamentarische Versammlung der Vereinten Nationen muss als primäres Recht ein Informationserzwingungsrecht gegenüber dem UN-Generalsekretär und den Generaldirektoren im UN-System sowie gegenüber einem UN-Sicherheitsrat, der legislativ tätig wird, haben. Dieses Recht wird im Extremfall durch die Einrichtung von Untersuchungsausschüssen wahrgenommen, wie sie aus der Regierungskontrollpraxis in den USA oder in Deutschland bekannt ist. Dabei existiert in der Realität eine Art parlamentarisches Untersuchungsrecht gegenüber den Vereinten Nationen schon jetzt. Es wird wahrgenommen durch den Kongress der USA, also durch den Kongress des Hegemons, und nicht durch eine Vertretung, die die gleichberechtigten Bürger der Weltgesellschaft repräsentiert.

Eine parlamentarische Beteiligung, als Vorstufe einer tatsächlich legislativen Kompetenz, an der Normsetzung auf globaler Ebene ist organisierbar. Sie bringt auf jeden Fall den Gewinn größerer Transparenz bei der Schaffung des Völkerrechts. Das gilt für die Beratung globaler, völkerrechtlicher Verträge vor deren Schlusszeichnung, das gilt besonders bei der Beratung der Antiterrornormen des UN-Sicherheitsrates.

Es mag dahin gestellt bleiben, ob eine Beteiligung der Parlamentarischen Versammlung an der Verabschiedung des UN-Haushalts, dessen Kernhaushalt nicht größer ist als der einer mitteldeutschen Großstadt, und an der Wahl des General-

[48] Zur parlamentarischen Dimension der Vereinten Nationen siehe die Dokumentation des Unterausschusses „Vereinte Nationen" des Auswärtigen Ausschusses des Deutschen Bundestages, Demokratie im Weltmaßstab? Der Deutsche Bundestag und die Parlamentarisierung der Vereinten Nationen sowie C. Zöpel, Die Vereinten Nationen und die Parlamente (I). Zur Mitwirkung des Bundestages an der deutschen UN-Politik, in: VN 53 (2005), S. 97-99 und ders., Die Vereinten Nationen und die Parlamente (II). Zu einer parlamentarischen Dimension der UN, in: VN 53 (2005), S. 145-147.

sekretärs bzw. der Generaldirektoren notwendig ist, schädlich wäre auch diese Kompetenz nicht.

Die Einrichtung einer parlamentarischen Dimension der Vereinten Nationen hat ihren historischen Vorlauf, wie *Claudia Kissling* in ihrem Beitrag ausführt.[49] Seit 1889 existiert die Interparlamentarische Union (IPU), eine globale Gemeinschaft von 141 Parlamenten. Auf der Grundlage von Vereinbarungen der IPU mit den Vereinten Nationen in der jüngeren Nachkriegszeit lässt sich eine parlamentarische Dimension der Vereinten Nationen durchaus entwickeln. Sie könnte eine gleichgewichtige Repräsentanz der Weltregionen ermöglichen, sicher mit Basismandaten für kleinere Einheiten, die auf der globalen wie auf der regionalen Ebene gesichert werden können. Eine solche Parlamentarische Versammlung, die vielleicht tausend Mitglieder haben könnte, wird jährlich nicht sehr häufig, vielleicht zweimal, wie jetzt die IPU, tagen können. Organisatorisch möglich ist allerdings ein ständiger Ausschuss, bestehend aus vielleicht 100 Mitgliedern, der in Wochenfrist am Sitz der Vereinten Nationen zusammentreten könnte.

VII. Ausblick

Eine gewaltenteilige Organisation des politischen Systems der Weltgesellschaft setzt einen Paradigmenwechsel für weite Bereiche der Theorie der Internationalen Politik wie für die global-politischen Denkweisen von Regierungen und auch von Parlamenten der UN-Mitgliedstaaten voraus. Er nimmt Abschied von der Staatengemeinschaft und auch von dem Bild einer „Staatenwelt". Aber vielleicht schließt er an das völkerrechtliche Denken von *Hugo Grotius* an. Wie *Thomas Bruha* in seinem Beitrag betont,[50] sind in seinem grundlegenden völkerrechtlichen Werk *„De iure belli ac pacis"* die Begriffe Staat und Souveränität nicht enthalten. *Grotius* ist damit der Weltgesellschaft vielleicht näher als Völkerrechtler in der Zeit seit Gründung der Vereinten Nationen. Gegen die weitere Institutionalisierung eines politischen Systems der Weltgesellschaft werden Bedenken formuliert, die einen Weltstaat für gefährlich halten. Diese Bedenken sind verständlich vor dem historischen Wissen, dass totalitäre Herrscher, *Hitler* wie *Stalin*, einen totalitären Weltstaat durchaus in der Perspektive ihrer weltpolitischen Ambitionen hatten. Beide sind gescheitert. Und die emotionale Ablehnung eines Weltstaates gab es schon vorher, *Luhmann* zitiert *Heinrich von*

---

[49] Vgl. den Beitrag von C. Kissling, Die Interparlamentarische Union im Wandel: Zu den Möglichkeiten repräsentativ-parlamentarischer Organisationen bei der Gestaltung von Global Governance, in diesem Konferenzband.

[50] Vgl. den Beitrag von T. Bruha, Die Vereinten Nationen im Lichte der Herausforderungen des 21. Jahrhunderts (Einführungsvortrag), in diesem Konferenzband.

Treitschke, der „die Idee eines Weltreichs“ für „hassenswert“ hielt. Angesichts der begründet normativen Bedingung, dass das politische System der Weltgesellschaft demokratisch sein soll, macht es deshalb wohl Sinn, es nicht „Weltstaat“, sondern „Weltdemokratie“ zu nennen und seine notwendig föderale Struktur zu betonen. Über diese Möglichkeiten nachzudenken, ist zurzeit noch primär Aufgabe global-politischer Diskurse engagierter „Weltbürger“, die sich wissenschaftlich oder praktisch mit globalen Problemen befassen.

Die aktuellen Reformbestrebungen der Vereinten Nationen: Implikationen für eine repräsentative Gestaltung der Weltpolitik

Thomas Fues*

I. Einleitung

Zum 60-jährigen Gründungsjubiläum hat die Reformdebatte in den und über die Vereinten Nationen neuen Schwung gewonnen. Der Millennium+5-Gipfel am New Yorker UN-Hauptsitz im September 2005 hat – wie kaum ein Ereignis zuvor – in aller Welt Hoffnungen auf weltpolitische Weichenstellungen und institutionelle Innovationen geweckt. Die angesichts der hohen Erwartungen doch bescheidenen Konferenzergebnisse haben allenthalben Ernüchterung ausgelöst. Dieser Beitrag will Bilanz des „Entscheidungsjahres 2005" ziehen und einige der Herausforderungen umreißen, die auf dem Weg zu einer inklusiven Global Governance-Architektur noch zu bewältigen sind.

II. Bilanz des Gipfels

1. Fortschritte und Frustrationen

Mit seinem Bericht „In größerer Freiheit" vom März 2005 hatte UN-Generalsekretär *Kofi A. Annan* die Latte hoch gelegt für die mit 154 Staats- und Regierungschefs bisher größte Weltversammlung.[1] Von seiner Vision eines globalen Gesellschaftsvertrags für Entwicklung, Sicherheit und Menschenrechte haben die Mitgliedstaaten im September nur kleinere Bruchstücke übernommen. Aber in konzeptioneller Hinsicht hat sein Ansatz, der die Interessen und Weltbilder von Nord und Süd in ein umfassendes kollektives Sicherheitssystem zu integrieren versucht, durchaus Wirkung entfaltet – wie viele Stellungnahmen von Re-

---

* Dr. Thomas Fues war von 1983 bis 1991 wissenschaftlicher Mitarbeiter der Bundestagsfraktion der Grünen und arbeitete anschließend bis 1997 als freier Consultant. Von 1997 bis 2004 war er am Institut für Entwicklung und Frieden (INEF) der Universität Duisburg beschäftigt. In den Jahren zwischen 2001 und 2004 war er wissenschaftlicher Mitarbeiter des Wissenschaftlichen Beirats für Globale Umweltveränderungen sowie Eine-Welt-Beauftragter Nordrhein-Westfalens. Seit Juli 2004 ist Thomas Fues am Deutschen Institut für Entwicklungspolitik (DIE) tätig.

1 In größerer Freiheit: Auf dem Weg zu Entwicklung, Sicherheit und Menschenrechten für alle, Bericht des Generalsekretärs der Vereinten Nationen, UN Doc. A/59/2005 vom 21.03.2005.

gierungen und zivilgesellschaftlichen Akteuren aus allen Weltregionen zeigen. Trotz des langsam wachsenden Bewusstseins der veränderten Handlungsbedingungen in einer interdependenten, globalisierten Welt hat der Gipfel nicht den erwünschten und dringend erforderlichen Durchbruch für kooperative Formen der Problembewältigung gebracht.

Im Rückblick stellt sich die Frage, ob *Annans* Dramaturgie der Zuspitzung („Entscheidungsjahr 2005") angesichts der tiefen Zerwürfnisse über die US-amerikanische geführte Irak-Intervention je Erfolgschancen in der UN-Generalversammlung haben konnte. Seine Strategie, die radikale Reform der zwischenstaatlichen Gremien mit einem ganzen Bündel an weltpolitischen Weichenstellungen zu verknüpfen, ist von Beobachtern als hochriskant bezeichnet worden. Es kommt nicht überraschend, dass die durchaus vorzeigbaren Fortschritte des Gipfels vor dem Hintergrund der ehrgeizigen Reformvorgaben von einer breiten Öffentlichkeit als Scheitern bewertet werden und die Vereinten Nationen (erneut) mit einem drastischen Vertrauensverlust konfrontiert sind. Der als UN-Freund und -Berater bekannte Columbia-Professor *Edward C. Luck* kommt zu folgendem vernichtenden Urteil:

> „Der unausgereifte, überambitionierte und zur falschen Zeit vom Generalsekretär in Gang gesetzte Reformprozess ist, wie vorauszusehen war, den ursprünglichen Erwartungen bei weitem nicht gerecht geworden."[2]

Umgekehrt ist allerdings zu bedenken, dass sich ohne *Annans* flammenden Appell im September 2003, die Vereinten Nationen seien an einer Weggabelung von ähnlich herausragender Bedeutung wie die Gründungsphase angekommen („we have come to a fork in the road"), die Krise der Weltorganisation vermutlich ausgeweitet hätte. Fakt ist jedenfalls, dass die Vereinten Nationen in den letzten zwei Jahren hohe Aufmerksamkeit auf sich gezogen haben. Dass sie eine unersetzliche Rolle für repräsentative Global Governance und die Bewältigung der globalen Herausforderungen spielen, wird zunehmend anerkannt.

Letztlich tragen natürlich die Mitgliedstaaten und nicht der UN-Verwaltungschef die Verantwortung für die Ergebnisse des Aushandlungsprozesses. Es sind aber nicht nur die USA mit ihrem bekannten Hang zum Unilateralismus, die die Konsensbildung torpediert haben. Auch aus Europa gab es eine lange Liste von Vorbehalten zum vielfach gelobten Entwurf des Abschlussdokuments, das der Präsident der 59. Generalversammlung, der gabunische Außenminister *Jean Ping*, mit einem Unterstützerkreis aus New Yorker Botschaften und UN-Sekretariat in mühevoller Kleinarbeit formuliert hatte. Die Kompromissbereitschaft

---

[2] E.C. Luck, Die USA und die Vereinten Nationen: Ein seltsames Paar wird sechzig, in: VN 53 (2005), S. 201.

des Südens wurde durch den Ärger über militärische Großmachtpolitik und mangelnde Chancengleichheit in der Weltwirtschaft spürbar gemindert. Angesichts der verschärften Polarisierung in der Staatenwelt, die im Ringen um die Gipfelresolution sichtbar wurde, sind die tatsächlich gefassten Beschlüsse nicht zu unterschätzen.[3] So wurde beispielsweise das staatenzentrierte Souveränitätsverständnis der westfälischen Ordnung durch das neue Prinzip der „Verantwortung zum Schutz" auf die Erfordernisse der menschlichen Sicherheit hin ausgerichtet.[4] Wenn eine Regierung die eigene Bevölkerung gegen Völkermord und humanitäre Katastrophen nicht schützen kann oder will, hat sich die Staatengemeinschaft auf dem Gipfel moralisch dazu verpflichtet, präventiv und – wenn erforderlich – auch mit Gewaltmitteln einzugreifen.

Für die Anpassung der UN-Strukturen an die veränderten sicherheitspolitischen Bedingungen ist der Beschluss zur Schaffung einer Kommission für Friedenskonsolidierung von vorausweisender Bedeutung.[5] Hier sollen – unter der Regie von UN-Sicherheitsrat und UN-Wirtschafts- und Sozialrat (ECOSOC) – alle wesentlichen Akteure kooperieren und ihre Ressourcen bündeln, damit Staaten nach Konflikten langfristig stabilisiert werden und nicht, wie bisher häufig der Fall, in den Zustand offener Gewalt zurückfallen. Inzwischen hat auch die von *Kofi A. Annan* vorgeschlagene Umwandlung der umstrittenen UN-Menschenrechtskommission in einen der UN-Generalversammlung zugeordneten Rat, an dessen Mitglieder höchste Ansprüche gestellt werden, die notwendige Zustimmung der Regierungen gefunden. Auch die einhellige Verurteilung des Terrorismus in allen seinen Formen wird als Erfolg des Gipfels verbucht, selbst wenn die angestrebte Definition wegen unüberbrückbarer Differenzen nicht verabschiedet werden konnte.[6]

Mit dem Gipfel sind die angestoßenen Reformprozesse aber nicht beendet. Unter der Präsidentschaft Schwedens in der UN-Generalversammlung wurde im Anschluss an den Weltgipfel teils erfolgreich versucht, die Absichtserklärungen vom September in verbindliche Beschlüsse umzugießen. Nicht übersehen werden darf bei der Erfolgsbilanz auch, dass der Gipfel bereits im Vorfeld neue Dynamik, insbesondere im entwicklungspolitischen Bereich, ausgelöst hat. Ohne die von *Annan* erfolgreich inszenierte Druckkulisse wären wohl kaum die positiven Beschlüsse der Europäischen Union (EU) und der G8 zur Steigerung der

---

3 T. Fues/M. Loewe, Zwischen Frustration und Zuversicht: Die entwicklungspolitische Bilanz des Millennium+5 Gipfels, Analysen und Stellungnahmen, in: Deutsches Institut für Entwicklungspolitik (DIE) (Hrsg.), Analysen und Stellungnahmen, Heft 7 (2005), S. 1.

4 2005 World Summit Outcome, UN Doc. A/RES/60/1 vom 24.10.2005 (Sitzung am 16.09.2005), Ziff. 139.

5 2005 World Summit Outcome (Fn. 4), Ziff. 2 ff. und 97 ff.

6 2005 World Summit Outcome (Fn. 4), Ziff. 81.

öffentlichen Entwicklungshilfe und Ausweitung der Entschuldung für die ärmsten Länder gefallen. Positive Resultate sind ebenfalls die Einzelaktivitäten im Bereich der innovativen Finanzierungsinstrumente. Frankreich und Chile wollen im Jahre 2006 eine Flugticketabgabe einführen, deren Erlös in die ärmeren Länder fließen soll. Großbritannien übernimmt die Vorreiterrolle für die International Financing Facility, die neue Finanzquellen für Gesundheitsprogramme erschließen wird.

2. Wichtige entwicklungspolitische Ergebnisse

Im 35-seitigen Abschlussdokument des UN-Weltgipfels spielt die Entwicklungspolitik eine herausragende Rolle. Die Vorgaben von *Kofi A. Annan* wurden auch hier zu einem guten Teil verfehlt, aber es haben eindeutige Formulierungen zur Stärkung der UN-Millenniumsentwicklungsziele Eingang in den Text gefunden. Das Millennium-Projekt unter Leitung von Columbia-Professor *Jeffrey D. Sachs*, der mit seinem MDG-Umsetzungsplan eines der Hauptdokumente des Gipfels erarbeitet hat, wird durch die Forderung des Gipfels bestärkt, jedes Land solle bis 2006 eine nationale MDG-Strategie vorlegen.[7] An diesem Rahmen sollen sich dann die bisher üblicherweise mit Weltbank und Internationalem Währungsfonds (IMF) vereinbarten Armutsstrategien (PRSPs) ausrichten. Die von *Sachs* propagierten Sofortmaßnahmen (quick wins) wie Malarianetze und -medikamente, Schulspeisung aus einheimischer Produktion, kostenloser Zugang zu Grundbildung und Basisgesundheitsdiensten stießen ebenso wie die Einführung einer „grünen" Revolution in Afrika zur Steigerung der landwirtschaftlichen Produktivität auf Zustimmung.

Ein weiterer Pluspunkt ist die Fokussierung auf die Reform des entwicklungspolitischen UN-Systems. Aufgrund überlappender Mandate, fragmentierter Zuständigkeiten und mangelnder Kohärenz spielt dieser Bereich bisher nur eine randständige Rolle in der internationalen Entwicklungszusammenarbeit. Die Geber vertrauen ihr Geld lieber der Weltbank an, deren Effizienz sie schätzen und wo sie die Mehrheit der Stimmrechte kontrollieren. In seinem Bericht „In größerer Freiheit" hat *Kofi A. Annan* die Schwächen der Vereinten Nationen deutlich angesprochen und die Notwendigkeit fundamentaler Reformen unterstrichen, wenn die Weltorganisation weiterhin eine entwicklungspolitische Rolle spielen will. Er denkt an die Bündelung der zahlreichen Einrichtungen in drei Netzwerken („three tightly managed entities") zu Entwicklung, Umwelt und humanitärer Hilfe, sieht aber eher langfristige Chancen für solche Innovationen. Der Gipfel hat die Anregung aufgegriffen und den UN-Generalsekretär um Er-

---

[7] 2005 World Summit Outcome (Fn. 4), Ziff. 22 lit. a).

arbeitung von praktischen Reformoptionen gebeten.[8] Ein von *Annan* eingesetztes hochrangiges Beratungsgremium soll dazu Vorschläge bis zum Sommer 2006 vorlegen.

Im Widerspruch zu dem hier dokumentierten Reformwillen stehen die Beschlüsse zur Einrichtung neuer UN-Fonds, mit denen die Fragmentierung noch vorangetrieben wird. Angesichts der umfangreichen Programme des UN-Entwicklungsprogramms (UNDP) zur Demokratieförderung sind Zweifel an der Sinnhaftigkeit des jüngst zusätzlich geschaffenen Demokratiefonds angebracht.[9] Beim vorgesehenen Fonds für Friedenskonsolidierung ist die administrative Ansiedlung noch unklar.[10] Reformorientierte Stimmen hoffen auf die Beauftragung von UNDP, um eine optimale Verzahnung mit den bestehenden Maßnahmen für Krisenprävention und Friedensförderung zu erreichen.

Bereits jetzt lassen sich kleinere Fortschritte im Bereich der operativen UN-Entwicklungsarbeit identifizieren. Alle in diesem Sektor aktiven Einrichtungen sind in der UN-Development Group zusammengefasst, die über ein eigenständiges Koordinationsbüro verfügt. Die vier im Exekutivausschuss vertretenen Institutionen – das Entwicklungsprogramm der Vereinten Nationen, das Kinderhilfswerk der Vereinten Nationen (UNICEF), das Welternährungsprogramm (WFP) und der Bevölkerungsfonds der Vereinten Nationen (UNFPA) – bemühen sich um die schrittweise Zusammenführung ihrer Planungs- und Durchführungsaktivitäten. Dies äußert sich beispielsweise in gemeinsamen Sitzungen der Aufsichtsgremien, bei denen jedoch keine Entscheidungen getroffen werden dürfen, sowie in gemeinschaftlich genutzten Länderbüros und in integrierten Länderprogrammen. Eine zentrale Rolle für das angestrebte einheitliche Auftreten des gesamten UN-Systems spielen die Länderteams unter Leitung des Resident Coordinators. Die Stärkung der dezentralen Leitungsfunktion soll durch Entkoppelung der bisher üblichen UNDP-Vertretung und der Gesamtrepräsentation der Vereinten Nationen vor Ort erfolgen. Um die Autorität der neuen Führungsposition zu stärken, sollen die innerinstitutionellen Hierarchien teilweise außer Kraft gesetzt werden. Das UNICEF-Personal wird dann beispielsweise durch die UN-Länderleitung und nicht durch das eigene Zentralbüro in New York gesteuert. Auch die dezentrale Mobilisierung und Verteilung von Finanzmitteln soll künftig über den Resident Coordinator laufen, damit Reibungsverluste und Rivalitäten innerhalb des UN-Systems minimiert werden.

---

[8] 2005 World Summit Outcome (Fn. 4), Ziff. 169, 5. Spiegelstrich.

[9] 2005 World Summit Outcome (Fn. 4), Ziff. 136, 137.

[10] Das 2005 World Summit Outcome-Dokument (Fn. 4), Ziff. 103, sieht die Einrichtung eines mehrjährigen ständigen Friedenskonsolidierungsfonds aus freiwilligen Beiträgen vor.

Auf Geberseite wird der Reformansatz am stärksten von der sogenannten Utstein Group unterstützt, in der sich insgesamt zehn Länder, darunter Deutschland, zusammengefunden haben. Die Kohärenz des staatlichen Handelns ist auch auf Regierungsseite noch ausbaufähig. So gibt es im deutschen Kontext noch kein Verfahren, wie sich die verschiedenen Ministerien, die die federführende Zuständigkeit für UN-Einrichtungen ausüben – beispielsweise das Bundesgesundheitsministerium für die Weltgesundheitsorganisation (WHO), auf eine gemeinsame Linie verständigen. Das Auswärtige Amt und das Bundesministerium für wirtschaftliche Zusammenarbeit wollen diese Lücke im Austausch mit den betroffenen Ressorts schließen und die deutsche Unterstützung für den Reformprozess im Entwicklungszusammenarbeit-System der Vereinten Nationen verstärken.

3. Rolle der Vereinten Nationen in der internationalen Entwicklungsarchitektur

Die Reform des UN-Entwicklungssystems ist Voraussetzung für seine Stärkung und Aufwertung in der multilateralen Architektur. Die Länder des Südens, die die große Mehrheit der UN-Mitgliedstaaten stellen, sehen dieses Ziel naturgemäß mit anderen Augen als die Industrieländer, die den Einsatz ihrer Finanzmittel möglichst nach eigenen Vorstellungen steuern wollen. Unbestritten ist, dass die Neutralität und Legitimität der Vereinten Nationen ihren Entwicklungsorganisationen Zugänge und komparative Vorteile ermöglichen, wo bilaterale und multilaterale Geber, die vom Norden kontrolliert werden, nur ungern gesehen werden – beispielsweise im Bereich Demokratieförderung und Friedenskonsolidierung. Der starke Einfluss der Entwicklungsländer in den Vereinten Nationen bedeutet aber nicht notwendigerweise, dass die Mittel über diese Kanäle ohne Auflagen verteilt werden. Der neue UNDP-Chef *Kemal Derviş* spricht sich unmissverständlich für eine Konditionalität aus, in der sich aber nicht die Interessen der Industrieländer, sondern die universell akzeptierten UN-Werte widerspiegeln, beispielsweise die Menschen- und Arbeitsrechtsnormen oder die Beschlüsse zu nachhaltiger Entwicklung von Rio 1992 und Johannesburg 2002.

Die Position der Vereinten Nationen in der globalen Entwicklungsarchitektur ist alles andere als geklärt und gefestigt. Viele dort Engagierte fühlen sich vom Vordringen der finanziell weit überlegenen Weltbank in die traditionell den Vereinten Nationen übertragenen Arbeitsfelder bedroht, wie etwa durch die Ausweitung der Zuschussfinanzierung oder die Arbeit in fragilen Staaten. Von wissenschaftlicher Warte aus setzen sich einige Stimmen für die massive Aufstockung der UN-Entwicklungszusammenarbeit ein, um das faktische Monopol der Weltbank im multilateralen Sektor zu beenden und einen dynamischen

Wettbewerb um die besten Konzepte und Durchführungsmethoden anzufachen.[11]

Der Prozess zur Verwirklichung der MDGs auf Basis der UN-Millenniumserklärung vom Jahr 2000 hat die Stellung der Vereinten Nationen im globalen Entwicklungsdiskurs zweifellos gestärkt. Weltbank und Internationaler Währungsfonds, regionale Entwicklungsbanken und bilaterale Geber richten ihre Programme zunehmend an diesem Zielsystem aus und haben ihre Methoden der Berichterstattung und Rechenschaftslegung verfeinert und ausgeweitet. Das Gipfeldokument weist dem ECOSOC die Verantwortung zur Überprüfung der Umsetzungserfolge zu.[12] Vorgesehen sind dafür jährliche Treffen auf Ministerebene. Außerdem soll das Gremium hochrangige Foren für Entwicklungspolitik im zweijährigen Rhythmus durchführen, auf denen alle relevanten Akteure ihre Strategien darstellen und aufeinander abstimmen. Diese neuen Aufgaben könnten die entwicklungspolitische Rolle der Vereinten Nationen auf ein neues Niveau heben und das bisherige Übergewicht des Geber-dominierten OECD-Entwicklungsausschusses (DAC) relativieren.

III. Global Governance-Reformen im Wirtschafts- und Sozialbereich

1. Institutionelle Lücken im internationalen System

Eine vordringliche Reformnotwendigkeit (Global Governance Gap), die vom Gipfel nicht behandelt wurde, ist die Neuordnung der globalen Institutionen für Wirtschafts-, Finanz-, Währungs- und Sozialpolitik. Der Bericht der von *Kofi A. Annan* eingesetzten Hochrangigen Gruppe für Bedrohungen, Herausforderungen und Wandel hatte diesen Bereich noch als reformbedürftig behandelt und vage Empfehlungen in Richtung auf eine neue Gipfelarchitektur zur Einbeziehung der großen Schwellenländer („Ankerländer") in die G7/8 formuliert.[13] Die Vorschläge wurden in *Kofi A. Annans* Dokument „In größerer Freiheit" nicht aufgegriffen, weil der UN-Generalsekretär den mangelnden Einigungswillen erkannt hatte. Auch in der Gipfelresolution wird das Thema weitgehend ausgespart, bis auf eine an den Monterrey-Konsensus angelehnte Formulierung, die sich für ei-

---

[11] D. Messner/S. Maxwell/F. Nuscheler *et al.*, Governance Reform of the Bretton Woods Institutions and the UN Development System, Dialogue on Globalization Occasional Paper No. 18 (2005), Friedrich Ebert Foundation.

[12] 2005 World Summit Outcome (Fn. 4), Ziff. 155.

[13] Vgl. Eine sicherere Welt: Unsere gemeinsame Verantwortung. Bericht der Hochrangigen Gruppe für Bedrohungen, Herausforderungen und Wandel, UN Doc. A/59/565 vom 2.12.2004, Ziff. 56.

ne Stärkung des Südens in internationalen Politikprozessen und Institutionen, namentlich in den Bretton Woods-Institutionen IMF und Weltbank, ausspricht.

Die anstehenden Global Governance-Reformen werden durch die in der Nachkriegsordnung begründete Dezentralisierung der institutionellen Zuständigkeiten und Mandate blockiert. Noch vor Gründung der Vereinten Nationen haben die westlichen Siegermächte unter US-amerikanischer und britischer Führung die Bretton Woods-Institutionen (IMF und Weltbank) zur Regulierung der internationalen Finanzpolitik und Kreditbeziehungen ins Leben gerufen. Formal sind diese Institutionen in das UN-System integriert. Faktisch nehmen sie jedoch eine autonome Sonderstellung ein, da die Stimmrechtsverteilung in den Beschlussgremien die Dominanz der Industrieländer sichert.

Das im Kernbereich der Vereinten Nationen als übergreifende Koordinationsinstanz vorgesehene Hauptorgan ECOSOC hat nie reale Steuerungsfunktionen ausüben können. Die Ausdehnung seiner Mitgliederzahl auf 54 Staaten hat das Gremium in Verbindung mit dem UN-Abstimmungsprinzip „ein Land – eine Stimme“ zur völligen Einflusslosigkeit verdammt. Hinzu kommt, dass sich auch viele Nicht-Mitglieder des ECOSOC intensiv an den Debatten beteiligen und die Effektivität des Gremiums mindern. Außerdem verhindert die starre Begrenzung der Sitzungszeiten auf wenige Monate im Jahr eine flexible Behandlung aktueller Themen und akuter Krisen. Ein weiteres Strukturhindernis ist die thematische Überschneidung mit den Zuständigkeiten des Zweiten und Dritten Ausschusses der UN-Generalversammlung (wirtschaftliche bzw. humanitäre Angelegenheiten).

Die erst 1994 gegründete Welthandelsorganisation (WTO) füllt eine schon im Rahmen der Bretton Woods-Konstruktion angedachte multilaterale Regulierungsfunktion ohne jede formale Verknüpfung mit dem UN-System aus. Auch die von den führenden Industrienationen 1975 errichtete Gipfelarchitektur (G7/8) nimmt auf die Strukturen der Vereinten Nationen keinerlei Rücksicht. Allerdings haben die Mitglieder dieses informellen Clubs zunehmend die Notwendigkeit der symbolischen Integration von einflussreichen Ländern des Südens erkannt: Die Gästeliste bei den Spitzentreffen wird immer länger.

2. Aktuelle Reformkonzepte

Eine Vielzahl von Reformideen zur Behebung der institutionellen Defizite bereichert inzwischen die internationale Debatte. Ein Strang davon setzt auf Stärkung der Vereinten Nationen durch ein erweitertes Mandat, um die zentrale Koordinations- und Steuerungsrolle im Wirtschafts- und Sozialbereich übernehmen zu können. Ein in vielen Variationen artikulierter Vorschlag zielt auf die Einrichtung eines neuen Hauptorgans ab, dessen Bezeichnungen als „Rat für wirtschaftliche Sicherheit" oder „Rat für globale Umwelt und Entwicklung" die Analogie zur Machtfülle des UN-Sicherheitsrats erkennen lassen.[14] Ein solcher Schritt setzt allerdings die Abschaffung des ECOSOC voraus und wäre sicher mit einer deutlichen Verringerung der Mitgliederzahl verbunden. Systemtheoretisch mag dieses Konzept durch die Konstruktion eines handlungsfähigen globalen Zentrums, das den weltwirtschaftlichen Ordnungsrahmen vorgibt, bestechen. Machtpolitisch wird sich diese Idee aber auf lange Sicht nicht durchsetzen lassen, da die große Mehrheit der UN-Mitgliedstaaten nicht bereit ist, Entscheidungsbefugnisse auf diese Weise zu delegieren.

Realistischer erscheint da der Weg zur schrittweisen Reform des ECOSOC, der im Abschlussdokument des Gipfels vorgezeichnet wurde. Das oben beschriebene entwicklungspolitische Engagement des Rats und die Vertiefung des von ihm seit einigen Jahren praktizierten Erfahrungsaustausches mit IMF, Weltbank und WTO könnte seine Rolle als Dialogforum stärken.[15] Ein immer stärker auf die internationale Agenda drängendes Thema ist die Neuverteilung von Stimmrechten in den Bretton Woods-Institutionen, insbesondere zugunsten afrikanischer und asiatischer Staaten. Konkrete Vorschläge dafür beziehen sich auf die Anhebung der Basisstimmrechte, die jedem Staat unabhängig vom wirtschaftlichen Gewicht zugewiesen werden, sowie auf die Einführung eines doppelten Mehrheitsverfahrens, das die getrennte Zustimmung der Länder in Nord und Süd erfordern würde.

Die repräsentative Erweiterung der G7/8 könnte für die deutsche Debatte ein interessantes Thema darstellen, da Berlin im Jahre 2007 den Vorsitz in diesem Kreis übernimmt. Schon bei der institutionalisierten Erweiterung des G7-Kreises der Finanzminister und Notenbankgouverneure um zahlreiche Ankerländer (G20) hatte die Bundesregierung eine aktive Rolle gespielt. Die Zusammensetzung einer möglichen Gruppe von Staats- und Regierungschefs (L20+), die über die Teilnehmer der G20 hinausgehen würde, bleibt umstritten. Da es sich um ein selbsternanntes Gremium ohne formale Legitimität handelt, sollten auch die Gruppe der ärmsten Länder und das UN-System (beispielsweise über den UN-Generalsekretär und den ECOSOC-Vorsitz) vertreten sein. Außerdem müsste

---

[14] Wissenschaftlicher Beirat der Bundesregierung Globale Umweltveränderungen (WBGU), Keine Entwicklung ohne Umweltschutz: Empfehlungen zum Millennium+5-Gipfel, Politikpapier Nr. 4 (2005).

[15] Vergleiche hierzu A.C. Cooper/T. Fues, L20 und ECOSOC-Reform. Komplementäre Bausteine zur Stärkung der Global Governance-Architektur und der Vereinten Nationen, Analysen und Stellungnahmen, in: Deutsches Institut für Entwicklungspolitik (DIE) (Hrsg.), Analysen und Stellungnahmen, Nr. 6 (2005).

das Schwergewicht der Aktivitäten auf die Herstellung eines breiten Konsens bei der Bearbeitung der globalen Herausforderungen gelegt werden, der als Grundlage für spätere Beschlüsse in den UN-Strukturen dienen könnte.

IV. Mehr-Ebenenpolitik im System der Vereinten Nationen

Die wachsenden Verflechtungen in einer globalisierten Welt haben zur Diffusion staatlicher Eingriffs- und Gestaltungsmöglichkeiten in horizontaler wie vertikaler Richtung geführt.

Im Hinblick auf die horizontale Herrschaftsteilung und die darauf aufbauende Synthese der Lösungsbeiträge unterschiedlicher Akteursgruppen befinden sich die Vereinten Nationen noch in einem schwierigen Suchprozess. Das Pendel der Beteiligung nichtstaatlicher Kräfte, insbesondere aus dem zivilgesellschaftlichen Sektor, ist vom hohen Niveau in den Weltkonferenzen der 1990er Jahre nach den Terroranschlägen vom 11. September 2001 in die andere Richtung geschwungen. Im Vorbereitungsprozess für den Weltgipfel war zwar Raum für Interventionen durch Nichtregierungsorganisationen, beispielsweise im Rahmen der erstmaligen Anhörung durch die UN-Generalver-sammlung im Juni 2005. Aber in der heißen Schlussphase der Verhandlungen und beim Gipfel selbst traten die NGOs so gut wie überhaupt nicht in Erscheinung.

Auch in vertikaler Richtung ist die Interaktion des UN-Systems mit externen Gruppen alles andere als befriedigend. Das Gipfeldokument bekräftigt den Wunsch zum Ausbau der Kooperationsbeziehungen mit supranationalen Regionalorganisationen, beispielsweise im Bereich der Friedenssicherung, wie dies heute bereits mit der Afrikanischen Union (AU) praktiziert wird. Wenig ausgeprägt ist bisher das Bewusstsein für die Notwendigkeit einer stärkeren Zusammenarbeit mit lokalen und regionalen (sub-nationalen) Akteursgruppen. Die Expertengruppe unter Leitung des früheren brasilianischen Staatspräsidenten *Fernando E. Cardoso*, die einen Bericht zum Umgang der Vereinten Nationen mit der Zivilgesellschaft präsentiert hat, schlägt die Schaffung eines Verbindungsbüros für Gebietskörperschaften vor.[16] Diesen Anregungen ist die UN-Generalversammlung bisher nicht gefolgt.

Vieles spricht aber dafür, dass eine langfristig erfolgreiche Erneuerung der Vereinten Nationen darauf angewiesen ist, die Potenziale und Ressourcen externer Akteursgruppen zu mobilisieren und in die globalen Politikprozesse zu integrie-

---

[16] Vgl. We the People. Civil Society, the United Nations and Global Governance, Report of the Panel of Eminent Persons on United Nations – Civil Society Relations, UN Doc. A/58/817 vom 11.06.2004.

ren. Dies setzt voraus, dass die Regierungen Bereitschaft entwickeln, den exklusiven Charakter der Vereinten Nationen als Staatenorganisation in Richtung eines inklusiven Weltforums mit parlamentarischer, zivilgesellschaftlicher und privatwirtschaftlicher Beteiligung zu verändern.[17]

[17] Vgl. auch die Beiträge in diesem Konferenzband von V. Rittberger, Der Wandel im internationalen System und die Tendenz zu inklusiveren Vereinten Nationen; C. Zöpel, Gewaltenteilung im politischen System der Weltgesellschaft sowie C. Kissling, Die Interparlamentarische Union im Wandel: Zu den Möglichkeiten repräsentativ-parlamentarischer Organisationen bei der Gestaltung von Global Governance.

Die Interparlamentarische Union im Wandel: Zu den Möglichkeiten repräsentativ-parlamentarischer Organisationen bei der Gestaltung von Global Governance

Claudia Kissling*

I. Einleitung

Neue globale Anforderungen haben unweigerlich einen Strukturwandel intergouvernementaler Organisationen in Gang gesetzt, der auch Fragen der Gewaltenteilung beinhaltet. Die Vereinten Nationen als wichtigste universelle Organisation sind hierbei dem Druck einer Entzerrung von Legislative und Exekutive unter dem Stichwort „Überwindung des Demokratiedefizits" besonders ausgesetzt. Als Lösungsansatz diskutiert die gegenwärtige wissenschaftliche wie auch politische Debatte neben demokratietheoretischen Gesichtspunkten die konkrete institutionelle Ausgestaltung der Weltorganisation. Dabei umfasst institutioneller Strukturwandel zivilgesellschaftliche und/oder parlamentarisch-repräsentativ geprägte Reformen.

In der Folge werden Möglichkeiten und Grenzen eines Beitrags der Interparlamentarischen Union (IPU) zu einer parlamentarisch-repräsentativen Gestaltung der Weltpolitik durch die Vereinten Nationen dargestellt. Eine historische Analyse der Arbeit der IPU zeigt zunächst ihre Errungenschaften auf politischem wie völkerrechtlichem Gebiet, aber auch ihr aus Fehleinschätzungen resultierendes Versagen vorwiegend im global-machtpolitischen Bereich. In diese Richtung zielende Korrekturen der IPU ab den 1970er Jahren waren anfangs nicht unbedingt von Erfolg gekrönt. Wie sich die Union mit einer Verbesserung ihres rechtlichen Status gegenüber oder trotz einer Proliferation parlamentarischer Institutionen in einem veränderten weltpolitischen Umfeld behaupten konnte, soll Thema eines weiteren Kapitels sein. Unter dem Begriff der „parlamentarischen Dimension der Vereinten Nationen" erfolgte gleichzeitig eine erste Annäherung der IPU an die Vereinten Nationen. Diese ersten Schritte, aber auch der noch bestehende Nachholbedarf auf dem Weg zur vollständigen Übernahme

* Dr. Claudia Kissling ist wissenschaftliche Mitarbeiterin im Sonderforschungsbereich „Staatlichkeit im Wandel" an der Universität Bremen. Sie arbeitet dort an einem Projekt zur Partizipation und Legitimation in Internationalen Organisationen. Zudem ist sie stellvertretende Vorsitzende des Komitees für eine demokratische UNO (KDUN), das sich für eine Stärkung und Demokratisierung der Vereinten Nationen einsetzt. Der vorliegende Artikel greift Ergebnisse aus ihrem Dissertationsprojekt „Die IPU im Wandel – Rechtspolitische Ansätze einer repräsentativ-parlamentarischen Gestaltung der Weltpolitik" auf.

und Gestaltung der parlamentarischen Dimension der Vereinten Nationen durch die IPU sowie die Entwicklungspotenziale dieser Zusammenarbeit sollen im darauf folgenden Kapitel erörtert werden. Ein kurzer Ausblick auf die sich für die Vereinten Nationen daraus ergebenden Demokratisierungsperspektiven schließt die Ausführungen ab.

II. Die Interparlamentarische Union in historischer Perspektive – Errungenschaften und Fehlleistungen

Die Interparlamentarische Union ist heute die – einzig offizielle – Weltorganisation der nationalen Parlamente.[1] Nach ihren Zielvorstellungen bildet sie den Brennpunkt des weltweiten parlamentarischen Dialogs und arbeitet für Frieden und Zusammenarbeit zwischen den Völkern sowie für die dauerhafte Einrichtung repräsentativer Institutionen.[2]

1. Der Anfang einer neuartigen Organisation

Als erste internationale politische Organisation im Jahre 1889 gegründet,[3] hat sich die IPU inzwischen von einer Organisation einzelner Parlamentarier aus meist europäischen Staaten zu einer globalen Organisation, bestehend aus zur Zeit 141 Parlamenten und sieben assoziierten Mitgliedern (regionale parlamentarische Versammlungen),[4] entwickelt. Am Ende des 19. und zu Beginn des 20. Jahrhunderts galt die IPU in politischen Kreisen als renommierte Instanz, die sich durch ihren Einsatz vorwiegend für die internationale Schiedsgerichtsbarkeit, die Einrichtung des Haager Schiedshofes und die Gründung des Völkerbundes sowie dessen Ständigen Gerichtshofes einen Namen gemacht hatte. So griff die Erste Haager Konferenz (1899) bei der Vorbereitung ihrer Vereinbarung bezüglich der Einrichtung des Haager Ständigen Schiedshofes auf einen

---

1 Siehe http://www.ipu.org (20.04.06).

2 Vgl. Art. 1 Abs. 2 ihrer Satzung; die Satzung ist abrufbar unter http://www.ipu.org/strct-e/statutes-new.htm (20.04.06).

3 Für eine Einführung in die Geschichte der IPUs siehe J. Douglas, Parliaments Across Frontiers: A Short History of the Inter-Parliamentary Union (1975); F. Sterzel, The Inter-Parliamentary Union (1968); R. Uhlig, Die Interparlamentarische Union 1889-1914: Friedenssicherungen im Zeitalter des Imperialismus (1988); Y. Zarjevski, The People Have the Floor: A History of the Inter-Parliamentary Union/La tribune des peuples, Histoire de l'Union interparlementaire, 1889-1989 (1989).

4 Andenparlament; Europäisches Parlament; Lateinamerikanisches Parlament; Mittelamerikanisches Parlament; Ostafrikanische Gesetzgebende Versammlung der Ostafrikanischen Gemeinschaft; Parlamentarische Versammlung des Europarates und das Parlament der Wirtschaftsgemeinschaft Westafrikanischer Staaten.

Vertragsentwurf der Interparlamentarier zurück.[5] Die Einberufung dieser Konferenz ging indirekt, die Einberufung der Zweiten Haager Konferenz (1907) sogar direkt auf das Bemühen der Interparlamentarier zurück. Auf der Zweiten Haager Konferenz fand ein Musterschiedsvertrag der IPU, welcher die obligatorische Schiedsgerichtsbarkeit festschrieb, zwar die Mehrheit der Stimmen, scheiterte letztlich jedoch an dem Erfordernis der Einstimmigkeit. Schließlich diente ein 1914 erarbeiteter Vertragsentwurf der IPU 1920 als Grundlage der Verhandlungen für das Statut des Ständigen Internationalen Gerichtshofes des Völkerbundes.

Diesen realen Erfolg verdankte die IPU nicht nur ihrer neuartigen universellen Organisationsstruktur, sondern in erster Linie dem engagierten Einsatz einzelner Parlamentarier. Diese standen meist in enger Verbindung zur Exekutive ihres Landes und waren häufig Mitglieder in Regierungsdelegationen, so anlässlich der beiden Haager Konferenzen. Trotz dieser personellen Vernetzung war die Kontrolle der Regierungen auch und gerade auf internationaler Ebene für die Union an oberster Stelle. Der langjährige erste Generalsekretär der Union, *Albert Gobat*, brachte dies folgendermaßen zum Ausdruck:

> „(L)a Conférence interparlementaire a été fondée précisément dans le but de réduire le rôle de la diplomatie, et d'augmenter l'influence des parlements sur les affaires internationales à l'effet de régler celles-ci conformément aux lois de la justice."[6]

Dem Erfolg weiter förderlich war zudem die Konzentration der Interparlamentarier auf eine neuartige und unkonventionelle Idee, nämlich die Errichtung einer weltweiten Rechts- und Friedensordnung über Schiedsgerichtsbarkeit. Ein Übriges taten die rechtlich wie politisch profilierten Vorschläge zur Weiterentwicklung des Rechts, die von Völkerrechtsprofessoren aus den parlamentarischen Reihen der IPU ausgearbeitet wurden und häufig ganze Vertragsentwürfe umfassten. Dies sollte die aktivistische Herangehensweise der „Neuparlamentarier", hinter denen ein Großteil des organisierten Pazifismus stand, positiv ergänzen. Die Tagungen der IPU in immer anderen, meist europäischen Hauptstädten fanden denn auch große öffentliche Resonanz in der Presse. 11 Preisträger der ersten 30 Jahre des Friedensnobelpreises gingen aus den Reihen der IPU hervor.[7] Doch von Anfang an kämpfte die Union mit schwerfälligen inneren

---

5 C. Descamps, Essai sur l'organisation de l'arbitrage international, Mémoire aux Puissances, in: Revue de droit international et de législation comparée 28 (1896), S. 5-74.

6 A. Gobat, Organisons-nous!, in: La Conférence Interparlementaire 17 (1895), S. 266.

7 Frédéric Passy (1901); Charles A. Gobat (1902); William R. Cremer (1903); Fredrik Bajer (1908); Auguste M.F. Beernaert (1909); Paul H.B. Balluet, Baron d'Estournelles de Constant de Rebecque (1909); Henri La Fontaine (1913); Christian L. Lange und Karl H

Organisationsstrukturen, die bis zum heutigen Tag immer wieder auf der Reformagenda erscheinen. Mit der Zeit grenzte sich die Interparlamentarierorganisation zu ihrem eigenen Schaden auch von der Friedensbewegung ab. Zudem wandte sie sich in ihrer Öffentlichkeitsarbeit immer häufiger nur den Parlamenten statt der Presse zu.

Als nach dem Ersten Weltkrieg der Völkerbund gegründet wurde, der mit einer ähnlichen Aufgabenstellung wie die IPU, dafür aber mit verbindlicheren – regierungsseitigen – Entscheidungsstrukturen ausgestattet war, begann der Stern des Bekanntheitsgrades der Union allmählich zu sinken. Dank ihres hohen Ansehens wurde die IPU zwar über ein direktes Verbindungsbüro des Völkerbundes ein bevorzugter Kooperationspartner des Bundes. Delegationsmitglieder zu den Sitzungen des Völkerbundes waren häufig gleichzeitig Mitglieder der Union. Ihre thematische Arbeit nach dem Krieg war, wenn auch weniger sensationell, dafür dennoch tiefgehend. 1921 kam z.B. auf Druck der nationalen IPU-Gruppen die nötige Anzahl an Ratifikationen für das Statut des Internationalen Gerichtshofes vor dem Zusammentritt der zweiten Versammlung des Völkerbundes zustande, so dass diese zur Wahl der Richter schreiten konnte.

Der beachtlichste Teil der Arbeit der Union in den 1920er und 1930er Jahren galt aber der Unterbreitung von Vorschlägen auf Gebieten, die noch nicht völkerrechtlich geregelt waren, und hatte gewagte Vorstöße, z.B. in das internationale Strafrecht, die Rechte von Minderheiten oder eine konsequente Abrüstung zum Inhalt. Trotzdem zehrte die IPU überwiegend von ihrem Vorkriegs-Renommee bei der Bevölkerung wie auch den Regierungen. Dabei übersah sie, dass das ausgeklügelte System der Beziehungen der Parlamentarier zu ihren Regierungen, das zuvor von gegenseitiger Abhängigkeit und Geben und Nehmen geprägt war, in der Außenpolitik endgültig zu Gunsten der Regierungen gekippt war.[8]

Die Wichtigkeit dieser machtpolitischen Komponente begriffen viele Mitglieder der IPU nicht, womit die Union eine um die andere Chance zum Aufstieg auf den fahrenden Zug, z.B. durch ein entschiedenes Eintreten für eine internationale Parlamentarisierung verpasste. Bereits zwischen 1904 und 1910 hatte sie die Frage der Einrichtung einer internationalen Legislative bzw. einer zweiten Kammer neben einer Regierungskammer sowie ihre eigene Rolle hierbei diskutiert. Im Ergebnis legte sie jedoch den Schwerpunkt auf die Einrichtung einer internationalen Regierungsvertretung und verfing sich im Übrigen in einer internen

---

Branting (1921) sowie Ludwig Quidde und Ferdinand E. Buisson (1927).

8 So verabschiedeten die Parlamente auch das Teilbudget für die Außenpolitik und ratifizierten internationale Verträge, während die Interparlamentarier für ihre IPU auf die finanzielle und sonstige Unterstützung der Regierungen angewiesen waren.

Reorganisationsdebatte. Kurz vor Gründung des Völkerbundes war weder eine Unterstützung des ersten Cecil'schen Völkerbundplans[9] noch des deutschen Regierungsentwurfes zu einer Völkerbundsatzung[10] zu sehen. Im Umgang mit dem neu entstandenen Völkerbund pochte man auf Eigenständigkeit, allerdings im Vergleich zu diesem auch auf Universalität.[11]

Auch die im Jahre 1929 aufkommende Frage einer offiziellen Anerkennung der Union durch eine internationale Konvention und eine bessere Anbindung an den Völkerbund lief ins Leere. Schließlich hielt die Union lange Zeit an dem völkerrechtlichen Prinzip der Nichteinmischung in innere Angelegenheiten fest. Gerade vor Ausbruch des Zweiten Weltkrieges sollte dies verheerende Konsequenzen für ihr eigenes Renommee haben.

2. Die Union gerät ins Vergessen

Nach dem Zweiten Weltkrieg geriet die Union mehr und mehr in Vergessenheit, wozu sie selbst Entscheidendes beitrug. War die IPU in den zwei Jahrzehnten zuvor noch gewillt gewesen, sich intern wie auch extern dem Völkerbund anzunähern, waren derartige Bemühungen nach 1945 nicht mehr zu spüren. Die Union blieb in Genf und passte auch ihre Satzung erst 25 Jahre später mit einem

9 Der erste Cecil'sche Völkerbundplan vom 14.01.1919 sah vor, die IPU zu einem periodischen Kongress der Delegierten der Parlamente auszubauen und sie die Rolle der bisherigen Haager Konferenzen innerhalb des Völkerbundes einnehmen zu lassen. Dieser Entwurf war jedoch noch rein privater Natur. In seinen späteren offiziellen Entwürfen im Namen der britischen Regierung ließ Robert Cecil diesen Vorschlag wieder fallen – der amerikanische Präsident T. Woodrow Wilson hatte Bedenken gegen ein Weltparlament geäußert; vgl. Anhang 2 in R. Lansing, The Peace Negotiations: A Personal Narrative (1921), S. 265-268; für den endgültigen Entwurf Cecils vgl. D. Miller/D. Hunter, The Drafting of the Covenant, Bd. 2 (1928), S. 61-64.

10 Dieser sah neben einem Staatenkongress ein vorläufig aus nationalstaatlichen Parlamentariern zusammengesetztes Weltparlament mit erheblichen Kompetenzen vor, das über die spätere Zusammensetzung eines Parlaments unter Zustimmung des Staatenkongresses entscheiden sollte; vgl. G. Knoll, Der Deutsche Regierungsentwurf zu einer Völkerbundsatzung vom April 1919, Zugleich Betrachtungen zur Völkerbundsatzung und zu ihrer Reform (1931).

11 So wurde die IPU nach dem Ersten Weltkrieg nach heftigen internen Debatten keine Organisation der Sieger, sondern vereinigte in ihrer Mitte auch viele Länder, die nicht Mitglieder des Staatenbundes waren, darunter auch die USA. Die Sowjetunion gehörte ihr dagegen nicht an. Japan und Italien, die Gründungsmitglieder des Völkerbundes waren, jedoch 1935 bzw. 1939 austraten, blieben der Union als Mitglieder erhalten. Die deutsche Gruppe konnte bis Anfang 1933 an IPU-Konferenzen teilnehmen, während das Deutsche Reich erst 1926 Mitglied des Völkerbundes wurde und 1935 wieder austrat.

Bezug zu den Vereinten Nationen an die geänderte weltpolitische Situation an.[12] Zudem lehnte sie es ab, sich an die Spitze der weltparlamentarischen Bewegung zu stellen, die nach dem Zweiten Weltkrieg eine große Anhängerschaft in der Zivilbevölkerung fand. Weltparlamentarische Ideen tauchten zwar weiterhin in den Reihen der IPU auf, doch konnten sie sich schon bald angesichts des Ost-West-Konflikts nicht mehr durchsetzen.[13]

Bei den Vereinten Nationen gab man sich trotz vereinzelter interner Proteste mit dem Konsultativstatus beim Wirtschafts- und Sozialrat (ECOSOC) zufrieden, der der Union nur geringe Einflussmöglichkeiten und die Rolle einer Nichtregierungsorganisation zuschrieb. Unabhängigkeit, aber auch Universalität blieben weiterhin von entscheidender Bedeutung. Konsequenz dieses Verhaltens war, dass die tiefgreifendste Forderung der Union, nämlich die nach einer parlamentarischen Kontrolle der Außenpolitik, nicht bis in das Selbstverständnis der Mächtigen der Zeit durchdringen konnte.

So kam es, dass die Interparlamentarier am internationalen Wiederaufbau nach dem Krieg in keiner Weise beteiligt waren, wenn die Union auch zu Beginn noch wichtiges Zentrum für informelle Annäherungen als Voraussetzung für Friedensgespräche blieb.[14] Das noch aus der Zeit vor dem Ersten Weltkrieg stammende Prestige der Union war mit der Zeit allerdings verblasst und Geld keines mehr vorhanden. Die vor dem Krieg bestehenden hochrangigen Kontakte zu internationalen Organisationen wie auch zu Regierungszirkeln begannen angesichts der fehlenden Institutionalisierung des Kontaktes langsam aber stetig abzubröckeln. Hierzu trug auch der geringere Anteil an Wissenschaftlern in Parlamentarierkreisen bei, die infolge der wachsenden Komplexität der Materie, der Fülle an zu verarbeitenden Informationen und der damit gestiegenen Arbeitsmenge in den Parlamenten in den Rängen der Abgeordneten kaum mehr zu finden waren.

---

[12] Vgl. Art. 1 der Satzung.

[13] Siehe z.B. V. Stansgate, The Interparliamentary Union, in: The Contemporary Review 1026 (1951), S. 324; I. Rena, L'Union interparlementaire entre le passé et l'avenir, in: Montecitorio 10-11 (1963), S. 14; vgl. auch L. Boissier, L'Union interparlementaire et sa contribution au développement du droit international et à l'établissement de la paix, in: RCADI Bd. 88 (1955-II), S. 172-173; A. de Blonay, The Inter-Parliamentary Union and Patterns of World-Wide Parliamentary Cooperation, in: JCPS 3 (1967), S. 9 und J. Douglas (Fn. 3), S. 87.

[14] Dies war z.B. der Fall für Gespräche in Istanbul 1951, die zum deutsch-israelischen Wiedergutmachungsabkommen von 1955 führten. Ebenso wurden die Beilegung des italienisch-jugoslawischen Konfliktes um Triest, 1954 die des österreichisch-italienischen Streits um Südtirol und 1957 die der englisch-ägyptischen Suezkrise auf IPU-Konferenzen eingeleitet.

Intern blieb die schwerfällige Organisation der Vorkriegszeit bestehen. Die zahlreichen Reorganisationsbemühungen der 1970er und 1980er Jahre sollten in diesem Punkt auch keine entscheidenden Verbesserungen bringen, sondern das System vielmehr entpolitisieren und noch starrer werden lassen. Schließlich trugen auch das stetige Anwachsen der Union und die damit sich ergebende heterogene Mitgliederstruktur unter Beibehaltung des Bemühens um Einstimmigkeit mehr und mehr zur Verwässerung der IPU-Resolutionen bei.

Das Besondere der Union, vollkommen neue Ideen hervorzubringen, ging dabei verloren. Dies alles führte dazu, dass die IPU in den ersten 20 Nachkriegsjahren nur wenige Errungenschaften aufzuweisen hatte. Darunter fielen einige wenige originelle Kodifikationsvorschläge, so ein Modellvertrag zur internationalen Behandlung der illegalen Bereicherung von Staatsbeamten aus dem Jahre 1962, das erfolgreiche Streben der IPU nach Universalität und die von den neuen Mitgliedern erreichte Aufgabe des Nichteinmischungsprinzips – ein erster Schritt zu einer politischen Kontrolle der Außenpolitik.

Eine grundsätzlich andere Haltung der IPU zeichnete sich erst zu Beginn der 1970er Jahre ab. Nun gab sich die Union eine neue Zielsetzung (Unterstützung der Ziele der Vereinten Nationen) und erreichte 1971 eine Änderung ihres völkerrechtlichen Status durch einen Sitzvertrag mit der Schweiz, der umfassende Privilegien enthielt.[15] Man verschrieb sich einer Revitalisierung durch Friedensforschung und stellte ein umfangreiches Arbeitsprogramm auf, das u.a. die Verbesserung der Beziehungen zu internationalen Organisationen, eine verbesserte Öffentlichkeitsarbeit und ein permanentes Follow-up zu getroffenen Entscheidungen und Aktivitäten beinhaltete. Es war die Zeit, in der die Organisation – wenn auch zumeist unbemerkt von der Öffentlichkeit – ihre wichtigsten Erfolge in neueren Zeiten feiern konnte. So richtete sie ein Beschwerdeverfahren für die Verletzung von Menschenrechten von Parlamentariern ein, das noch heute besteht, bereitete den KSZE-Prozess auf parlamentarischer Ebene vor und begleitete ihn in der Folge, arbeitete für die gleichberechtigte Vertretung von Frauen in den Parlamenten und richtete ein fachmännisches Hilfsprogramm für Parlamente meist neuer Demokratien ein.

---

[15] Accord entre le Conseil fédéral suisse et l'Union interparlementaire pour régler le statut juridique de cette organisation en Suisse vom 28.09.1971 (rückwirkend zum 1.01.1971) sowie die vom amerikanischen Präsidenten Bill Clinton am 7.08.1998 unterzeichnete Executive Order. Diese Abkommen verleihen der IPU für internationale Organisationen typische Privilegien und Immunitäten und bezeichnen sie als internationale Institution bzw. öffentliche internationale Organisation. Der Geschäftsbericht des Schweizer Bundesrates von 1971 weist dabei explizit auf die Vorherrschaft des zwischenstaatlichen Charakters der Institution nach den jüngsten Entwicklungen des Völkerrechts und der Rechtswissenschaft hin.

Die neue Orientierung an den bestehenden internationalen Organisationen wie auch die thematische Aufwertung der IPU-Arbeit konzentrierte sich in dem Begriff der Sonderkonferenzen, die zu Themen von und in Zusammenarbeit mit Organisationen des Systems der Vereinten Nationen durchgeführt wurden. Hier wurde der Vorteil der IPU deutlich: In ihren Reihen war häufig ein breiterer Konsens möglich als in Regierungskreisen, was sich insbesondere auf ein progressiveres Vorgehen auswirkte.

Doch insgesamt blieb die Entwicklung schwierig, musste die Union doch mit ansehen, dass in ihrer Annäherung an und Zusammenarbeit mit den mächtigen Regierungsorganisationen zunächst deren Interessen im Vordergrund standen. Trotz der unternommenen Anstrengungen und der tatsächlich erzielten Erfolge gewann die IPU nicht bedeutend mehr Einfluss oder einen größeren Bekanntheitsgrad. Die trotz zahlreicher Versuche immer wieder bereits in den eigenen Reihen gescheiterte Beantragung eines offiziellen Status bei den Vereinten Nationen mag dazu beigetragen haben. Zudem hatte die Union – nicht zuletzt angesichts eigener finanzieller Schwierigkeiten wie auch aufgrund ihrer organisatorisch bedingten Schwerfälligkeit – mit der Gründung und dem Erstarken informeller Parlamentarierkreise zu kämpfen.

Von anderen NGOs hatte sich die Union sicherlich zu Recht im Laufe der Zeit abgesetzt, um statusrechtliche Verbesserungen auf internationaler Ebene zu erreichen. Die nun aufkommenden nichtoffiziellen interparlamentarischen Organisationen völlig abzulehnen, war jedoch etwas anderes, verstand es die Union dadurch doch nicht, diese für eine Unionsunterstützung zu mobilisieren. Die Ziele und Visionen innerhalb der IPU waren nun vorhanden – der internationale Raum blieb weiterhin mit anderen besetzt.

III. Die Interparlamentarische Union in verändertem Umfeld – die Proliferation internationaler parlamentarischer Institutionen

Tatsächlich kämpfte die IPU seit Mitte/Ende der 1970er Jahre mit dem Aufkommen sogenannter „informeller Parlamentarierorganisationen", im Folgenden interparlamentarische Government Run/Inspired NGOs (GRINGOs).[16] Während

[16] Unter dem Oberbegriff „GRINGOs" sollen mehr oder weniger lose Vereinigungen von Parlamentariern zusammengefasst werden. Bei diesen handelt es sich nicht um NGOs im eigentlichen Sinn, d.h. um privatrechtliche nichtstaatliche Vereinigungen, da die Nichtstaatlichkeit von Vereinigungen, die sich ausschließlich aus Parlamentariern der staatlichen Legislative zusammensetzen, zumindest angezweifelt werden kann. Die Bezeichnung „GRINGOs" greift auf eine Differenzierung in der Wissenschaft zurück, die Grenzformen von NGOs unterscheidet. Demnach sind GRINGOs individuelle Initiativen von öffentli-

davor nur zwei solcher Organisationen[17] auf (über)regionaler und keine einzige auf internationaler Ebene bestanden, sind heute insgesamt 44 zu verzeichnen.[18] Dies schien einem allgemeinen Trend zu folgen, der im Bereich aller Formen von Parlamentariervereinigungen ansteigende Gründungszahlen aufwies. So agierten 1939 nur die IPU, die Nordische IPU[19] und die Parlamentarische Vereinigung des Commonwealth, Anfang der 1970er Jahre 11 und heute an die 90 informelle oder formelle parlamentarische Institutionen.

Im Bereich „formeller parlamentarischer Institutionen" hatte dieser Trend bereits nach dem Zweiten Weltkrieg einige Früchte getragen, allerdings ohne die IPU in irgendeiner Weise zu beunruhigen.[20] Denn diese Organisationen agierten zumeist als Organe bestehender regionaler Organisationen (parlamentarische Versammlungen)[21] oder besaßen als eigenständige parlamentarische Organisationen[22] oder Sondereinrichtungen[23] auch nur regionalen, höchstens überregionalen Charakter. Dem internationalen Anspruch der IPU kamen sie damit keinesfalls in den Weg. Die Union intensivierte ihre Beziehungen zu diesen Organisationen deshalb auch Anfang der 1980er Jahre.

Ganz anders jedoch ihr Umgang mit informellen Parlamentarierorganisationen. 1985 sprach sich die Union mit der Begründung unterschiedlicher Finanzierungs-, Arbeits- und Rekrutierungsmethoden gegen Arbeitsbeziehungen mit anderen, ihre Arbeit duplizierenden (informellen) interparlamentarischen Verei-

---

chen Mandatsträgern vor allem in Entwicklungsländern zur Wahrnehmung ihrer politischen und wirtschaftlichen Interessen, die auf eine enge Zusammenarbeit mit staatlichen Institutionen ausgerichtet sind; vgl. G. Pfeiffer, Die Nichtregierungsorganisation (= Non-Governmental Organization – NGO), in: Deutscher Bundestag/Wissenschaftliche Dienste(Hrsg.), Der aktuelle Begriff 2001/02, 20 (2001), S. 235.

17 So die Parlamentarische Vereinigung des Commonwealth und die Parlamentspräsidentenkonferenzen auf EG-Ebene.

18 Vgl. Anhang 1; die Einordnung der in den Anhängen 1 bis 3 aufgelisteten Organisationen folgt einer rechtsstatusmäßigen Klassifizierung aller parlamentarischen Institutionen, auf die im Folgenden noch eingegangen wird.

19 Seit 1957 ist die Nordische IPU angesichts der Gründung des Nordischen Rates im Jahre 1952 nicht mehr existent.

20 Vgl. Anhänge 2 und 3 zu diesem Beitrag.

21 So das Europäische Parlament, die Parlamentarische Versammlung des Europarates, die Versammlung der WEU und später auch der Nordische Rat.

22 So das Lateinamerikanische Parlament und die Union Asiatisch-Pazifischer Parlamentarier.

23 Diese sind zwar eigenständig, stehen jedoch einer internationalen bzw. regionalen Organisation nahe, sind damit in etwa mit den Sonderorganisationen des UN-Systems zu vergleichen. Hierunter fielen nach dem Zweiten Weltkrieg die Parlamentarische Versammlung der NATO, die Parlamentarische Versammlung der Französisch sprechenden Welt und der Beratende Interparlamentarische Benelux-Rat.

nigungen aus, empfahl ein Teilnahmeverbot für die nationalen Gruppen an deren Aktivitäten sowie einen Verzicht auf Unterstützung durch Regierungen und UN-Organisationen. Es waren vor allem die 1978/79 ins Leben gerufenen und vom UN-Entwicklungsprogramm (UNDP) unterstützten Parlamentarier für eine Weltordnung und das 1982 mit Unterstützung des Weltbevölkerungsfonds (UNFPA) und von UNDP gegründete Globale Komitee von Parlamentariern zu Bevölkerungs- und Entwicklungsfragen, die Kopfzerbrechen bereiteten.[24] Die Problematik hat sich aus Sicht der IPU in den 1990er Jahren noch zugespitzt. Allein 29 neue informelle Organisationen sind seit 1990 entstanden, wobei viele weltweit tätig sind. Das Thema bleibt demnach weiterhin auf der Tagesordnung der Union und ist bis heute ungelöst. Allerdings erlaubt ein Blick auf die rechtsstatusmäßige Klassifizierung interparlamentarischer Institutionen eine etwas differenziertere Beurteilung der – vermeintlichen – Konkurrenz informeller Vereinigungen zur IPU.

1. Statusrechtliche Einordnung internationaler parlamentarischer Institutionen

Untersuchungen der rechtlichen Grundlagen, Mitgliedschaft und Organe sowie der Aufgaben und des Wirkungskreises der unterschiedlichen interparlamentarischen Institutionen führen zu der bereits verwendeten Einteilung dieser Organisationen in drei unterschiedliche Kategorien anhand ihres Rechtsstatus.[25]

Interparlamentarische GRINGOs sind dabei internationale parlamentarische Einrichtungen, die nicht als Organ einer internationalen Organisation oder als eigenständige Organisation oder Sondereinrichtung auftreten. Ihnen ist eine fehlende Völkerrechtssubjektivität und die daraus folgende Anwendung eines nationalen Rechtssystems in Angelegenheiten, die diese NGOs betreffen, zu eigen.

Eine Unterkategorie dieser NGOs bilden themenbezogene Netzwerk-GRINGOs. Sie bestehen aus einzelnen Parlamentariern unterschiedlicher Parteien, die sich in bestimmten Themenbereichen zu einer eher aktionsbezogenen Lobbyarbeit,

---

[24] PWO, ab 1986 Parlamentarier für globale Aktion (Parliamentarians for Global Action).

[25] Der Wechsel von einer in die andere Kategorie im Laufe der Zeit ist durchaus üblich. Nicht in dieser Untersuchung enthalten sind innerstaatliche oder provinzübergreifende Versammlungen, deren Handeln eindeutig nur nationale bzw. internationale Dimensionen unterhalb der nationalen Ebene aufweist, die aus der IPU hervorgegangenen bilateralen Freundschaftsgruppen, parteibezogene Zusammenschlüsse oder aber gemischte NGOs, in denen Parlamentarier nicht als organisatorisch getrennte Hauptgruppe vertreten sind, wie z.B. das Asian Parliamentary Policy Analysis Network, die Commission on Global Governance oder die Sustainable Use Parliamentarians Union.

aufbauend auf Forschung, Information und der Entwicklung von neuartigen, progressiven Lösungsansätzen, gegenüber Regierungen wie auch der Gesellschaft bzw. der Privatwirtschaft zusammengeschlossen haben. Die meisten globalen Vereinigungen bestehen aus nationalen Ausschüssen. Zudem haben viele dieser Netzwerke regionale, eigenständige Untergruppierungen entwickelt. Organisatorisch gesehen verfügen sie durchaus über formale, wenn auch einfachere Strukturen. Sowohl von ihren Strukturen her wie auch in ihren konkreten Zielsetzungen ähneln sie häufig in verblüffender Weise der Arbeitsweise der IPU in den ersten 30 Jahren ihrer Gründung. Im Übrigen wirken sie wie „Rumpfausschüsse" eines zukünftigen Weltparlaments. Ihre Finanzierungsstruktur ist häufig gemischter Art (Beitragsfinanzierung und Unterstützung durch NGOs, Parlamente und internationale Regierungsinstitutionen).

Parlamentarische Organe internationaler und regionaler Organisationen können teilweise eigene völkerrechtliche Subjekteigenschaften, wie Privilegien und Immunitäten für das Sekretariat oder Vertragsabschlussfähigkeiten entfalten, partizipieren jedoch ansonsten an der Subjektfähigkeit der Gesamtorganisation. Dabei kann die Organeigenschaft satzungsmäßig bestehen oder sich gewohnheitsrechtlich entwickeln. Sie kann als Hauptorgan- oder als Nebenorganeigenschaft ausgestaltet sein. In allen Fällen ordnet sich die Institution jedoch bewusst in ein übergeordnetes System einer internationalen oder regionalen Organisation ein. Die Übergänge zu den im nächsten Abschnitt beschriebenen Sondereinrichtungen sind zugegebenermaßen fließend. Auch als Organe besitzen diese Einrichtungen in der Regel eine eigene Satzung, eigene Organe und ein eigenes Budget, wenn auch regelmäßig ohne (alleinige) Entscheidungsgewalt für dieses (Teil-)Budget. Vielen parlamentarischen Einrichtungen kommt auch als Organe einer Organisation eine gewisse Selbständigkeit zu. Als Merkmale einer Unterscheidung zu Sondereinrichtungen im eigentlichen Sinne dienen die für Letztere typische freie Mitgliederwahl und/oder die Errichtung der Organisation über einen eigenen völkerrechtlichen Vertrag. Oft ist auch eine historisch eigenständige Entwicklung für eine Klassifizierung als Sondereinrichtung bestimmend.

Als internationale und regionale parlamentarische Organisationen und Sondereinrichtungen kann man Institutionen mit einer gewissen Selbstständigkeit bezeichnen. Von internationalen (Regierungs-)Organisationen *per se* unterscheiden sich solche Organisationen in erster Linie dadurch, dass auf Seiten des Staates nicht die Regierung, sondern das Parlament dem Gründungsakt zustimmt.[26]

---

[26] Ein weiterer Unterscheidungspunkt ist der bei internationalen Organisationen, aber nicht unbedingt bei internationalen parlamentarischen Organisationen, in der Regel vorliegende völkerrechtliche Gründungsvertrag, der allerdings auch bei ersteren nicht immer gegeben

Wichtigster Bestandteil der vorliegenden Analyse ist dabei die Feststellung eines sich aus Einzelverträgen und Praxis entwickelten eigenen, allgemeinen gewohnheitsrechtlichen Rechtsstatus dieser Organisationen und Sondereinrichtungen: Ihnen kommt eine (abgeleitete) (Teil-)Völkerrechtssubjektivität *sui generis* zu. Dabei geht die Untersuchung davon aus, dass die nationalen Parlamente, die sich bzw. das Volk durch diese Institutionen international bzw. regional repräsentiert fühlen oder aber zumindest das Handeln der jeweiligen Einrichtung billigend in Kauf nehmen, als Teil der Staatsmacht eine solche Subjektivität hervorbringen können. Von GRINGOs unterscheiden sich diese parlamentarischen Institutionen demnach darin, dass ihnen in der Beurteilung ihrer institutionellen Wirkungsmöglichkeiten ein höherer Stellenwert zukommt. Im Vergleich zu reinen Organen internationaler Organisationen verfügen sie in der Regel über die eigene Budgethoheit. Sondereinrichtungen in diesem Bereich umfassen die parlamentarischen Institutionen, die einerseits Selbständigkeit über eine reine Organeigenschaft hinaus bewahrt haben, andererseits jedoch innerhalb eines – nicht unbedingt über Vertragsrecht miteinander verbundenen – internationalen oder regionalen Systems wirken.[27]

Das Zustandekommen dieser dritten Art von parlamentarischen Institutionen kann dabei sehr unterschiedlich sein. Teilweise liegt ihnen ein völkerrechtlicher Vertrag zu Grunde, was gleichzeitig als ein Indiz für eine Völkerrechtssubjektivität gelten kann, soweit der jeweiligen Institution Organe beigegeben werden und der Wille der Vertragsschließenden erkennbar ist, dass diese zur Erreichung ihrer Ziele internationale Rechtspersönlichkeit benötigt.[28] Meist wird die Einrichtung jedoch auf einen einfachen Beschluss gestützt. Über eine Geschäftsordnung, das Herausbilden von Organen und Mitgliedsgruppen in den nationalen Parlamenten, einen eigenen Haushalt, ein völkerrechtliches Vertragsabschlussrecht sowie weitere Privilegien und Immunitäten, wie z.B. das Gesandtschaftsrecht, erwerben sie unter Umständen im Laufe der Zeit einen völlig neuartigen Status. Bei Vorliegen mehrerer Indizien sowie bei Herausbildung mehrerer der o.g. Rechte kann vermutet werden, dass die Institution einen sogenannten „internationalen parlamentarischen Status“ erwirbt, der sich schwer in das bestehende internationale Rechtsgefüge einpassen lässt. Ausschlaggebend für einen solchen Status ist letztlich der Wille der Partner, d.h. der Parlamente als Teil der Staatsmacht (konstitutive Anerkennung). Vermutlich ist hier jedoch,

---

sein muss; siehe unten.

[27] Selten ist hier der Fall des Abschlusses eines völkerrechtlichen Vertrages zur institutionellen Zusammenarbeit zwischen einer interparlamentarischen Sondereinrichtung und der ihr nahe stehenden internationalen Organisation, wie sie typisch für das System der Vereinten Nationen und die dort integrierten Sonderorganisationen ist.

[28] Vgl. hierzu das Gutachten des Internationalen Gerichtshofes: IGH, Réparations des dommages subis au service des Nations Unies vom 11.04.1949, ICJ Reports 1949, S. 178.

im Gegensatz zu internationalen Organisationen, eine Opposabilität der (beschränkten) Rechtssetzungstätigkeit nur gegenüber den Völkerrechtssubjekten (internationale Organisationen wie Staaten) anzunehmen, deren Verhalten eine Anerkennung zumindest impliziert. Damit käme den Parlamenten zwar die Fähigkeit zum Ausdruck eines völkerrechtlichen Willens zu, nicht jedoch die Fähigkeit, für den Staat als Ganzes zu sprechen, geschweige denn für andere Staaten opposables Völkerrecht zu schaffen.[29]

Doch selbst parlamentarische Organisationen und Sondereinrichtungen mit einem internationalen parlamentarischen Status bleiben in ihrer Kontroll- und Legitimationswirkung gegenüber der außenpolitischen Regierungsarbeit häufig beschränkt. Dasselbe gilt für Organe internationaler bzw. regionaler Organisationen, welche nur in dem Rahmen über Rechtssetzungs-, Kontroll- und Legitimationsbefugnisse verfügen, wie sie ihnen von der Mutterorganisation zugestanden werden. Bis heute erreichen diese noch nicht die normalerweise für nationale Parlamente in einem demokratischen Rechtsstaat notwendigen Legislativ- und Kontrollrechte, inklusive der Budgethoheit für die Gesamtorganisation. Dennoch scheint in der Etablierung eines Rechtsstatus ein erster Ansatzpunkt für die Stärkung demokratischer Kontrollorgane internationaler Organisationen im Rahmen der Diskussion über die Behebung des „internationalen Demokratiedefizits“ zu liegen.

Ebenso wichtig für die IPU ist jedoch die Tatsache, dass sich parlamentarische Organe internationaler und regionaler Organisationen sowie parlamentarische Organisationen und Sondereinrichtungen in ihren Wirkungsmöglichkeiten von interparlamentarischen GRINGOs abheben. Während letztere auf klassisches Lobbying beschränkt sind, stehen ersteren weitere Möglichkeiten, Rechte und Privilegien zur Verfügung, die sich aus der Trägerschaft der Parlamente und/oder einer höheren Institutionalisierung ergeben. Die IPU ist hierfür das beste Beispiel.

2. Die Interparlamentarische Union als Prototyp einer internationalen parlamentarischen Organisation

Unter die Kategorie internationaler parlamentarischer Organisationen fällt in erster Linie die IPU. Sie ist die einzige internationale Organisation dieser Art. Die Organisation setzt sich heute aus Parlamenten nationaler Staaten zusammen.

---

[29] Differenziertere Aussagen sind in den Fällen zu machen, in denen die Gesamtstaaten völkerrechtliche (Gründungs-)Verträge geschlossen haben, die eine Anerkennung der jeweiligen Organisation implizieren.

Die bis kürzlich bestehende Mitgliedschaft nationaler Gruppen, die ihr jeweiliges Parlament vertreten, wurde zu Gunsten einer repräsentativeren Mitgliedschaft der Parlamente selbst aufgegeben.[30] Damit erhoffte sich die IPU, auf dem Umweg einer internen Restrukturierung letzte Zweifel hinsichtlich ihrer eigenen Völkerrechtssubjektivität auszuräumen. Um den internen Auseinandersetzungen im Zusammenhang mit dieser Satzungsänderung beschwichtigend zu begegnen, wurde jedoch den im April 2001 bestehenden nationalen Mitgliedsgruppen die Möglichkeit gegeben, ihren Status ohne weitere Mitteilung beizubehalten.[31] Organe der IPU sind die aus Delegationen von acht bzw. zehn Mitgliedern pro Land bestehende Interparlamentarische Versammlung, der Leitende Rat mit gemischtgeschlechtlichen Delegationen von jeweils drei Mitgliedern pro Land, der 17-köpfige Exekutivausschuss, bestehend aus dem IPU-Präsidenten, aus 15 Mitgliedern der verschiedenen geopolitischen Gruppen, darunter mindestens drei Frauen, und der Präsidentin des Koordinierungsausschusses des Parlamentarierinnentreffens, und das Sekretariat. Die teilweise noch lose arbeitenden sechs geopolitischen Gruppen sind inzwischen satzungsmäßig verankert und scheinen sich zu Fraktionen zu entwickeln. Versammlung und Rat tagen zweimal im Jahr. Als beratendes Gremium ist die selbständige, jedoch von der IPU finanzierte Vereinigung der Generalsekretäre der Parlamente (ASGP) der IPU angegliedert.

Neben diesen Treffen hat sich das Parlamentarierinnentreffen als ein eigenständiges Gremium mit eigener Geschäftsordnung etabliert. Im Jahre 2000 hat die IPU anlässlich des UN-Millenniumsgipfels der Staats- und Regierungschefs eine UN-Millenniumsparlamentspräsidentenkonferenz in New York veranstaltet. Im Jahre 2005 erfolgte die Nachfolgeveranstaltung. Weitere Sonderkonferenzen, seit den 1990er Jahren verstärkt in Begleitung von UN-Sitzungen wie der UN-Generalversammlung und UN-Konferenzen, sollen die Institutionalisierung einer parlamentarischen Dimension der Vereinten Nationen begleiten.

Die IPU hat insbesondere durch ihre Satzungsänderungen vom April 2001 und April 2003 deutlich gemacht, dass sie mehr sein möchte als eine reine NGO. Den ihr in vielen Gremien und von vielen Völkerrechtlern noch heute zugewiesenen Platz einer Nichtregierungsorganisation sieht sie als nicht mehr gerechtfertigt an.[32] Und mit Recht – weisen doch viele erworbene Rechte und Pflichten,

---

[30] Satzungsänderung vom April 2001; die Satzung ist abrufbar unter http://www.ipu.org/strct-e/statutes-new.htm (20.04.06).

[31] So wurde ein Austritt der australischen, britischen, dänischen, kanadischen, neuseeländischen, norwegischen und schwedischen Gruppen verhindert. Insbesondere in den Commonwealth-Staaten spielt das Parlament in der Außenpolitik traditionell keine Rolle.

[32] Vgl. z.B. UN-Generalversammlung, Rapport du Comité des droits de l'homme, UN Doc. Supplement No. 40 (A/33/40 (1978)); P. Hübner, Interparlamentarische Union, in: H.-H. Röhring/K. Sontheimer (Hrsg.), Handbuch des deutschen Parlamentarismus: Das Regie-

wie das Gesandtschaftsrecht, die mit der Schweiz und den USA geschlossenen Sitzabkommen bzw. Verwaltungsabkommen,[33] die mit den Vereinten Nationen[34] wie auch mit zahlreichen Sondereinrichtungen der Vereinten Nationen[35] und der Parlamentarischen Versammlung des Europarates[36] geschlossenen völkerrechtlichen Verträge,[37] aber auch die anlässlich jeder Konferenz zwischen dem Gastparlament und der Union geschlossenen Abkommen[38] auf einen weiterge-

---

rungssystem der Bundesrepublik in 270 Stichworten (1970), S. 218; H.H. Klein/W. Lauff, Inter-Parliamentary Union, in: Encyclopedia of Public International Law 2 (1995), S. 1016-1018; siehe aber auch B. Bauer, Der völkerrechtliche Anspruch auf Demokratie: Zur Rolle internationaler Organisationen im weltweiten Demokratisierungsprozess (1998), S. 204 (auch wenn hier anerkannt wird, dass es sich bei der IPU um keine NGO im herkömmlichen Sinn handelt); Seidl-Hohenveldern und Loibl wiederum sprechen von einer formell nichtstaatlichen internationalen Organisation, in der Staaten zusammenarbeiten, vgl. I. Seidl-Hohenveldern/G. Loibl, Das Recht der Internationalen Organisationen einschließlich der Supranationalen Gemeinschaften (2000), S. 4.

33 Vgl. Executive Order (Fn. 15).

34 Cooperation Agreement Between the United Nations and the Inter-Parliamentary Union vom 24.07.1996.

35 Cooperation Agreement Between the Inter-Parliamentary Union and the International Institute for Democracy and Electoral Assistance vom 5.07.1996; Agreement of Co-operation Between the United Nations Educational, Scientific and Cultural Organization (UNESCO) and the Inter-Parliamentary Union (IPU)/Accord de Coopération entre l'Organisation des Nations Unies pour l'éducation, la science et la culture (UNESCO) et l'Union interparlementaire (UIP) vom 26.06.1997; Cooperation Agreement Between the Food and Agriculture Organization of the United Nations (FAO) and the Inter-Parliamentary Union (IPU)/Accord de Coopération entre l'Organisation des Nations Unies pour l'alimentation et l'agriculture (FAO) et l'Union interparlementaire vom 12.08.1997; Cooperation Agreement Between the International Labour Organization and the Inter-Parliamentary Union/Accord de Coopération entre l'Organisation internationale du Travail et l'Union interparlementaire vom 27.05.1999; Memorandum of Understanding on Co-operation Between the Inter-Parliamentary Union and the Office of the United Nations High Commissioner for Human Rights vom 2.07.1999; Programme of Cooperation Between the United Nations Development Programme and the Inter-Parliamentary Union vom 27.10.1998; Agreement Between the Inter-Parliamentary Union (IPU) and the United Nations Institute for Training and Research (UNITAR) vom 19.02.2004.

36 Memorandum on Cooperation Between the Parliamentary Assembly of the Council of Europe and the Inter-Parliamentary Union vom 11.05.1993.

37 Dass es sich hierbei aller Wahrscheinlichkeit nach um völkerrechtliche Verträge handelt, kann u.a. daraus geschlossen werden, dass der Exekutivausschuss der IPU eng in die Verhandlungen des IPU-Sekretariats mit der jeweiligen (Sonder-)Organisation involviert war und das Ergebnis vom Exekutivausschuss und anschließend vom Interparlamentarischen Rat gebilligt und mit dem Mandat zur Unterzeichnung versehen werden musste. Dies kann durchaus einem innerstaatlichen Ratifikationsprozess gleichgesetzt werden.

38 Da diese Abkommen finanzielle und andere Verpflichtungen enthalten, muss davon ausgegangen werden, dass sie nicht ohne Zustimmung des jeweiligen Staates geschlossen werden. Der Gemeinsame Art. 5 dieser Abkommen verlangt z.B., dass alle Mitglieder wie auch Beobachter der Organisation eingeladen werden und die notwendigen Visa erhalten

henden Status hin. Aus diesem Grund kam auch ein im Jahre 1999 von zwei Völkerrechtsprofessoren verfasstes Gutachten zu dem Schluss, dass es sich bei der IPU um eine internationale Organisation *sui generis* handelt, d.h. um eine internationale parlamentarische, politische und repräsentative Organisation, die ein bedeutsames Maß an völkerrechtlicher Rechtspersönlichkeit besitzt.[39] Wenn dieses auch gem. Art. 38 Abs. 1 lit. d) des Statuts des Internationalen Gerichtshofs nur ein Hilfsmittel zur Feststellung von Rechtsnormen darstellt, liegt die Vermutung nahe, dass die Organisation zumindest *de facto* einen besonderen interparlamentarischen Status erworben hat, der teilweise *de jure* anerkannt wurde.

Die Internationale Arbeitsorganisation (ILO) und die Vereinten Nationen haben erst kürzlich diesem veränderten Status Rechnung getragen und die IPU zu den ILO-Konferenzen[40] bzw. zu einigen internationalen UN-Konferenzen[41] als intergouvernementale Organisation akkreditiert. Auch die Lehre scheint hier nachzuziehen und der IPU einen speziellen Status zuzusprechen.[42]

Um eine weitere *de jure*-Anerkennung bemüht sich die IPU im Rahmen ihrer Bestrebungen, als parlamentarische Dimension der Vereinten Nationen wie auch der Welthandelsorganisation (WTO) anerkannt zu werden. In ersterem Falle wurde ihr im Jahre 2002 der Beobachterstatus bei der UN-Generalversammlung und das – selten vergebene – zusätzliche Recht, offizielle, von der IPU ange-

---

müssen. Damit ist die Tatsache verknüpft, dass diese Personen Zugang zum Staatsgebiet erhalten.

39 I. Brownlie/G.S. Goodwin-Gill, Joint Opinion on the International Legal Personality of the IPU, its Status as an International Organisation in International Law, and the Legal Implications of Such Status for the IPU' s Relations With Governments and Other International Organisations: Reform of the Inter-Parliamentary Union, IPU Doc. EX/229/9-Inf.1 vom 5.10.1999.

40 Die ILO, die bereits seit 1975 über die Zulassung der Inanspruchnahme des ILO-Verwaltungsgerichts durch die IPU indirekt auch deren zwischenstaatlichen Charakter anerkennt, legte in dem 1999 geschlossenen Kooperationsabkommen mit der IPU explizit deren Status als offizielle internationale Organisation fest. Dadurch erhielt sie eine „standing invitation“ zu den ILO-Konferenzen.

41 So geschehen für die UNCTAD-X-Konferenz in Bangkok im Februar 2000, die Dritte Konferenz der Vereinten Nationen über die am wenigsten entwickelten Länder in Brüssel im Mai 2001, die Internationale Konferenz über Entwicklungsfinanzierung in Monterrey im März 2002 und für den Weltgipfel für nachhaltige Entwicklung in Johannesburg im August/September 2002; ECOSOC, der der IPU bereits 1946 Konsultativstatus der Kategorie I verlieh, hat schließlich vor kurzem einen darüber hinausgehenden Status angekündigt.

42 Vgl. Inter-Parliamentary Union (IPU), in: YIO Bd. 1B (2001), S. 1236; begründet wird dies hier mit dem Sitzvertrag mit der Schweiz, der allerdings bereits aus dem Jahre 1971 stammt.

nommene Dokumente in der Versammlung zu zirkulieren, zuerkannt.[43] Im weiteren Verlauf könnte sie sich evtl. als Sondereinrichtung (Sonderorganisation) etablieren.[44] Im Fall der WTO hat die IPU inzwischen gemeinsam mit dem Europäischen Parlament eine Parlamentarische Konferenz zur WTO eingerichtet.

IV. Die Qualifikation der Interparlamentarischen Union zur Übernahme der parlamentarischen Dimension der Vereinten Nationen

Bis zum heutigen Tag hegen viele, die einmal mit der IPU in Berührung gekommen sind und sich mit ihren Anfängen, ihren Grundprinzipien und ihren Grundzielen beschäftigt haben, hohe Zukunftsvisionen bzgl. der Fähigkeit der Union zu einer repräsentativ-parlamentarischen Mitgestaltung der Weltpolitik. Warum sollte nicht eine Organisation, die für Geburt und Entwicklung der internationalen Gemeinschaft als einzigartige Basisorganisation ursächlich mitverantwortlich war, durch ihre historisch gewachsene Position in der Lage sein, sich einer solchen Aufgabe zu stellen? Doch allein der Bekanntheitsgrad der IPU heute macht deutlich, dass sie im Laufe ihrer Geschichte auch einige Fehlleistungen zu verzeichnen hatte. Ihre Fähigkeit zur Übernahme einer parlamentarischen Dimension der Vereinten Nationen hat sich deshalb einer kritischen Analyse zu stellen.

Wie eine solche parlamentarische Gestaltung auf UN-Ebene letztendlich aussehen könnte, soll hier nicht im Detail erörtert werden. Sie war und ist Inhalt einer großen Anzahl von Aufsätzen und Studien, die Vorschläge von einer losen Beteiligung der nationalen Parlamente in internationalen Organisationen über eine Parlamentarische Versammlung nationaler Parlamentarier, auch in Form eines e-Parlaments, bis hin zu Vorstellungen eines direkt gewählten Weltparlaments unterbreiten. Dabei kann die Errichtung einer solchen Versammlung bzw. eines solchen Parlaments unabhängig von den Vereinten Nationen als gesondertes, neues Gremium innerhalb der Organisation, in Umwandlung der UN-Generalversammlung in ein Parlament oder aber in funktionaler Zuordnung zu verschiedenen Politikbereichen oder spezifischen, in diesem Bereich arbeitenden UN-Organisationen erfolgen.[45]

---

43 Vgl. UN Doc. A/RES/57/32 vom 20.01.2003 (Sitzung am 19.11.2002) sowie UN Doc. A/RES/57/47 vom 16.01.2003 (Sitzung am 21.11.2002).

44 Vgl. Art. 57 UN-Charta; allerdings könnte auch eine Etablierung als Sondereinrichtung (bzw. Sonderorganisation) mit Berichtspflichten gegenüber der UN-Generalversammlung – und nicht wie gem. Art. 57 UN-Charta vorgesehen gegenüber ECOSOC – erfolgen, wie das Beispiel der Internationalen Atomenergie-Organisation (IAEA) zeigt.

45 Für eine Zusammenfassung der verschiedenen aktuellen Vorschläge siehe C. Kissling, Repräsentativ-parlamentarische Entwürfe globaler Demokratiegestaltung im Laufe der Zeit:

Stellvertretend zu erwähnen sei hier ein Papier des Komitees für eine demokratische UNO, das aufgrund einer Analyse der vorliegenden Vorschläge detaillierte Ausführungen zur Einrichtung einer Parlamentarischen Versammlung bei den Vereinten Nationen (UNPA) macht.[46] Die Annäherung der IPU an die Vereinten Nationen ist dabei Teil einer Zwei-Wege-Strategie, die alternativ zu einer Umwandlung der Union in eine parlamentarische Versammlung die Errichtung eines neu zu gründenden Nebenorgans der UN-Generalversammlung gem. Art. 22 der UN-Charta empfiehlt. In einem solchen Falle könnte die Union allerdings weiterhin die Interessen und Erfahrungen der nationalen Parlamente auf globaler Ebene vertreten, während eine – später evtl. direkt gewählte – UNPA die Zivilgesellschaft international repräsentieren würde. Der auf europäischer Ebene begangene Fehler, mit der Direktwahl des Europäischen Parlaments die Vertretung der nationalen Parlamente abzuschaffen, könnte somit umgangen werden. Doch gleichgültig, welche Form einer parlamentarischen Dimension der Vereinten Nationen letztlich Anwendung finden wird, die Union wird in jedem Falle gewisse Voraussetzungen zu erfüllen haben, will sie sich selbst für die Übernahme einer solchen Aufgabe qualifizieren.

1. Machtpolitische Erfolgsbilanz der Interparlamentarischen Union

Die IPU hat sich sicherlich im Laufe ihres Bestehens auf vielen Gebieten weiterentwickelt, insbesondere in den letzten 30 Jahren. In dieser Zeit war die machtpolitische Komponente, in der die Union gegenüber den im Völkerbund bzw. in den Vereinten Nationen zusammengeschlossenen Regierungen seit Ende des Ersten Weltkrieges unterlegen war, zum Hauptaugenmerk der Organisation geworden. Hier konnte sie dann, nach anfänglich vergeblichem Bemühen um eine Annäherung und Anerkennung durch die Vereinten Nationen in den 1970er/1980er Jahren, in den letzten 15 Jahren auch einige realpolitische Erfolge erzielen. Ganz vorn sind hier die statusrechtlichen Verbesserungen gegenüber den Vereinten Nationen durch den Kooperationsvertrag, die UN-Millenniumserklärung und letztlich durch den Beobachterstatus bei der UN-Generalversammlung, den sie als Organisation mit einem „unique inter-state character" erhielt, zu nennen. Eine der Forderungen, die *Childers* und *Urquhart* 1994 für eine Weltvolksversammlung aufstellten, nämlich dass diese ihre Berichte und Mitteilungen als UN-Dokumente verteilen dürfe, ist für die IPU damit Wirklichkeit

Eine rechtspolitische Ideengeschichte, in: FHI (2005), S. 20-29; der Beitrag ist abrufbar unter http://www.forhistiur.de/zitat/0502kissling.htm (20.04.06).

46 Vgl. A. Bummel (Hrsg.), Internationale Demokratie entwickeln: Für eine Parlamentarische Versammlung bei den Vereinten Nationen, Ein Strategiepapier (2004), http://www.uno-komitee.de/de/dokumente/unpa-paper.pdf (20.04.06).

geworden.[47] Eine Begleitung der Arbeit der UN-Generalversammlung durch jährliche, von der Union organisierte Parlamentariertreffen findet im Übrigen bereits seit 1979 statt. Von zivilgesellschaftlicher Seite her überwachen inzwischen einige NGOs, darunter die Weltföderalistische Bewegung (WFM), die Entwicklungen der Beziehungen zwischen den Vereinten Nationen und der IPU.

Davon abgesehen muss man die Vorschläge der vom UN-Generalsekretär im Jahre 2003 eingesetzten Gruppe namhafter Persönlichkeiten für die Beziehungen zwischen den Vereinten Nationen und der Zivilgesellschaft (*Cardoso*-Panel) teilweise als Rückschläge im Verhältnis IPU-UN werten.[48] Auch steht der Union noch heute ihr traditionelles Unabhängigkeitsstreben im Wege. Allerdings sind Vision und Mission einer internationalen Demokratieperspektive inzwischen in ihrem Bewusstsein verankert.[49]

Neben der machtpolitischen Komponente hat die Union inzwischen die Schwerfälligkeit ihrer inneren Organisation als zu überwindendes Entwicklungshindernis begriffen. Zumindest die in den 1970er Jahren falsch gestellten Weichen, die sie in Entpolitisierung und Erstarrung geführt hatten, scheinen mit der letzten großen, inzwischen abgeschlossenen internen Reform wieder in andere Bahnen gelenkt worden zu sein. Weitere bürokratisch-organisatorische Hürden, wie der schwerfällige, heutzutage sicher nicht mehr angebrachte bzw. notwendige Informationsaustausch über Jahresberichte der Parlamente an die IPU oder das Kanalisieren von Informationen zu internationalen Organisationen über die IPU an die Parlamente müssen noch überwunden werden. Doch größtenteils war die letzte Reform in ihrem Bemühen, die Organisation dynamisch an die veränderten weltpolitischen Bedingungen und an die Übernahme neuer Aufgaben als parlamentarische Dimension der Vereinten Nationen anzupassen, gelungen.

---

[47] E. Childers/B. Urquhart, Renewing the United Nations System, Uppsala, in: Development Dialogue 1-2 (1994), S. 177.

[48] We the Peoples: Civil Society, the United Nations and Global Governance, Report of the Panel of Eminent Persons on United Nations-Civil Society Relations, UN Doc. A/58/817 vom 11.06.2004; das Panel sieht die Zusammenarbeit mit der IPU nur als optional an bzw. lehnt sie, insbesondere in Bezug auf die vorgeschlagenen parlamentarischen UN-Ausschüsse, im Sinne der Bevorzugung einer einheitlichen Praxis sogar ab. Die Einrichtung eigener beratender UN-Ausschüsse, bestehend aus nationalen Parlamentariern, würde letztlich die bestehenden IPU-Strukturen verdoppeln, wobei die Mitgliedsparlamente von den Vereinten Nationen ausgewählt würden und die Kosten die Parlamente zu tragen hätten. Dies widerspricht nicht nur den bisherigen UN-Resolutionen, die eine Zusammenarbeit mit den nationalen Parlamenten über die IPU vorsehen, sondern verstößt vor allem auch gegen den Grundsatz der Gewaltenteilung und -unabhängigkeit, und damit gegen faire Repräsentation und demokratische Legitimität.

[49] Siehe in diesem Zusammenhang z.B. die Rede des bis Oktober 2005 amtierenden IPU-Ratspräsidenten S. Páez Verdugo vor der UN-Generalversammlung am 21.11.2002.

Gleichzeitig konnte man den Trugschluss vermeiden, die innere Reorganisation über die äußere Weiterentwicklung zu stellen. So wurde die sich in den 1970er Jahren andeutende Schwerpunktthemensetzung in den 1990er Jahren fortgesetzt: Menschen- und Frauenrechte, Umweltschutz, Konferenz für Sicherheit und Zusammenarbeit in Europa (KSZE) und die (interparlamentarische) Konferenz über Sicherheit und Zusammenarbeit im Mittelmeerraum (KSZM), insbesondere aber die nationale und internationale Demokratisierung wurden so zu Profilierungsbereichen, die den Bekanntheitsgrad der IPU zumindest in Regierungskreisen steigen ließ. Schließlich scheint die Organisation auch letzte Bedenken gegenüber dem Nichteinmischungsprinzip aufgegeben zu haben und damit die Kontrolle der Außenpolitik der Regierungen als ihre Aufgabe zu begreifen.[50]

2. Kritikpunkt 1: Zu wenige Verbindungen zur organisierten Zivilgesellschaft

Allerdings besteht weiterhin insbesondere in zwei Bereichen Nachholbedarf. Zum einen hat die Union auf der seit langem als Stiefkind behandelten populär-informativen und populär-investiven Ebene nur unzureichendes Engagement gezeigt. NGOs oder interparlamentarische GRINGOs wurden so weniger als Partner, so denn als Konkurrenten gesehen.[51] Dies war aus machtpolitischer Sicht und aufgrund der Zielsetzung einer internationalen Statusveränderung, weg von dem bestehenden NGO-Status, sicherlich zunächst notwendig. Doch mit zunehmend veränderter statusrechtlicher Rolle der Union ist eine solche Abgrenzung nicht mehr erforderlich. Im Gegenteil, sie wirkt elitär. Und nicht nur das. Möchte sich die Union als parlamentarische Dimension der Vereinten Nationen behaupten, wird sie selbst eine große Offenheit, Transparenz und Verantwortlichkeit gegenüber den vertretenen Bürgern nachweisen müssen, um in ihrer Legitimität vor diesen Bestand zu haben. Sonst wird sie nicht glaubwürdig Offenheit, Transparenz, Verantwortlichkeit und Demokratie der zu überwachenden Vereinten Nationen gewährleisten können. Zu den Voraussetzungen einer parlamentarischen Dimension gehört nicht nur der größtenteils bereits heute bestehende freie Informationszugang zu den Prozessen und Dokumenten der Union, sondern eben auch eine engere Zusammenarbeit mit der Zivilgesellschaft, und dies nicht nur aus demokratietheoretischer Sicht. Die Mitglieder der IPU sollten nicht aus zu viel Vorsicht, Misstrauen, Eigeninteresse und Verzette-

---

[50] Vgl. ihre Stellungnahmen, Presseerklärungen und ihren Einsatz im Rahmen des Irakkonfliktes unter http://www.ipu.org/english/pressarc.htm (20.04.06).

[51] Die mangelnde Zusammenarbeit kritisierte auch W.R. Pace im Vorwort zu: S.H. Mendlovitz/B. Walker (Hrsg.), A Reader on Second Assembly and Parliamentary Proposals, Center for UN Reform Education (2003), S. V.

lung in anderen Aufgaben die aus den Augen verlieren, denen sie letztendlich ihr Mandat verdanken: die Bürger.

Sicherlich hat die Union auch heute noch keinen unmittelbaren politischen Einfluss. Doch wird sie wohl eine andere Außenwirkung auch nicht erreichen, solange sie nicht von breiten politischen Bewegungen, wie damals der Friedensbewegung und heute evtl. der Massenbewegung, im Rahmen der Globalisierungsdebatte getragen wird. Ihre Distanzierung von solchen Bewegungen hat sie im Laufe ihrer Existenz viel Potenzial gekostet. Folge davon ist, dass heute in zivilgesellschaftlichen Kreisen ein erschreckendes Nichtwissen über die Existenz der Union besteht. Selbstverständlich wäre auch im Rahmen der heutigen Globalisierungsdebatte, wie es damals bereits die Gründungsväter der IPU vorgemacht haben, ein Abgrenzen gegenüber radikalen, revolutionären und gewalttätigen Gruppierungen notwendig. Jedoch muss sich die Union ebenso konsequent hinter die Bewegungen stellen, die innerhalb der bestehenden Verhältnisse eine Umgestaltung der globalen Ordnung dergestalt anstreben, wie sie für eine Auflösung des Demokratie- und Gerechtigkeitsdefizits von Nöten ist. Beginnen könnte sie z.B. mit einer engeren Zusammenarbeit mit weltweiten NGOs, die in diesem Bereich tätig sind, z.B. mit WFM und dem International Peace Bureau. Die IPU, die traditionell schon immer ein Motor der Friedensidee und der internationalen Zusammenarbeit war, könnte die Fragen von Gerechtigkeit und Interessensausgleich im Sinne des „Eine-Welt-Gedankens" auch glaubhaft angehen. Gegen Vorwürfe des Neokolonialismus, die z.B. ein rein westliches Bündnis bzw. eine parlamentarische Versammlung demokratischer Staaten hervorrufen würde, wäre die stets auf Universalität bedachte Union zumindest gefeit. Nicht zuletzt hat gerade die Union selbst bereits frühzeitig Fragen der Global Governance thematisiert.[52]

Kritik muss in diesem Zusammenhang jedoch auch an den zivilgesellschaftlichen Organisationen geübt werden. Sie haben bis heute nur in bescheidenem Umfang die Möglichkeiten der Zusammenarbeit mit der IPU genutzt. Gerade in den letzten Jahren waren Öffnungstendenzen von Seiten der Union zu spüren, die jedoch keinen genügenden Widerhall fanden. Wenn NGOs nicht parlamentarische Gremien als zu gestaltende Repräsentationsorgane begreifen, werden ihnen sicher auf kurze oder lange Sicht keine Mitbestimmungsrechte zuwachsen. Von Seiten der IPU könnte hier mit Hilfe der Presse zusätzliche Aufklärungsarbeit geleistet werden. Angebote der Zusammenarbeit in Tageszeitungen oder Fachzeitschriften könnten gleichzeitig den Bekanntheitsgrad der Union erhöhen.

---

[52] So hat sie z.B. bereits kurz nach dem Zweiten Weltkrieg die Idee einer internationalen Polizeistreitkraft befürwortet.

In eine ähnliche Richtung ging auch ein Vorschlag, der auf der Parlamentspräsidentenkonferenz 2000 geäußert wurde. Hier wurde vorgeschlagen, dass die IPU das öffentliche Interesse am parlamentarischen Prozess für die internationale Zusammenarbeit, z.B. über die Eröffnung einer People's Forum Webpage fördern könnte.

3. Kritikpunkt 2: Zu wenige Verbindungen zur Wissenschaft

Eine zweite noch zu ziehende Lehre betrifft die nach dem Zweiten Weltkrieg gescheiterte materiell-inhaltliche Ebene. Die verlorengegangene wissenschaftliche Arbeit in der IPU muss in jedem Falle wiederbelebt werden. Die Union muss wieder Ergebnisse erarbeiten, die eine wissenschaftliche Tiefe aufweisen. Hier darf allerdings nicht der Fehler früherer Zeit wiederholt werden, als die Verwissenschaftlichung der Arbeit die populär-informative Ebene verdrängte. Schon im Jahre 1899 forderte deshalb ein Abgeordneter gleichzeitig „mehr Geistesarbeit, mehr wissenschaftliche Vertiefung nach innen, mehr Popularisierung nach außen".[53] Man könnte, um eine solche Einseitigkeit zu vermeiden, die Schwerpunktthemensetzung fortführen und einige wenige Themen, wie die Globalisierung und die Durchsetzung der internationalen Demokratie, als Hauptschwerpunkte aufgreifen, um diese mit Hilfe ausgedehnten Expertenwissens auf neuartige und progressive Art und Weise zu verarbeiten. Erste Anläufe hierzu hat die Union bereits mit einer Rückbesinnung auf eine Weiterentwicklung des Völkerrechts unternommen. Und dies ist der zweite Teil der Übung: Expertenwissen allein wird wohl nicht genügen, wenn es nicht mit progressiven Ideen verknüpft wird. Die Geschichte der IPU selbst hat gezeigt, dass nur progressiver und gleichzeitig realitätsnaher Idealismus und Einsatz für die Sache eine erfolgreiche Lösung brennender Probleme verspricht. Die Union müsste daher die ihr zu Anfang eigene und ihren Erfolg ausmachende Verbindung von Rationalität, Idealität und Humanität wiederbeleben.[54] Dies ist angesichts der weiterwachsenden Komplexität der Materie in Vollzeit-Politikerzirkeln heute nicht mehr so einfach wie vielleicht vor 100 Jahren. So wurde z.B. ein Vorschlag Großbritanniens im Rat der IPU im Jahre 2002 bezüglich einer Führungsrolle der IPU in der Diskussion zu innovativen Finanzierungsmöglichkeiten (z.B. *Tobin*-Steuer), der auf einem Bericht des Ausschusses für nachhaltige Entwicklung basierte, nicht angenommen.

---

53 So U. Emmer, Compte rendu IXe Conférence (1900), S. 104.

54 Blonay sprach in diesem Zusammenhang von „(i)nternational idealism blended by political realism"; vgl. A. de Blonay (Fn. 13), S. 8.

Doch andere Ansätze zeigen, dass sich die Union langsam auf ihre Wurzeln zu besinnen scheint.[55] Allerdings wird hier noch mancher Parlamentarier, insbesondere in den Commonwealth-Staaten, über seinen eigenen Schatten springen und anerkennen müssen, dass eine gewohnheitsrechtliche Bedeutungslosigkeit des nationalen Parlaments in der Außenpolitik nicht auf immer und ewig verbürgt sein muss und vermutlich auch nicht den Lösungsansatz für unsere heutigen globalen Probleme zu bieten im Stande ist. Auch die Geheimdiplomatie der Regierungen wurde nach dem Ersten Weltkrieg abgeschafft – warum sollte sich dann nicht auch die Rolle der Parlamente in Bezug auf die Außenpolitik oder die „Inseln weltinnenpolitikähnlicher Verdichtung" ändern?[56] Die Geschichte der IPU lehrt im Übrigen noch mehr: Die Progressivität der Ideen, aber auch die Progressivität einer Organisationsform kann zu mehr Bekanntheit und Einfluss führen. Warum daher nicht für die Überwindung des internationalen Demokratiedefizits durch ein Parlament eintreten, wie es die IPU selbst, wenn auch nicht im progressivsten Sinne, im Falle der WTO bereits getan hat?[57] Ein solches Vorgehen mag letztlich auch öffentlichkeitswirksame Resultate zeitigen. Im Falle der Vereinten Nationen könnte die IPU dabei selbst das Einsetzungsobjekt sein, d.h. die Rolle einer parlamentarischen Versammlung übernehmen. Die Union mit ihren 141 Mitgliedsparlamenten spiegelt bereits heute annähernd die parlamentarische Weltmeinung wider. Und ihr politisch-parlamentarischer Geist, ihr über 115 Jahre erprobtes Agieren als Forum, in dem auch weltpolitisch schwierige Entschließungen, wie z.B. die den Nahost-Konflikt betreffenden, erstritten werden können, gibt ihr eine durchaus ernstzunehmende Berechtigung dazu.

4. Günstige Bedingungen und ihre Nutzung

Demnach benötigt die Union, sollte sie das Ziel der Ausgestaltung der parlamentarischen Dimension der Vereinten Nationen erfolgreich erreichen wollen, den Willen zu einer weiteren Annäherung an die Vereinten Nationen, aber gleichermaßen auch an die Zivilgesellschaft und die Wissenschaft. Dies mag vielleicht nicht einem Spagat, so aber doch einer immensen Herausforderung gleichkommen. Doch die Bedingungen sind heute relativ günstig. Die die IPU im Laufe ihrer Geschichte gegenüber einer demokratisch-parlamentarischen Komponente

---

[55] Vgl. z.B. eine Resolution vom Oktober 2000 zu Embargos und Wirtschaftssanktionen.

[56] W. Kühne, Die Vereinten Nationen an der Schwelle zum nächsten Jahrtausend, in: K. Kaiser/H.-P. Schwarz (Hrsg.), Weltpolitik im neuen Jahrhundert, Bundeszentrale für politische Bildung (bpp), Schriftenreihe Bd. 364 (2000), S. 448.

[57] Die IPU organisiert seit dem Jahre 2003 gemeinsam mit dem Europäischen Parlament parlamentarische Konferenzen zur WTO, die einmal jährlich bzw. parallel zu WTO-Ministerkonferenzen durchgeführt werden.

der Weltpolitik immer wieder bremsenden Gründe bestehen heute nicht mehr. Die Unterhöhlung der Souveränität der Staaten durch das Agieren transnationaler Unternehmen verlangt immer mehr nach einer politisch-rechtlichen Steuerung auf supranationaler Ebene, die dann wiederum aus Legitimationsgründen einer demokratischen Gestaltung bedarf. Die Gefahr, mit einer parlamentarischen Komponente die Existenz der Vereinten Nationen selbst zu gefährden, wird – trotz kritischer Haltung mancher UN-Mitglieder – heute nicht mehr ernsthaft behauptet. Die IPU erreichte zudem inzwischen ihre statusrechtliche Anerkennung durch die Regierungen. Und die frühere Gleichgültigkeit gegenüber einer internationalen Demokratisierung in Interparlamentarierkreisen besteht heute ebenfalls nicht mehr – mittlerweile geht der Demokratisierungsdruck aus der Zivilgesellschaft selbst hervor. Schließlich ist auf nationaler Ebene das Demokratiebewusstsein inzwischen weit mehr verwurzelt als dies noch vor 50 Jahren der Fall war.

Im Bereich des Völkerrechts sind erste internationale Rechtsentwicklungen sowohl bzgl. eines nationalen wie auch eines internationalen Demokratieprinzips auszumachen. Das Individuum selbst gewinnt mehr und mehr an Bedeutung, wenn man z.B. die strafrechtlichen Entwicklungen im Völkerrecht betrachtet. Schließlich sind die ideologischen Gegensätze des Ost-West-Konfliktes weggefallen, wenn sich auch eine neue religiös-kulturelle Frontstellung zwischen West und Ost anzubahnen scheint. Zur Überwindung letzterer vermag allerdings gerade die IPU einen Beitrag zu leisten. In jedem Fall muss die Union diese günstigen Bedingungen bald als Chance begreifen und ergreifen, möchte sie nicht riskieren, dass die Herausforderung und Notwendigkeit von anderen aufgegriffen wird.[58] Das hat im europäischen Raum bereits die Neugründung der OSZE-Versammlung – ohne die IPU, die doch in einem jahrelangen Begleitprozess der KSZE die gesamte Vorarbeit geleistet hatte – in den 1990er Jahren gezeigt. Das Anwachsen international agierender interparlamentarischer GRINGOs deutet auf globaler Ebene eine ähnliche Entwicklung an. Sollte sich die IPU nicht entschieden in diesen Prozess mit einbringen, könnte einmal eine parlamentarische Versammlung bei den Vereinten Nationen ohne ihr Zutun gegründet werden. Ob dies dann allerdings, wie es der IPU-Generalsekretär im September 1994 drastisch ausdrückte, das Ende der IPU bedeutet, mag dahingestellt sein.[59]

---

[58] Aus ähnlichen Gründen warnt deshalb die Enquete-Kommission Globalisierung der Weltwirtschaft davor, dass das nationale Parlament den Anschluss an die internationalen Politikprozesse verliert; siehe Deutscher Bundestag, Schlussbericht der Enquete-Kommission Globalisierung der Weltwirtschaft – Herausforderungen und Antworten, BT-Drs. 14/9200, S. 448.

[59] Vgl. Stellungnahme des IPU-Generalsekretärs vom September 1994 zu einer Unterstützung von Vorschlägen aus der Zivilgesellschaft zur Einrichtung einer Parlamentarischen Versammlung der Vereinten Nationen (UNPA). Eine ähnliche Einschätzung erfolgte

Sollte sich die IPU für eine weitere Annäherung an die Vereinten Nationen entscheiden, käme in ihrem Fall sicherlich in absehbarer Zukunft nur der Abschluss eines materiell gehaltvolleren Kooperationsvertrages in Frage. In formell-organisatorischer Hinsicht könnte sie sich dadurch mit der Zeit als eine Art Sondereinrichtung im UN-System etablieren. Dies würde dem Wunsch der IPU nach völkerrechtlicher, organisatorischer, mitgliedschaftlicher und finanzieller Unabhängigkeit wohl am ehesten entsprechen und wäre auch auf Regierungsseite in Bezug auf die IPU der einzige zurzeit realpolitisch gangbare Weg. Eine Aufnahme in die Vereinten Nationen als Nebenorgan (Art. 7 Abs. 2 der UN-Charta) bzw. als Nebenorgan der Generalversammlung (Art. 22 der UN-Charta) ist gegenwärtig nicht vorstellbar und auf beiden Seiten auch nicht erwünscht. Eine Assoziierung als Sondereinrichtung könnte am einfachsten gewohnheitsrechtlich über das o.g. Kooperationsabkommen sowie über eine Anerkennung der Anbindung der Organisation an die Vereinten Nationen in jährlich zu wiederholenden Generalversammlungsresolutionen erfolgen. Ein Vorbild hierfür gibt es bereits: Die Parlamentarische Versammlung der Französisch sprechenden Welt, die heute als echte Sondereinrichtung der Internationalen Organisation der Französisch sprechenden Welt bezeichnet werden kann.[60] Sie wurde inzwischen als demokratisches Bindeglied zwischen den Regierungen und den Völkern der Französisch sprechenden Welt anerkannt und hat heute nach langsamen, gewohnheitsrechtlichen Entwicklungen den Status einer beratenden Versammlung der Französisch sprechenden Welt inne. Zu diesem Zweck wurden gemischte Kommissionen zwischen der Regierungs- und der Parlamentsorganisation eingerichtet. Ansonsten bleibt die Versammlung mit eigener Völkerrechtssubjektivität ausgestattet, entscheidungs- und organisationsunabhängig.

V. Zusammenfassung

Wie der vorliegende Beitrag ergeben hat, erwächst der IPU aus ihrem reichen Erfahrungsschatz, aus ihrer statusrechtlichen Stellung, die ihr eine einzigartige Position als alleinige internationale parlamentarische Organisation verleiht, sowie aus der in den letzten Jahren erfolgten Annäherung an die Vereinten Nationen ein großes Potenzial an Möglichkeiten, sich bei der repräsentativ-parlamentarischen Gestaltung von Global Governance an zentraler Stelle positionieren zu können. Zur Nutzung ihrer Chancen sollte sie allerdings nicht nur auf ihre machtpolitischen Erfolge im Verhältnis zu den Regierungen aufbauen, sondern auch konsequent zivilgesellschaftliche und wissenschaftliche Unterstützung

---

mündlich mit Blick auf die Vorschläge des Cardoso-Panels; siehe jedoch die o.g. Vorschläge des KDUN.

60 Vgl. http://apf.francophonie.org/ (20.04.06).

suchen. In Bezug auf die Vereinten Nationen sollte die Union zur Sicherung der Übernahme der parlamentarischen Dimension der Vereinten Nationen ein materiell gehaltvolleres Kooperationsabkommen sowie in organisatorischer Hinsicht eine Eingliederung in das UN-System als Sondereinrichtung anstreben.

Es ist gewiss richtig, dass die ersten Ergebnisse der Zusammenarbeit zwischen der IPU und den Vereinten Nationen von der Weltöffentlichkeit bis heute kaum bis gar nicht wahrgenommen werden. Dennoch könnten auch die Vereinten Nationen im Hinblick auf die wachsende Kritik bzgl. ihrer eigenen Legitimation und Effektivität von den sich aus dieser Kooperation bietenden Perspektiven profitieren. Denn zum einen ergeben sich aus einer wachsenden Zusammenarbeit sichtbare Demokratisierungspotenziale. Zum anderen könnte auch – wie es das Europäische Parlament gezeigt hat – der Druck einer parlamentarischen Komponente im UN-System zu mehr Effektivität führen, indem weniger Regierungsentscheidungen Blockaden unterliegen.

Eine UN-Reform zur Reduzierung des Demokratiedefizits über eine parlamentarische Komponente kann auf relativ einfache Art und Weise – d.h. ohne die Notwendigkeit einer Chartaänderung – durch- und weitergeführt werden. Insgesamt ergäbe sich daraus ein Gewinn an demokratischer Steuerungskapazität und Verantwortlichkeit für die Vereinten Nationen, der sich sicherlich mit der Zeit in der öffentlichen Wahrnehmung ihrer Legitimation und Effektivität widerspiegeln würde.

Anhang

Tabelle 1: Interparlamentarische GRINGOs

Organisation	Gründungsjahr
A. Allgemeine GRINGOs	
I. International oder überregional tätige interparlamentarische GRINGOs	
1. Senate der Welt (Sénats du monde)	2000
2. Vereinigung der Senate und zweiten Kammern Afrikas und der Arabischen Welt (Association des Sénats et Secondes chambres d'Afrique et du Monde arabe, ASAMA)	2002
3. Parlamentarische Vereinigung des Commonwealth (Commonwealth Parliamentary Association, CPA)	1911
4. Konferenz der Präsidenten Demokratischer Iberoamerikanischer Parlamente (Conferencia de Presidentes de Parlamentos Democráticos Iberoamericanos)	1983
5. Parlamentarisches Forum der Gemeinschaft Portugiesisch sprechender Länder (Parliamentary Forum of the Community of Portuguese Speaking Countries, CPLP)	1998
6. Parlamentarisches Partnerschaftstreffen Asien-Europa (Asia-Europe Parliamentary Partnership Meeting, ASEP)	1996
7. Stiftung Bundesstaatlicher Legislativer Führungspersönlichkeiten (State Legislative Leaders Foundation, SLLF)	1972/99 international
II. Afrikanische interparlamentarische GRINGOs	
Konferenz der Präsidenten der Westafrikanischen Parlamente (Conference of Speakers of West African Parliaments)	1999
III. Amerikanische interparlamentarische GRINGOs	
1. Interparlamentarisches Forum der Amerikas (Foro Interparlamentario de las Américas, FIPA)	2001
2. Indigenes Parlament Amerikas (Parlamento Indígena de America, PIA)	1988
3. Lateinamerikanische Interparlamentarische Umweltkommission (Comisión Latinoamericana Interparla-	1996

mentaria de Medio Ambiente, CLIMA)	
IV. Asiatische interparlamentarische GRINGOs	
1. Asiatisch-Pazifisches Parlamentarisches Forum (Asia Pacific Parliamentary Forum, APPF)	1993
2. Vereinigung Asiatischer Parlamentarier für den Frieden (Association of Asian Parliaments for Peace, AAPP)	1999
3. Vereinigung der SAARC Parlamentspräsidenten und Parlamentarier (Association of SAARC Speakers and Parliamentarians)	1992
V. Europäische interparlamentarische GRINGOs	
1. Parlamentspräsidentenkonferenzen (PPKs)	
– auf EU(EG)-Ebene („Kleine" PPK);	1963
– auf Europarats-Ebene („Große" PPK)	1988
2. Vereinigung der Senate Europas (Association des Sénats d'Europe, ASE)	2000
3. Interparlamentarische EUREKA-Konferenzen (EUREKA Inter-Parliamentary Conferences)	1990
4. Parlamentarische Dimension der mitteleuropäischen Initiative (Parliamentary Dimension of the Central European Initiative)	1989
5. Interregionaler Parlamentarier-Rat (Conseil Parlementaire Interrégional, CPI)	1986
6. Parlamentarische Vereinigung für Euro-Arabische Zusammenarbeit (Parliamentary Association for Euro-Arab Cooperation, PAEAC)	1974
7. Europäische Parlamentarier für Afrika (European Parliamentarians for Africa, AWEPA)	1984
8. Europäische Interparlamentarische Orthodoxie-Versammlung (European Inter-Parliamentary Assembly on Orthodoxy, EIAO)	1993
B. Themenbezogene interparlamentarische Netzwerk-GRINGOs	
I. Allgemein arbeitende Netzwerk-GRINGOs	
1. Parlamentarier für globale Aktion (Parliamentarians for Global Action, PGA)	1978/79
2. E-Parlament (e-Parliament)	2001

II. Netzwerk-GRINGOs zu Bevölkerungs-, Entwicklungs- und sozialen Fragen	
1. Globales Komitee von Parlamentariern zu Bevölkerungs- und Entwicklungsfragen; regionale Sektionen (Global Committee of Parliamentarians on Population and Development, GCPPD)	1982
2. Afrikanisches Parlamentarierforum für NEPAD (African Parliamentarians' Forum for NEPAD)	2002
3. Internationale Medizinische Parlamentarierorganisation; regionale Sektionen (International Medical Parliamentarians Organization, IMPO)	1994
4. Weltverband der Parlamentarier für Habitat; regionale Sektionen (Global Parliamentarians on Habitat)	1987
5. Internationale Parlamentarierunion für soziale Dienste (International Parliamentarians' Union for Social Services, IPUSS)	2003
III. Netzwerk-GRINGOs zu Umweltfragen	
1. Globale Organisation von Gesetzgebern für eine ausgeglichene Umwelt; regionale Sektionen (Global Legislators Organization for a Balanced Environment, GLOBE)	1989
2. Parlamentarisches Netzwerk zum UN-Übereinkommen zur Bekämpfung der Wüstenbildung (Parliamentary Network on the United Nations Convention to Combat Desertification (UNCCD), PNoUNCCD)	2003
IV. Netzwerk-GRINGOs zu Erziehungs-, Wissenschafts- und Kulturthemen	
1. IPU Netzwerk von parlamentarischen Focal Points zu UNESCO-Fragen; regionale Sektionen (IPU Network of Parliamentary Focal Points for Questions Relating to UNESCO)	2003
2. Parlamentarisches Forum zur Informationstechnologie (Parliamentary Forum on Information Technology)	2005
3. Weltparlamentarische Union der Pfadfinderbewegung; regionale Sektionen (World Scout Parliamentary Union, WSPU)	1991
V. Netzwerk-GRINGOs zu Wirtschafts- und Handelsfragen	
1. Parlamentarisches Netzwerk zu Weltbankfragen; regionale Sektionen (Parliamentary Network on the World Bank, PNoWB)	2000

2. Globale Organisation von Parlamentariern gegen Korruption; regionale Sektionen (Global Organization of Parliamentarians Against Corruption, GOPAC)	2000
3. Internationale Vereinigung von Parlamentariern für Landwirtschaft und Fischerei (International Parliamentarians' Association for Agriculture and Fisheries, IPAAF)	2000
4. Internationales Parlamentarisches Netzwerk; regionale Sektionen (International Parliamentary Network, IPN)	2001
VI. Netzwerk-GRINGOs im Bereich Frieden, Abrüstung, Waffenhandel sowie Luft- und Raumfahrt	
1. Weltparlamentarierinnen für den Frieden (World Women Parliamentarians for Peace, WWPP)	1985
2. Netzwerk von Abgeordneten für nukleare Abrüstung (Parliamentary Network for Nuclear Disarmament, PNND)	2001
3. Ständiges Forum von Parlamentariern zur Umsetzung des UN-2001-Aktionsprogramms zur Verhütung, Bekämpfung und Beseitigung des unerlaubten Handels mit Kleinwaffen und leichten Waffen unter allen Aspekten (Permanent Forum of Parliamentarians Committed to Implementing the United Nations 2001 Programme of Action to Prevent, Combat and Eradicate the Illicit Trade in Small Arms and Light Weapons in all its Aspects)	2002
4. Europäische Interparlamentarische Konferenz zur Luft- und Raumfahrt (Conférence Interparlementaire Européenne sur l'Espace, CIEE)	1999
VII. Netzwerk-GRINGOs im Bereich Diskriminierung	
Interparlamentarischer Rat gegen Antisemitismus (Inter-Parliamentary Council Against Antisemitism)	1990

Tabelle 2: Parlamentarische Organe internationaler und regionaler Organisationen

Organisation	Gründungsjahr
I. Organe überregionaler Organisationen	
1. Parlamentarische Versammlung der OSZE (OSCE Parliamentary Assembly)	1992
2. Interparlamentarische Versammlung der Mitgliedsnationen der Gemeinschaft Unabhängiger Staaten (Inter-Parliamentary Assembly of Member Nations of the Commonwealth of Independent States, IPA)	1992
3. Interparlamentarische Versammlung der Eurasischen Wirtschaftsgemeinschaft (Interparliamentary Assembly of the Eurasian Economic Community, IPA EurAsEC)	2000
4. GUAM Parlamentarische Versammlung (GUAM Parliamentary Assembly)	2004
5. Parlamentarische Versammlung der Union von Belarus und der Russischen Föderation (Parliamentary Assembly of the Union of Belarus and the Russian Federation)	1996
II. Organe afrikanischer Organisationen	
1. Panafrikanisches Parlament der Afrikanischen Union (Pan-African Parliament of the African Union (AU))	2004
2. Parlamentariernetzwerk der Wirtschaftsgemeinschaft Zentralafrikanischer Staaten (Network of Parliamentarians of the Economic Community of Central African States (ECCAS), REPAC)	2002
3. Parlament der Wirtschaftsgemeinschaft Westafrikanischer Staaten (Parliament of the Economic Community of West African States (ECOWAS))	2000
4. Beratender Rat der Union der Arabischen Maghreb-Staaten (Conseil Consultatif de l'Union du Maghreb Arabe (UMA))	1989
5. Ostafrikanische Gesetzgebende Versammlung der Ostafrikanischen Gemeinschaft (East African Legislative Assembly of the East African Community (EAC))	2001
6. Interparlamentarische Kommission der Zentralafrikanischen Wirtschafts- und Währungsgemeinschaft (Commission Interparlementaire de la Communauté Economique et Monétaire d'Afrique Centrale (CEMAC))	1999
7. Interparlamentarisches Komitee der Westafrikanischen Wirtschafts- und Währungsunion (Comité interparlementaire de l'Union Economique et Monétaire Ouest Africaine (UEMOA))	1998

III. Organe amerikanischer Organisationen	
Gemeinsame Parlamentarische Kommission des MERCOSUR (Comisión Parlamentaria Conjunta del Mercado Común del Sur (MERCOSUR), CPC)	1992
IV. Organe europäischer Organisationen	
1. Europäisches Parlament (EP)	1952
2. Konferenz der Ausschüsse für Gemeinschafts- und Europaangelegenheiten der Parlamente der Europäischen Union (Conférence des Organes Spécialisés dans les Affaires Communautaires et Européennes des Parlements de l'Union europénne, COSAC)	1989
3. Konferenz der Parlamentsausschüsse für die Gleichstellung von Frauen und Männern in den Mitgliedstaaten der Europäischen Union und im Europäischen Parlament (Conference of Parliamentary Committees for Equal Opportunities for Women and Men in the European Union Member States and in the European Parliament, CCEO)	1997
4. Parlamentarische Ausschüsse	
– zur Europäischen Freihandelsassoziation (European Free Trade Association (EFTA)) und	1977
– zum Europäischen Wirtschaftsraum (European Economic Area (EEA))	1994
5. Paritätische Parlamentarische Versammlung (Joint Parliamentary Assembly (ACP-EU), JPA)	1976
6. Parlamentarische Versammlung des Europarates (Parliamentary Assembly of the Council of Europe, PACE)	1949
7. Nordischer Rat (Nordic Council)	1952
8. Versammlung der Westeuropäischen Union (Assembly of WEU)/Die Interparlamentarische Europäische Versammlung für Sicherheit und Verteidigung (The Interparliamentary European Security and Defence Assembly)	1955

Tabelle 3: Internationale und regionale parlamentarische Organisationen und Sondereinrichtungen

Organisation	Gründungsjahr
A. Parlamentarische Organisationen	
I. Internationale und überregionale parlamentarische Organisationen	
1. Interparlamentarische Union (Inter-Parliamentary Union, IPU)	1889
2. Parlamentarische Union der Mitglieder der Organisation der Islamischen Konferenz (Parliamentary Union of the Organisation of the Islamic Conference Members, PUOICM)	1999
3. Arabische Interparlamentarische Union (Arab Inter-Parliamentary Union, AIPU)	1974
II. Afrikanische parlamentarische Organisationen	
Afrikanische Parlamentarische Union (African Parliamentary Union, APU)	1976
III. Amerikanische parlamentarische Organisationen	
1. Lateinamerikanisches Parlament (Parlamento Latino Americano, Parlatino)	1964
2. Mittelamerikanisches Parlament (Parlamento Centro Americano, Parlacen)	1991
3. Forum der Präsidenten der Legislativen Gewalten Mittelamerikas (Foro de Presidentes de Poderes Legislativos de Centro América, FOPREL)	1994
4. Amazonisches Parlament (Parlamento Amazónico)	1989
5. Parlamentarische Konföderation der Amerikas (Confederación Parlamentaria de las Américas, COPA)	2000
IV. Asiatische parlamentarische Organisationen	
1. ASEAN Interparlamentarische Organisation (ASEAN Inter-Parliamentary Organization, AIPO)	1977
2. Union Asiatisch-Pazifischer Parlamentarier (Asian-Pacific Parliamentarians' Union, APPU)	1965
V. Europäische parlamentarische Organisationen	
Parlamentarische Versammlung Europa-Mittelmeer (Euromed-PV)	2004

B. Parlamentarische Sondereinrichtungen	
I. Überregionale Sondereinrichtungen	
1. Parlamentarische Versammlung der Nordatlantikvertrags-Organisation (Parliamentary Assembly of the North Atlantic Treaty Organization, NATO PA)	1955
2. Parlamentarische Versammlung der Schwarzmeer-Wirtschaftskooperation (Parliamentary Assembly of the Black Sea Economic Cooperation, PABSEC)	1993
3. Parlamentarische Versammlung der Französisch sprechenden Welt (Assemblée parlementaire de la Francophonie, APF)	1967
II. Afrikanische Sondereinrichtungen	
1. Parlamentarisches Forum der Südlichen Afrikanischen Entwicklungsgemeinschaft (Southern African Development Community (SADC) Parliamentary Forum)	1996
2. Interparlamentarische Union der IGAD-Mitgliedstaaten (Union interparlementaire des Etats Members de l'IGAD)	in Gründung
III. Amerikanische Sondereinrichtungen	
1. Versammlung der Parlamentarier der Karibischen Gemeinschaft (Assembly of Caribbean Community Parliamentarians, ACCP)	1996
2. Andenparlament (Parlamento Andino)	1979
IV. Europäische Sondereinrichtungen	
1. Beratender Interparlamentarischer Benelux-Rat (Conseil interparlementaire consultatif du Benelux, Benelux-Parlament)	1955
2. Parlamentarierkonferenz der Arktischen Region (Conference of Parliamentarians of the Arctic Region)	1993
3. Ostseeparlamentarierkonferenz (Baltic Sea Parliamentary Conference, BSPC)	1991
4. Baltische Versammlung (Baltic Assembly, BA)	1991

Sachregister

H

R

S

Dresdner Schriften zu Recht und Politik der Vereinten Nationen
Papers on Law and Policy of the United Nations

Herausgegeben von Sabine von Schorlemer

Band 1 Sabine von Schorlemer (Hrsg.): „Wir, die Völker (...)" – Strukturwandel in der Weltorganisation – Konferenzband. Konferenz aus Anlass des 60-jährigen Bestehens der Vereinten Nationen vom 27.–29. Oktober 2005 in Dresden in Kooperation mit dem Zentrum für Internationale Studien (ZIS) und der Deutschen Gesellschaft für die Vereinten Nationen (DGVN). 2006.

www.peterlang.de

Peter Lang · Europäischer Verlag der Wissenschaften

Corinna Margit Hartmann

Staatliche Beteiligung an terroristischen Gewaltaktionen

Neue Herausforderungen für das Friedenssicherungssystem der Vereinten Nationen

Frankfurt am Main, Berlin, Bern, Bruxelles, New York, Oxford, Wien, 2006.
XXIX, 590 S.
Schriften zum Staats- und Völkerrecht.
Herausgegeben von Dieter Blumenwitz. Bd. 118
ISBN 3-631-54424-3 · br. € 97.50*

Vor dem Hintergrund der Terroranschläge vom 11. September 2001 und den darauf folgenden Militäraktionen der USA gegen die Unterstützer von al-Q'aida (Taliban, Afghanistan, Irak) untersucht die Arbeit Rechtsfragen der Beteiligung von Staaten an terroristischen Gewaltaktionen. Dargelegt wird, ob und inwieweit in den verschiedenen Unterstützungshandlungen – von der aktiven finanziellen und organisatorischen Förderung bis hin zum bloßen Dulden – ein Verstoß gegen das in Artikel 2 Ziffer 4 der UN-Charta verankerte universelle Gewaltverbot gesehen werden kann. Gleichermaßen wird untersucht, wie man den Staaten, die Opfer eines terroristischen Anschlags geworden sind, ein Selbstverteidigungsrecht gegen die Unterstützerstaaten zustehen kann. Maßgeblich kommt es dabei darauf an, inwieweit die Handlungen der terroristischen Gruppierungen den Unterstützerstaaten nach völkerrechtlichen Maßstäben als eigene zugerechnet werden können. Dabei wird unter anderem auch auf die von der International Law Commission ausgearbeiteten Grundsätze zur Staatenverantwortlichkeit eingegangen.

Frankfurt am Main · Berlin · Bern · Bruxelles · New York · Oxford · Wien
Auslieferung: Verlag Peter Lang AG
Moosstr. 1, CH-2542 Pieterlen
Telefax 00 41 (0) 32 / 376 17 27

*inklusive der in Deutschland gültigen Mehrwertsteuer
Preisänderungen vorbehalten

Homepage http://www.peterlang.de

FSC
www.fsc.org
MIX
Papier | Fördert gute Waldnutzung
FSC® C083411

Kolibri 360 GmbH
Ferdinand-Jühlke-Straße 7
99095 Erfurt, Deutschland
produktsicherheit@kolibri360.de

Druck:
CPI Druckdienstleistungen GmbH
im Auftrag der
Kolibri 360 GmbH
Ferdinand-Jühlke-Str. 7
99095 Erfurt